政治学与公共行政学学术前沿

业主选择与城市社区自主治理

Homeowners' Choice and
Self-governance in
Urban Neighborhoods

陈建国 著

社会科学文献出版社
SOCIAL SCIENCES ACADEMIC PRESS (CHINA)

本研究得到了北京市哲学社会科学规划项目"北京市老旧小区物业管理模式研究"（项目编号：12SHC017）和华北电力大学中央高校基本科研业务费项目"低碳城市的公共治理模式与机制研究"（项目编号：12MS94）的资助。

序　言

《消费者权益保护法》已经让公民懂得了保护消费者权益的重要性。但是有些消费品与公民的日常生活联系不是很紧密。但一套住房就不一样了，人们往往是花了毕生的积蓄或是借了债，购买一套房子。

刚开始，人们以为买套住房就像买电视机一样，搬回家就行了，后来却发现，住房的公共性非常强。你所居住的小区的物业管理、维修、公共卫生、治安，以及整个小区的面貌，直接关系到生活环境的舒适与否，关系到你的房子能不能增值保值。

比如在所有的小区里，都自然而然有些公共的面积。以停车场为例，小区如果有上千个车位出租的话，以每个车位每月200元的价格出租，一个月就是20万元的收入，一年达240万元。这个收入该归谁呢？

现在大家慢慢搞清楚了，公共绿地、道路等的维护费用都分摊在你的购房款里。你买房子的时候，是交了土地出让金的，说明这块公共绿地和道路的使用权是你和小区大家的。

公共面积的多与少，直接关系到你的房产价格。于是买房子不是你钱多不多的问题，而是你买的房子究竟值多少钱。如果权益不清、服务不好，花了100万元，结果可能丢掉了20万元。所以如果已经花了那样多的钱买了房子，就应该更多地关心公共事务。

在新物业条例出台之前，当业主与物业公司发生矛盾时，冲突都是感情的冲突。也就是说，都是不能依靠法律解决的冲突，这样化解冲突就非常困难，动不动就开始打架、骂大街。

在此之前政府也想管这个事情，出台了很多文件。但是那么多文件，却管不了这些问题。我们的文件，对国有单位有约束力，你违反规定就撤你的职，但房地产公司多是私人公司，就没有办法惩罚它。对它有利它就做，对它不利就不做，老百姓拿着文件去告它，但告不动。因为那不是法律。所以对这件事最终只能是依法管理。从这个意义上说，新物业条例意义非常大。

这个新条例的确提供了非常好的法律框架。但条例还有两个漏洞：一个是给了物业管理公司太高的地位，从法律上规定，你买了一套房子，也顺便买了一个物业管理公司，就是说虽然你可以换，但你必须聘请一个物业公司，这等于从法律上限制了很多公民的选择权。实际上这个条例还是没明白，选择物业管理的应该是业主，也就是买了房子的人自己管理，他们愿意请物业公司，就请一个，但也可以不请。

另外，条例还一个漏洞，就是政府没有规范好自己与业主委员会之间的关系。现在的规定是，业主委员会这个自主治理的组织要去接受居委会的监督。本来居委会和业主委员会都是依法组建的，是平等的关系。如果业主有违法行为，可以用法律来解决问题。但业主委员会与物业公司如果发生冲突，居委会有监督和调解的权力，可到底怎么实施，条例没清楚规定。

所以，一些法理上的东西还没有理清楚，可能会使以后的工作节外生枝。

我们过去通常认为，个人利益与公共利益是没关系的。然而现在大家认识到，我们个人的住房环境，是与周边的公共利益密切相关的。公共管理是个很大的课题，这对各方面都是个学习的过程。

对于国家来讲，过去体制下的许多规定都应该好好清理一下。过去我们只有"管治"，不提供服务，就是"治"你。而现在转变为为老百姓服务。这不是过去那样管制一批人，镇压一部分坏人就可以了。治理一个复杂的城市，首先要看它的基层结构好不好。小区是一个熟人社会，一个利益共同体，公共生活慢慢形成后，就成为一个小区共同体，人们对这个共同体的基本利益、基本法律规范渐渐就有了比较明确的共识。有了这样的基础，社会的稳定与繁荣就有了基本保证。

对于物业公司，它与业主首先是利益的关系，然后是一个服务与被服务的关系，物业管理公司也要从过去官办的垄断性的企业，转向市场化的、具有企业法人资格的、服务性的企业。

对于普通公民来说，在小区的投票竞选中，在执行委员会的运作过程中，会涌现很多积极的公民。公民精神慢慢就会形成。如何辩论，如何在小区中赢得自己的权威，这都是一个锻炼，对他们来讲，也是个学习法律的过程，学习如何运用人际技巧的过程，学习很多专业知识的过程。

那么在中国众多的城市小区中，业主的民主发挥得如何？业主的选择行为对小区的治理绩效产生什么样的影响？哪些因素又影响了城市小区业主的民主能力和选择行为？陈建国博士的新著《业主选择与城市社区自主治理》尝试对上述问题做出解答。这部著作是在陈建国的博士学位论文的基础上修改而成，作为他的博士生导师，我感到很欣慰。本书中，他在集体行动和社会资本理论的基础上，利用制度分析与发展分析框架（Institutional Analysis and Development）开发出针对中国城市社区治理的业主选择与城市社区治理框架，试图分析社区物理和产权属性、社区业主社群属性及社区规则等外生变量对业主在操作层次、治理层次和规则层次的选择行为的影响。业主选择行为表明了业主民主和自主治理能力的高低，并直接影响到社区的治理绩效。在分析框架的指导下，作者对北京市的老旧小区和新建商品房小区的治理实践进行了实证分析，针对北京市的新建商品房小区进行了典型案例研究。经过实证研究，作者从社区社会资本建设、业主选择和社区与外部的互动网络三个角度提出了增强社区自主治理能力的政策思考。应该说，本书是陈建国博士将制度分析应用于中国城市社区自主治理研究的一次大胆尝试。可以看出来，他对社区自主治理的理论有较好的把握，对中国城市社区治理的实践也有深入的调查和思考。全书的理论框架、案例研究和政策思考使我们对中国城市社区治理的实践有了一个系统的了解。当然，人类社会自主治理的实践是复杂的，需要我们从多个角度进行持续的探索。书中提出的业主选择与城市社区治理分析框架属于规范性的思考，其中诸多的逻辑关系还需要进一步的实证检验。

就在陈建国博士请我写序之际，我的老师埃莉诺·奥斯特罗姆教授去世了，她的一生都致力于探索人类社会的自主治理。她的学术探索过程，就是她不断地在美国各地,在世界各地,和当事人做朋友,了解他们如何自主治理的过程;是了解实践,深入实践,研究实践中自主治理成功或失败的过程,然后从制度上总结其经验或教训,并思考如何能够进一步成功实践的政策建议。自主治理何以成为可能的理论探索和实践探索,使得她和文森特夫妇一起,成为著名的政治学家和行政学家,而且因为对经济学的杰出贡献,2009年10月获得了诺贝尔经济学奖。奥斯特罗姆夫妇研究的核心成就,是从多个角度、多个学科、多个国家、多个文化、多个公共事务等角度,探索了自主治理何以是可能的。他们的学术人生为我们树立了榜样。希望有更多的人投入到人类社会自主治理的理论和实践探索中来。

是为序。

毛寿龙

2012年6月25日

前　言

城市社区是信任与互惠合作的摇篮，也是培育公民精神、提升其民主技巧的训练场。城市社区是城市人群的主要居住形态。城市社区作为一种不同于传统农村和城市平房院的居住形式，不仅从物理上改变了城市居住的空间形态，而且带来了房屋产权和社区公共事物治理形式的转换。由于人们相邻关系的变化而引发的对社区公共事物（neighborhood commons）的治理，对城市基层政府和社区居民或业主都构成了挑战。社区公共事物涉及的利益相关者种类繁多，既包括营利性的企业，也包括自治组织以及政府机构等。社区公共事物的治理效果既关乎不同利益主体之间的利益平衡，也关乎城市基层社会的和谐与否。因此，如何促成城市社区自主治理的实现，如何保持城市社区自主治理的永续发展不仅和业主/居民的日常生活息息相关，而且也关系到和谐社区甚至和谐社会的构建。

现实生活中的治理实践往往不似理论的预测那样简洁统一。城市社区的自主治理实践并没有因为住房制度改革带来的产权转换而出现普遍的繁荣，业主的集体行动也没有因"囚徒困境"的逻辑而出现普遍的衰败。城市社区的自主治理实践是复杂的，面临同样的政治、经济和法律环境，既有成功的案例，也不乏失败的教训。住房制度改革后的老旧社区面临的问题和新建商品住宅社区面临的问题也不完全相同。提出一个分析框架，对这些治理绩效迥异的案例做出解释，探讨新旧住宅区中存在的问题，分析其原因，并提出有效的政策选择，总结那些成功走向自主治理的社区的经验，探寻影响城市社区自主治理成败的关键因素，有助于探讨城市社区的自主治理之道。

城市社区自主治理的过程是达成集体行动的过程，也是实现治理责任的过程。城市社区治理过程中处于分散状态的业主之间如何达成集体行动，如何促成生产组织和治理组织忠实地履行生产责任和治理责任是城市社区自主治理实践的根本所在。根据第一代集体行动理论和社会资本视角下的第二代集体行动理论以及治理责任理论中的社会责任机制理论，我们知道无论面临什么样的行动情景，利益相关者之间的互动和信任，利益相关者的自由选择权利和参与治理行为是解释集体行动和治理责任差异的关键。因此，在城市社区的自主治理过程中，我们认为作为治理主体的业主之间以及业主与其他利益相关者之间是否存在互动和信任，业主是否有针对社区公共事物的自由选择权利以及社区业主是否积极采取了参与治理的行为是我们解释社区治理绩效差异的关键变量。具体到城市社区治理实践过程，是否有生产选择权（也就是对产品和服务生产安排有自由选择权）、治理选择权（也就是对业主代理机构的自由选择权）以及规则选择权（也就对社区治理过程中制度规则的自由选择权）决定了业主是否能够有效地进行集体选择，也决定了社区治理过程中生产组织和治理组织责任实现的程度。当然，我们说行动者的选择和参与行为是解释治理绩效差异的关键并不等于说外生变量不重要，因为任何行动者都是在一定的情景下进行活动。因而，在城市社区的自主治理过程中，城市社区自身的物理特性、社区中社群的属性以及社区与外部的专家学者、政府机关以及其他社区之间的互动网络等都会对社区业主能否采取行动以及采取什么样的行动产生重要影响。外生变量、业主选择和社区治理绩效三组变量构成了城市社区自主治理的分析框架——业主选择与社区自主治理分析框架。这一分析框架的核心假设是业主在一定的外生变量影响下，在生产选择、治理选择和规则选择三个层面上的权利和能力与城市社区的自主治理绩效成正比例关系。

从北京市城市社区治理的现实情况来看，具有较强的业主选择能力、具有发达的内部社会资本以及稳固的外部关系网络的社区往往是自主治理比较成功的案例的普遍特征。反之亦然。当然，这只是就外生变量相类似的情况而言。社区的物理属性会影响到社区业主进行选择的难易程度以及选择效果。当社区面积比较大，社区人口比较多时，社区业主在三个层面进行选择的难度增大。但是，根据我们的案例研究发现，虽然客观的物理环境很难改变，但是业主们可以在治理结构、组织设置以及制度规则方面进行创新和调整。我们在调查中发现，有些社区比较大，人口比较多，集体行动的达成难度比较大，在这个时候业主们设计出了多层次的代表组织，他们设立了楼层代表—楼栋代表—社区代表机制等。以此来克服客观的物理环境对社区自主治理造成的不便。

物理属性相对于制度规则而言是较难以改变的，因此从制度的角度谋求城市社区自主治理的永续发展就是可求的。这里所谓的制度是从广义的角度而言的。就城市社区的自主治理而言，我们基本上可以从三个方面进行努力。其一，投资社区社会资本以促成社区业主的集体行动。实践证明发达的互动网络关系、高度的信任感、较强的集体认同感都有助于人们之间集体行动的达成。其二，保障业主选择权利以提升社区治理绩效。实践证明业主在生产选择、治理选择以及规则选择三个层面越具有普遍的自主选择权利，他们对社区自主治理实践的参与度也会越高，他们对于社区自主治理绩效的满意度也会越高。其三，建构外部互动网络以形成支持性环境。社区是一个自主治理的领域，但绝非是一个世外桃源。实践证明政府行政权力的范围是否得当、纠纷处理机制是否多样且富有弹性、公民社会发展程度以及自主治理经验能否有效传播都会对社区自主治理能否顺利实现产生重要影响。

总而言之，城市社区自主治理的过程是一个利益主体进行博弈的过程，业主及各方主体能否进行自由选择，能否自主参与公平的利益博弈过程将会决定利益平衡与否，也就决定了自主治理能否实现以及自主治理的质量和效果。而城市社区自主治理能否永续发展又决定了城市社区和城市社会的和谐与否。

目 录

第一章 绪论 ··· 1
  第一节 问题提出与选题意义 ································· 1
    一 问题的提出 ··· 1
    二 选题的意义 ··· 6
  第二节 国内外研究现状 ······································· 8
    一 城市社区自治研究现状 ································· 9
    二 新建商品房小区自主治理的研究 ························ 16
  第三节 研究思路与研究方法 ·································· 28
    一 研究思路 ·· 28
    二 研究方法 ·· 29
  本章小结 ··· 31
第二章 城市社区公共事物及其治理现状 ························ 32
  第一节 城市住房制度改革及社区治理的出现 ················· 33
    一 城市住房制度改革促使自有房阶层形成 ················ 33
    二 物权意识驱动带来自治组织成立 ······················· 35
    三 城市社区治理的制度规范初步形成 ····················· 36
  第二节 城市社区公共事物的情境 ····························· 37
    一 社区公共事物描述 ···································· 37
    二 社区公共事物及其产权基础 ···························· 39
  第三节 城市社区公共事物治理结构的转换 ··················· 41
    一 传统的福利性"计划管理模式" ························ 41

  二 现代的市场性"物业管理模式" …………………………… 42
 第四节 城市社区公共事物治理的现况 …………………………… 46
  一 负面的多数案例 …………………………………………… 47
  二 正面的少数个案 …………………………………………… 49
 本章小结 ……………………………………………………………… 51

第三章 城市社区公共维修资金管理现状和改革 ……………………… 53
 第一节 城市社区公共维修资金现行管理模式 …………………… 53
 第二节 当前城市社区公共维修资金管理中存在的问题 ………… 55
  一 社区公共维修资金欠缴问题 …………………………… 55
  二 社区公共维修资金挪用问题 …………………………… 57
  三 社区公共维修资金"维而不修"的问题 ……………… 57
  四 社区公共维修资金增值问题 …………………………… 58
 第三节 城市社区公共维修资金的理想管理模式：
    自主管理模式 …………………………………………… 59
  一 自主管理模式是公共维修资金属性的要求 …………… 59
  二 自主管理模式是管理实践的选择 ……………………… 61
 第四节 构建社区公共维修资金自主管理的制度基础 …………… 63
  一 清晰界定边界，明确社区公共维修资金的缴纳制度 … 64
  二 对业主组织权的最低限度的认可，促成自主管理的
    有效运转 …………………………………………………… 64
  三 对社区公共维修资金的管理要专项立法，形成分级
    制裁体制 …………………………………………………… 65
 本章小结 ……………………………………………………………… 66

第四章 寻找业主选择与社区治理的理论视角 ………………………… 67
 第一节 "集体行动"和"治理责任"
    是社区治理两大难题 …………………………………… 68
  一 集体行动难题 …………………………………………… 69
  二 治理责任难题 …………………………………………… 70
 第二节 集体行动的分析路径 …………………………………… 71
  一 理性个体假设中的第一代集体行动理论 ……………… 71
  二 社会资本视野下的第二代集体行动理论 ……………… 77

第三节　治理责任的分析路径 ………………………………… 88
　　　一　官僚制责任机制 ……………………………………… 89
　　　二　民主责任机制 ………………………………………… 91
　　　三　"民营化"责任机制 ………………………………… 94
　　　四　独立机构责任机制 …………………………………… 97
　　　五　社会责任机制 ………………………………………… 99
　　第四节　业主选择——整合应用的逻辑基础 ………………… 102
　　本章小结 ………………………………………………………… 105

第五章　城市社区分类治理的研究框架和政策选择 ……………… 106
　　第一节　奥斯特罗姆的制度分析与发展分析框架 …………… 107
　　第二节　产权结构、产品属性和社群特性：
　　　　　　城市社区分类治理的分析框架 ……………………… 111
　　第三节　城市社区公共产品分类研究 ………………………… 113
　　　一　社区公共产品的特性分析 …………………………… 113
　　　二　社区公共产品的类型分析 …………………………… 114
　　第四节　城市社区产权结构分类研究 ………………………… 116
　　　一　产权结构何以重要 …………………………………… 116
　　　二　社区产权结构类型分析 ……………………………… 118
　　第五节　城市社区社群特性分类研究 ………………………… 119
　　　一　个体理性假设的分析 ………………………………… 119
　　　二　社区居民的经济支付能力高低分析 ………………… 120
　　第六节　城市社区分类治理的政策选择 ……………………… 122
　　　一　高度分割性的社区产品的治理政策选择 …………… 123
　　　二　共用性社区产品的治理政策选择 …………………… 124
　　本章小结 ………………………………………………………… 128

第六章　城市存量公房改革和老旧住宅区的治理政策选择 ……… 129
　　第一节　存量公房分类改革的逻辑框架 ……………………… 130
　　第二节　存量公房和老旧住宅区现状分析：以北京市为例 … 133
　　　一　老旧住宅区存量公房产权类型复杂多样 …………… 133
　　　二　存量公房住户有少量低保户 ………………………… 135

         三　存量公房租售政策梳理…………………………………………… 136
         四　存量公房的管理维护现状…………………………………………… 137
    第三节　城市存量公房面临的问题：以北京市为例……………………… 140
         一　产权结构复杂导致管理责任不清…………………………………… 140
         二　公房租售收入过少导致养护资金缺乏……………………………… 143
         三　有些房屋得不到及时维修存在安全隐患…………………………… 144
         四　注重公房的整治改造，忽视长效机制建设………………………… 145
         五　居民业主的治理主体缺位导致服务不满意………………………… 145
    第四节　城市存量公房改革和老旧住宅区治理的政策选择……………… 146
    本章小结……………………………………………………………………… 148

第七章　新建商品房小区治理的业主选择分析框架………………………… 149
    第一节　业主选择分析框架和模型………………………………………… 150
    第二节　界定社区治理绩效指标体系……………………………………… 153
    第三节　外生变量在社区治理中的作用…………………………………… 160
         一　物理特性与社区治理………………………………………………… 161
         二　社群属性与社区治理………………………………………………… 164
         三　外部网络关系与社区治理…………………………………………… 170
    第四节　业主选择在社区治理中的作用…………………………………… 172
         一　社区治理中的业主选择模型………………………………………… 172
         二　业主选择指标体系与社区治理……………………………………… 177
    本章小结……………………………………………………………………… 187

第八章　新建商品房小区业主选择和小区治理的案例分析………………… 188
    第一节　业主选择和美丽园物业纠纷事件的处理………………………… 188
         一　美丽园小区物业纠纷事件的源起…………………………………… 190
         二　美丽园的管理机构和社区治理结构………………………………… 195
         三　美丽园社区物业收费纠纷事件的问题及分析……………………… 200
    第二节　北京上地西里社区的业主选择和社区治理结构的转换………… 211
         一　法定的物业小区组织结构："线性"治理结构……………………… 211
         二　实践中物业小区组织结构："复合式"治理结构…………………… 213
         三　"复合式"治理结构的必要性……………………………………… 215

本章小结 ……………………………………………………………… 220
第九章　城市社区自主治理的永续发展之道 ……………………………… 221
　第一节　投资社区社会资本以促成业主集体行动 ……………………… 221
　　一　增强社区集体认同感 ……………………………………………… 223
　　二　发展社区业主间网络 ……………………………………………… 225
　第二节　保障业主选择权利以提升社区治理绩效 ……………………… 226
　　一　保障业主在生产选择中的权利 …………………………………… 227
　　二　保障业主在治理选择中的权利 …………………………………… 229
　　三　保障业主在规则选择中的权利 …………………………………… 232
　第三节　建构外部互动网络以形成支持性环境 ………………………… 234
　　一　社区治理与行政权力范围调整 …………………………………… 235
　　二　社区治理与纠纷处理机制拓展 …………………………………… 236
　　三　社区治理与自治知识经验传播 …………………………………… 238
　　本章小结 ……………………………………………………………… 240
结束语 ………………………………………………………………………… 241
参考文献 ……………………………………………………………………… 243
　　一　著作类 ……………………………………………………………… 243
　　二　期刊论文 …………………………………………………………… 249
　　三　英文文献 …………………………………………………………… 254
附录　相关法规文件 ………………………………………………………… 262
后　记 ………………………………………………………………………… 267

第一章 绪论

城市社区长期以来一直是社会学、政治学和行政学研究的核心命题之一。社会学的研究通常探讨人口社会学意义上的社区，政治学的研究则主要探讨社区民主和社区政治等，行政学的研究主要探讨社区组织机制和民主参与机制等。本书中的城市社区是指面对低排他性和低竞争性的共同事物的封闭型小区，这是一种以共有产权为基础划定范围的物理小区，它不完全等同于行政区划意义上官方界定的社区。本书以"集体行动"和"治理责任"理论为视角，在制度分析与发展（IAD）框架的基础上开发针对中国城市社区分类治理研究的分析框架和社区业主选择分析框架，从产权、事物、社群和业主选择等视角，采用典型案例分析的方法分别对中国城市老旧住宅区和新建商品房小区中的业主选择行为和治理绩效以及改进的政策进行实证研究。

第一节 问题提出与选题意义

一 问题的提出

改革开放时期是一个大变革的时代，我国城市住房制度和城市基层社会治理的伟大变革正源于这一时期。从新中国成立之后到改革开放之前，我国实行"统一管理，统一分配，以租养房"的公有住房实物分配制度，这是一种以国家和企事业单位统包、低租金为特点的实物福利分房制度。1978年以后，我国逐步开始了住房体制改革。从1986年到1997年，随着我国城市住房制度改革的推进，住房投资主体的多元化，房产资源比原来有了很大的增长。尤其是在住房商品化之后，房屋的交易量空前增长。住房制度的改革不仅激活了民间资源，提供了比较充分的房产资源，而且带来了住房配置机制的转变，个人取代单位逐步成为商品住宅的购买主体。随着中国住房制度改革的推进，城市社区的产权结构发生变革，从20世纪90年代起，中国城市社会发生了根本性的转变：住房从计划经济时代的国家财产转变为个人私有财产。这一变革为城市社区乃至基层社会治理的转换提供了坚实的基础。

住房制度改革之后，拥有私人住宅的业主成为维权的主体，并在维权的进程中成为城市社区治理的新兴力量。其根本的原因是城市房屋产权发生了实质性的改变。1990年北京市私人拥有住房比例仅为8%，1999年则达53.8%，至2002年，全国82.1%的城镇居民家庭已拥有自己的住房。随着住房制度改革的推进和房屋产权的转换，在城市老旧住宅区和新建商品房住宅区，商业化的物业管理模式已经逐步取代原来单位房管部门的行政管理模式，与此同时，个人维权意识的觉醒使得基于私人不动产权（物权）的城市社区自主治理的理念、实践和制度安排也逐渐引起重视。

处于一盘散沙状态的业主在与处于集团军状态的开发商和物业公司等方面进行长时期博弈的过程中，逐步自发地找到了组织起来以增强其博弈能力的办法。在开发商和物业公司的利益和业主的利益相冲突的时候，处于分散状态的业主在维护自身利益的博弈过程中往往处于弱势地位，为了维护自身的利益，业主逐步自发结合起来形成自治组织，显示了很强的自组织能力，业主组织成了社区治理的重要主体之一。被确认的第一个业主组织产生于1992年，借鉴香港以及新加坡的经验，当时深圳天景花园成立内地首家业主管理委员会，业主在拥有产权的基础上参与管理，开了内地业主自治组织的先河[①]。自那时到2002年，10年过去了，业主组织发展虽非一帆风顺，但也取得了长足的进步。这种建立在个人私有产权基础

---

① 曹阳：《业主委员会该如何规范》，《深圳特区报》2003年4月19日。

上的基层自主治理①已经发展成为我国城市基层民主的一个新的增长点。就某种程度上而言，城市社区的自主治理已经成为一种没有设计的民主发展的领域，被称为中国民主建设的意外收获②。

随着房屋产权的转换和大量社区业主自治组织的成立，社区的治理格局发生了彻底的变化。在原来的公有住房的情形下，房屋的使用权、管理权以及所有权是分离的，因而就没有出现真正的个体业主，也就不可能形成真正的自主治理领域。在这样的体制下居民对社区中公共事物的治理没有发言权，只有房屋的所有单位以及其他的管理单位才拥有对社区公共事物治理的发言资格，"单位（组织）权力相对于个人权利具有明显的优先地位和权威性，前者被广泛接受为有资格的、受重视的、正式的工作角色，而后者只是一种组织以外的分散意见，虽然他们在程序上合法，仍不可和单位意见的分量同日而语"③。住房制度改革则彻底改变了社区公共事物治理的这种格局，房屋的私有化实现了住房的使用权、所有权以及管理权的统一，因而就形成了以业主为治理主体的社区公共事物自主治理格局。社区公共事物的自主治理是建立在房屋产权基础之上的一种不同于以往的社区居民自治的新自主治理领域。从现实的角度来看，社区公共事物的自主治理基本上形成了社区业主决策选择，物业公司生产服务，双方之间就物业服务进行交易的供给格局。"这样一来，旧的业主主体——单位、房管局或开发者已经转变成新的业主主体，他们是购买房屋的社会集团或者个人。于是，一种对等的市场关系就出现了：业主成为房屋的产权人，他们以管理费'购买'物业公司的保安、绿化、清洁等社会服务，

---

① 自主治理（self-governance）派生于"self-government"的含义，根据剑桥词典定义，"self-government"是指自治体，一个国家或区域由居住其中的人民进行控制，或一个组织由一群独立于中央或地方政府的人们来控制。与自治"autonomy"词义的不同之处在于，"autonomy"强调一群人治理自己的事务或者组织自己活动的权利或状态。而"self-governance"侧重于表示管理的实质意义，强调一个群体不仅执行规则，而且制定规则，即自己制定群体中所有人都同意奉行的一系列原则—宪章（charter），这些原则强调个人的权利与相互尊重的权利，强调相互间的责任感，强调团体成员能够共事以发现共同体中的问题并解决之，并经此学习民主治理。下文如无特殊说明，所谓的自主治理均从此义。

② 毛寿龙：《中国民主建设的意外收获》，《中国新闻周刊》2003年8月28日。

③ 张静：《制度背景下的监督效用》，《战略与管理》1996年第6期。

物业公司则以提供服务作为交换，从业主的'购买'中获利和生存。这个市场关系使得交易双方——物业公司和业主的地位趋向于'平等'，更准确地说，是趋向于各自权利义务对等地配置"[①]。从理论上来看，随着房屋产权的转换，业主对房屋的所有权、使用权以及与房屋相关联的社区公共事物的管理权实现了统一。市场机制的引入，使得业主和社区公共服务的生产方之间的权利义务关系实现了对等配置，或者说实现了均衡。但是，从住房制度改革近30年来的社区公共事物治理实践来看，这一自主治理领域的发展并不均衡。有些城市社区成为自主治理的成功典范；而有些城市社区则迭遭危机，麻烦不断。

根据对中国住房制度改革之后社区公共事物的自主治理实践发展的观察，笔者认为如下几个方面的问题非常值得研究：（1）面对同样的宏观政治经济制度环境，为什么有些社区公共事物的自主治理能够得以实现，而有些社区却总是处于开发商或者物业服务公司的控制之下，难以自主，更谈不上治理？（2）为什么有些社区公共事物的自主治理能够得以持续进行，而有些社区的自主治理却总是危机不断？（3）虽然老旧住宅区的社会资本要比新建商品房小区的社会资本发达，但是为什么有些老旧住宅区关于公共事物治理的集体行动反倒没有后者成功呢？（4）进而言之，城市老旧住宅区和新建商品房小区的社区公共事物自主治理得以发生和持续的制度性基础是什么？有哪些变量影响了社区公共事物自主治理的绩效？这些变量又是如何影响社区公共事物的自主治理的发生和维系的？简而言之，哪些因素又是如何影响社区公共事物自主治理的发生及其永续发展是本书所要解释的核心问题。

本书从公共经济治理的角度来分析城市社区公共事物的自主治理。从公共经济治理的理论来看，当公益物品和公共池塘资源的排他使用存在问题时，就有必要创建大于家庭的集体消费单位，来克服搭便车以及偏好策略性显示的问题，来确定成本在受益者之间的分担，安排生产，管制使用者以及具体的用途和分配。许多集体消费单位本身就是政府单位，其规模

[①] 张静：《公共空间的社会基础——一个社区纠纷案例的分析》，《法制论丛》2006年第2期。

小到郊区自治市，大到整个国家的政府，甚至到联系多个国家政府或机构的国际组织。他们在范围上可能是单一目的的特别管区，也可能是执行各种各样任务的一般目的的政府。集体消费单位也包括大量各种各样的非政府组织，并且还可能不具有正式的组织。居民社区组织、公寓房共管会、教会、志愿组织和高峰协会，也可以在一种或者多种集体物品方面起集体消费单位的作用[1]。集体消费单位主要是要解决消费者需求的有效表达的问题，但是仅有集体消费单位的组织还不足以使公共产品或者服务得以供给。因此，除了集体消费单位的组织之外，还需要相应的生产单位组织以便进行公共产品或者服务的实际生产。当然，集体消费单位和生产单位之间尚需要通过一定的契约关系进行连接，来规范双方之间的权利义务关系。集体消费单位形成的过程就是集体行动达成的过程，也是业主做出集体选择的过程；通过契约关系选择生产单位的过程其实是业主对社区中公共产品和服务的选择过程。业主在对社区公共事物进行自主治理的过程中，还会涉及规则层面的行为，也就是说他们需要做出一定的制度设计以确保社区自主治理的实现和永续发展。不论业主通过契约关系进行的生产选择，还是通过集体行动进行的治理选择，以及通过制定规则进行的制度规则选择，最终的效果都会表现为社区自主治理的绩效。当然，不论业主在哪个层次上进行自主选择，都是针对一定的社区事物进行的，都是在一定的社会、政治、经济和文化环境中进行的，由于这些环境因素不同于业主的选择行为，因而，笔者在这里称他们为外生变量。本书的基本思路就是围绕着"外生变量""业主选择"以及"社区治理绩效"三组变量之间的关系展开的。

本书认为社区公共事物的自主治理是否能够发生以及是否可以永续发展取决于集体消费单位的组织、生产单位的组织、制度规则的制定等环节是否可持续发展。这些环节中的每一环节是否能够得以持续又取决于不同的行动者选择的策略行为，而作为有限理性的不同行动者的策略行为的选择基本上受制于其所面临的激励结构，这些激励结构的形成又是由一定的

---

[1] 〔美〕埃莉诺·奥斯特罗姆：《公共经济的比较研究》，《公共服务的制度建构》中文版序言，生活·读书·新知三联书店，2000。

制度变量元素影响。所以，本书将着眼于从制度的视角来探讨社区公共事物自主治理得以发生和确保永续发展的激励结构，由此出发来探讨社区公共事物的自主治理得以发生和确保永续发展的制度基础，为探讨更为宏观的城市公共事物的自主治理之道寻求智力支持。

二 选题的意义

本书的研究目的是探讨城市社区公共事物自主治理的理论。具体而言主要有以下几点内容：（1）构建解释中国社区公共事物自主治理的分析框架；（2）提出城市社区分类治理的框架和政策，并探讨城市存量公房改革和城市老旧住宅区治理的政策选择；（3）用来自北京20个新建商品房小区的400个样本数据检验中国社区公共事物自主治理的分析框架及相关的假设关系；（4）选择北京市美丽园小区和上地西里小区作为典型案例分析其中的业主选择行为和城市小区的纠纷解决以及治理结构的转换；（5）通过实证分析归纳出中国社区公共事物自主治理的理论，也就是探讨中国社区自主治理的可持续之道。当然，本书提出的城市社区公共事物自主治理的分析框架并非完全原创，是在借鉴印第安纳大学政治理论与政策分析研究所所开创的制度分析与发展分析框架（IAD）的基础上，针对中国的社区治理的实际状况改造而成的。

（一）理论意义

根据上述的研究目的和对研究内容的概括，笔者认为本书具有一定的理论意义：

1. 本书提出了适用于中国城市社区实际状况的公共事物自主治理理论

从已有的研究成果来看，我国的社区公共事物自主治理研究尚处于初始阶段，大部分成果主要是对社区公共事物自主治理的现状的描述，或者是针对特定问题进行的对策性分析，而针对社区公共事物自主治理进行系统的理论研究成果还很少。本书主要着眼我国社区公共事物自主治理的理论开发，注重从业主集体选择（业主的偏好和需求的有效表达）、生产选择（物业服务公司的或其他形式生产单位的组织）、规则选择（制定规范社区治理活动制度规则）以及外部支撑性环境的形成等方面探讨社区公共事物自主治理的制度元素与社区公共事物自主治理绩效之间的互动关系。除此之外，本书还进一步地分析影响集体选择的变量因素、影响生产选择的变量因素、影响规则选择的变量因素，分析不同的变量因素与社区公共事物自主治理的不同环节之间的因果关系。毫无疑问，无论是对外生变量、业主选择以及社区治理绩效之间因果关系的宏观分析，还是针对影响各个环节本身得以形成的变量因素的较为微观层次的分析，都会对我们理解社区公共事物自主治理能否发生以及会否持续具有重要的作用。

2. 本书提出了用于分析中国城市社区公共事物自主治理现象的分析框架

本书从外生变量、业主选择，以及社区治理绩效等角度提出了适用于中国社区公共事物自主治理的分析框架。这一分析框架将业主自身、服务生产单位以及相关的政府单位纳入到考察的范畴，分析这些不同的行动者在进行与社区公共事物治理相关的策略选择时所面临的激励机制。在不同的激励机制中各方行为主体的行为选择。并从规范的意义上探讨业主、政府以及服务生产单位等在社区公共事物治理中应当扮演的角色和发挥的作用。

3. 本书采用了不同以往的分析角度

本书从制度分析的角度对社区公共事物的自主治理进行研究，不仅关注社区公共事物自身的性质，关注社区公共事物治理中行动者的角色和特性，还分析构成不同的激励结构的制度规则的作用。这样的分析不同于以往研究仅仅着眼于社区治理中组织结构的分析，或者仅仅关注社区治理中公共事物的分析，本书还综合了事物属性、行动者的属性以及制度规则的属性等多个方面的因素。同时，本书的研究不同于以往的静态研究，而是将社区公共事物的自主治理当作一个动态的过程进行分析。本书的分析不仅仅局限于对社区的公共事务治理的相关要素的静态描述，并在此基础上将不同的行动者纳入动态的治理过程进行分析，具体而言就是着重于分析集体消费单位的形成—服务的组织生产—制度规则的选择等环节中的不同激励结构以及相应的制度因素。

（二）现实意义

1. 本书的研究主题属于当前我国政府四大职能之一的社会管理职能的重要课题

城市社区自主治理的政策选择是加强和创新社会管理的核心内容之

一。胡锦涛同志2005年2月19日在中共中央党校省部级领导干部关于提高构建社会主义和谐社会能力专题研讨班上的讲话，提出要进一步加强和完善基层社会管理和服务体系……强化城乡社区自治和服务功能，健全新型社区管理和服务体制。社会管理的重心在基层，特别是在基层社区。因此，如何理顺不同类型城市社区中不同利益主体之间的关系，理解不同类型的城市社区中业主选择行为与社区治理绩效之间的关系，通过制度和政策设计对城市社区进行分类治理是加强和创新社会管理的核心内容之一。如何推动政府的社会管理职能不仅关系到公民个体利益能否顺利实现，而且关系到整个社会能否实现稳定和谐。而城市社区作为城市社会的细胞对城市的稳定与和谐有着重要的影响。城市社区是城市社会的基石，社区能否实现和谐与稳定从根本上会对社会是否能够实现和谐与稳定产生实质性的影响。本书的核心问题在于探讨社区公共事物自主治理持续发展的制度基础。对城市社区治理的制度基础的发现与探讨毫无疑问会对城市社区的稳定和发展有着重要的意义，对于建设和谐社区甚至和谐社会都具有重大的实践意义。

2. 本书最后探讨了社区自主治理的永续发展之道

这是根据前述实证研究成果进行的一种政策性研究。具体而言，这些政策研究分别从投资社区社会资本、保障业主选择权利以及建构外部支持性网络关系三个角度，探讨了促成社区自主治理得以发生和实现永续发展的努力方向。这些对策性研究既是建立在对成功实现自主治理的城市社区的经验总结的基础上，也是建立在对城市社区建设经验教训的基础上。这种具有鲜明针对性的政策研究，毫无疑问会对城市社区业主谋求自主治理的努力指明了前进的方向。

第二节 国内外研究现状

近几十年来，关于城市社区治理的研究文献蔚为大观。随着城市居民居住形态的变化，高层密集型共同居住社区的出现，一群人如何在社区共同生活中处理个人利益与共同体利益，如何处理与开发商、政府、物业公司等各方主体之间的关系，如何治理社区公共事物，不仅是现实中人们不得不面对的现实问题,也是许多学者进行学术探讨的重要课题。本节将着重综述近几十年来国内外关于城市社区的公共事物治理的文献。

一 城市社区自治研究现状

我国城市社区治理发端于 20 世纪 90 年代末期开始的社区建设[①]。社区自主治理研究在我们国家还不算成熟,社区治理不仅"是一个崭新的实践过程,也是一个崭新的理论研究课题"[②]。然而从单位制解体到社区建设,再到现在的小区治理,这一实践过程呈现出多姿多彩的特征。实践的需要推动理论的发展,与此相对应,各个学科的学者从不同的角度对社区治理进行了多元的探索,形成了纷繁复杂的观点和流派。

(一) 社区自治概念:社区治理研究的核心

自从单位制消解到现在的社区自治,社区治理研究中出现了纷繁复杂的概念,每一个概念都体现了社区治理研究的不同理路及思路。具体来看,关于社区治理的概念主要有以下几种。

1. 社区自治

一些学者从自治的角度研究社区治理,桑玉成认为,社区自治是政府管理之外的社会治理,即政府管理行政事务,而社区居民通过选举产生的自治组织来管理社区公共事务[③]。韦克难认为社区自治就是组织居民,利用社区中的一切组织和资源,通过社区居民自我管理、自我教育、自我服务、自我监督,控制和影响社区的一切程序、计划与决策,实现社区建设的发展目标的过程[④]。王颖认为,社区自治可以归结为一句话:组织起来,使市民的参与制度化[⑤]。徐勇认为,城市社区自治是城市社区成员依照法律,对本社区事务进行自我管理的制度。它是对经济体制改革和城市社区建设中城市基层管理体制的创新,也是我国城市居民直接参与基层事务管理,依法行使管理国家和社会事务的民主权利的具体方式[⑥]。

---

① 张宝锋:《城市社区治理研究综述》,《晋阳学刊》2005 年第 1 期。
② 陈伟东:《社区治理——自组织网络与制度设置》,中国社会科学出版社,2004。
③ 桑玉成:《从五里桥街道看城市社区管理的体制建设》,《政治学研究》1992 年第 2 期。
④ 韦克难:《论社区自治》,《四川大学学报》2003 年第 5 期。
⑤ 王颖:《论社区自治建设》,《北京社会科学》2003 年第 2 期。
⑥ 徐勇:《中国城市社区自治》,武汉出版社,2002。

2. 社区自组织

一些学者从自组织的角度研究社区治理，陈伟东等人借用康德提出的"自组织"概念来研究社区治理，他认为，"社区自治"概念具有社区组织全能化、社区组织与政府组织对立化、治理要素简单化等倾向，而主张采用社区自组织概念。社区自组织是指不需外部具体指令的强制，社区成员通过面对面协商，取得共识，消除分歧，解决冲突，增进信任，合作治理社区公共事务的过程，并使社区逐步进入"自我维系"的状态。陈伟东指出，社区自组织的四大要素，即自组织资格、自组织动力、自组织机制、自组织结构及自组织绩效[1]。采用社区自组织这一概念的还有李霞，她在《社区自组织与社区治理成本》一文中提出，社区自组织包括两层结构：一是由社区居民自发组成的民间组织；二是解决社区内利益冲突和进行重大问题决策的协商机制——民主协商机制[2]。李霞在此文中探讨了社区的自组织程度与社区治理成本之间的关系，并结合案例对社区自组织理论进行了应用性研究。曾望军也认同社区自组织这一概念，并在《论社区自组织在社区管理中的角色归类及自治功能》一文中将社区居民委员会、社区业主委员会和社区中介组织归入社区自组织，进一步探讨了社区自组织在社区管理中的自治功能[3]。

与上述概念相近的另外一种提法是"社区生活自理"，这一概念是由费孝通提出来的。他认为所谓的社区生活自理就是让越来越多的居民来协调和管理他们在社区里的各种关系，从而在社区内创建一个适应当前我国市场经济、贴近居民具体生活和满足居民日常生活需求的服务系统。简单地说，这种社区服务首先要培养和提高居民既服务于自己，又服务于社区的意识和能力[4]。这一概念是与社区服务密切相关的。

（二）社区自治的研究路径

城市社区是城市社会的缩影，涉及方方面面的事务，社区治理牵涉

---

[1] 陈伟东：《"社区治理"概念的缺陷与修正》，《广东社会科学》2004年第2期。
[2] 李霞：《社区自组织与社区治理成本》，《理论与改革》2006年第6期。
[3] 曾望军：《论社区自组织在社区管理中的角色归类及自治功能》，《理论与改革》2006年第1期。
[4] 费孝通：《当前城市社区建设一些思考》，《社区》2005年7月上半期。

错综复杂的关系。不同学科的学者从不同角度对社区治理进行研究，得出的结论纷繁复杂，使得本就复杂的社区治理显得更加难以把握。根据掌握的研究资料，笔者认为关于社区自治的研究可以归入下列四个方面。

1. 国家与社会关系角度

就是着眼于历史、国家与社会关系的角度探讨社区自治得以发生的根源。近代工业社会的根本特征是社会的分化，这个社会的一切都处在一个不断的分化过程中。其中，最为基本的分化是公共领域、私人领域与日常生活领域的分离[1]。这一现象在我国社会中的表现就是公共权力从市场、社会领域隐退，市场及社会领域的自主性逐步增强。这一领域在分离的过程中始终充满着国家与市场、国家与社会之间的张力。具体到社区治理就集中表现为国家与社会之间的关系，即单位制的消解与社区治理的形成。最早以单位为视角研究中国社会结构的是美国学者华尔德，他在《共产主义社会的新传统主义》一书中提出了"单位依附关系理论"[2]，"单位制"理论为社区自治研究提供了理论基础。国内相当多的学者都借用"单位制"的理论，从不同的角度探讨国家与社会关系，探讨社区自治得以发生的动因，代表人物有路风、李汉林、李路路、孙立平、李培林、杨晓敏、周翼虎等。孙立平认为，改革前重国家、轻社会的模式已经改变，一个相对独立的社会开始形成；社会结构由总体性社会向分化性社会转变；社会整合由行政性整合向契约性整合转变；国家与组织（单位）的关系由总体生存模式向独立生存模式转变；原有的城乡各种身份系列被一种新的、以职业身份为标志的身份系列所取代；全国一盘棋的区域格局被打破，地方社区开始成为利益主体[3]。李汉林、李路路等人认为，中国的单位组织并不仅仅是一种纯粹的社会组织，更多地表现为一种"组织化"的统治形式和工具，是国家实现统治的一个重要的中介环节。单位成员在单位中所获得的资源以及他们对单位的满意度，仍然是影响其依赖性行为

---

[1] 张康之：《在领域分离与融合中看制度》，《探索》2006年第1期。
[2] 张宝锋：《城市社区治理研究综述》，《晋阳学刊》2005年第1期。
[3] 孙立平、王汉生、王思斌、林彬、杨善华：《改革以来中国社会结构的变迁》，《中国社会科学》1994年第2期。

的基本决定因素；个人在单位中获得资源的多少将影响和制约着人们对单位的依赖性行为和对单位的满意度。同时，人们对获取资源的满意度，也会影响和制约人们的依赖性行为[①]。卢汉龙认为，地区社会的变化先于单位制的变化，20世纪70年代末80年代初，随着上山下乡知识青年返城，他们相当大一部分人游离于单位制的边缘，正是这种人口就业的压力和就业方针的改变是促使地区经济和社会变革的最直接原因[②]。随着单位体制外人员的增加和传统单位的功能性转变，单位制赖以存在的社会和经济基础发生了深刻的变化，单位制逐步消解。单位制的消解，开启了领域分化的大门，意味着权力对资源控制的松动，国家对社会成员的政治控制、经济控制、思想控制等力度的减弱，复苏了人们的个人意识，带来了私人空间的存活。单位制的消解意味着国家权力对社会领域控制力度的逐步减弱，为社区存活与发展提供了可能的空间。另一方面，随着原有的单位转化成为自主经营、自负盈亏的市场主体，他们甩出来的"冗员包袱"必须有人来承担，这也为城市社区治理提出了更高的要求。正是在这种可能性与现实性的双重要求下，政府适时地推出了"社区服务"和"社区建设"。但是无论是"社区服务"还是"社区建设"都与政府的政策密不可分，其不属于社区自觉地自组织治理。

2. 社区服务角度

就是从社区服务或者社区公共产品提供的角度研究社区治理。这一研究路径侧重从社区服务或社区公共产品的含义及其属性、社区服务的提供、生产等角度进行研究。关于社区服务的研究主要有这么几类代表性的观点：第一种观点认为社区服务既包括社区公共服务，也包括社区中的私人性服务。1986年民政部第一次提出了开展社区服务的要求，民政部给社区服务的定位是"以城市街道、居民委员会为依托，依靠社会力量兴办的实行自负盈亏管理的社区型社会福利设施和社会福利网络"[③]。1992年，中共中央、国务院发表了《关于加快发展第三产业的决定》，首次

[①] 李汉林、李路路：《资源与交换——中国单位组织中的依赖性结构》，《社会学研究》1999年第4期。

[②] 卢汉龙：《单位与社区——中国城市社会生活的组织重建》，《社会科学》1992年第2期。

[③] 转引自杨团《推进社区公共服务的经验研究》，《管理世界》2001年第4期。

将社区服务列入第三产业的范畴,并赋予其有限发展的地位①。唐忠新则认为所谓的"社区服务是指在党和政府的主导下,动员社区力量,利用社区资源,为社区成员提供福利性、公益性服务和便民生活服务,以不断满足社区成员日益增长的物质文化需要的过程"②。这一概念认为,社区服务既包括社区福利性、公益性服务,又包括便民生活服务。第二种观点认为社区服务概念涵盖内容比较庞杂,不利于对社区服务的组织,而主张对社区服务进行细分,在社区服务的基础上提出社区公共服务。徐永祥认为民政部门将社区服务定位于行业归属,一开始就隐含了内在的矛盾,即既视社区服务为公益性、福利性的社会服务事业,又视社区服务为一种便民利民的第三产业。这一模糊的概念在社会转型的条件下造成各类组织之功能和目标新的重叠问题和新的"社企不分"的问题。徐永祥认为所谓的社区服务是对社区社会服务的简称,是指在政府的资助和扶持下,根据居民的不同需求,由政府、社区内的各种法人社团、机构、志愿者所提供的具有社会福利性和公益性的社会服务以及居民之间的互助性服务;这种福利性、公益性的社会服务的本质特征是无偿性的服务,并辅以不以盈利为目的的微利、抵偿性服务;这种服务的对象主要是社区中的弱势群体和优抚对象,也包括社区中的边缘群体和全体居民;这种社会服务的形式和层次,具有专业人士、专业机构提供的专业化服务和非专业化服务的分别③。杨团认为应当提出社区公共服务这一新的概念,所谓的社区公共服务就是指以社区为单位提供的社会公共服务④。这一概念将具有社会导向的个人服务和私人服务剔除在社区公共服务之外。洪瑾认为,社区公共服务是在人民政府的倡导下,在各级政府部门的具体指导和协助下,以街道为主体,居委会为委托,发动和组织社区成员建立服务网络,开展互助活动,为社区成员提供物质生活和精神生活的各种服务,以满足社区各种群体及成员的多种需求

---

① 参见民政部社会福利司编《全国社区服务经验交流会议文件汇编》,1995年5月。
② 唐忠新:《社区服务思路与方法》,机械工业出版社,2003。
③ 徐永祥:《社区发展论》,华东理工大学出版社,2000。
④ 杨团:《推进社区公共服务的经验研究》,《管理世界》2001年第4期。

的一项社会公益性事业①。第三种观点认为社区服务就是公共服务，不包括社区中的私人服务。魏娜认为，社区服务属于公共服务的范畴，而公共服务是以提供公共物品为内容旨在提高群众物质与文化生活水平与生活质量的活动。关于社区公共服务的范围界定，魏娜认为从广义的角度讲，凡是提供社区公共物品，并以社区群众为受益对象的服务都是社区公共服务，如社区治安、社区环境治理、社区福利服务、社区公共卫生服务、社区文化服务、社区生活服务、社区接济服务等。从狭义的角度讲，主要是面向社区民众的生活服务和以社区特定人群为服务对象的社会福利和社会救助服务②。

3. 社区自治组织角度

这一研究路径主要以社区中的各类自治组织为研究对象，具体来讲主要有三大类，其一是居民委员会，其二是业主委员会等（后面在新建商品房小区研究现状中重点分析，此处不赘述），其三是社区志愿组织，这些研究或者针对某类自治组织或者是研究这些组织间的关系。

（1）关于居民委员会的研究。居民委员会是目前得到宪法和法律承认和确定的城市基层自治组织。研究居民委员会自治的内涵，探讨居民委员会自治实现条件，分析目前居民委员会在实现自治中遇到的问题，提出真正实现居民委员会自治的对策出路。这些都成为以居民委员会为主要对象探讨城市社区基层自治的学者们的核心主题。例如，魏娜在《城市社区建设与社区自治组织的发展》一文中探讨了自治的法理和思想基础，指出了居民委员会的自治权主要包括财产自治、选举自治、组织与管理自治、教育自治以及服务自治等③。另一部分学者则在实践考察的基础上探讨了居民委员会自治功能的萎缩和行政化的趋向或者说是内卷化的问题。例如，桂勇等在《行政化进程中的城市居委会体制变迁》一文中以上海市居委会组织体制的变迁为对象探讨了居委会功能的行政化，以及政府对其人事和财政的控制等因素使居委会成为基层政权建设的一部分④；何艳

---

① 洪瑾：《关于社区公共服务的思考》，《中国行政管理学会2004年年会暨"政府社会管理与公共服务"论文集》，2004。
② 魏娜：《社区组织与社区发展》，红旗出版社，2003。
③ 魏娜：《城市社区建设与社区自治组织的发展》，《北京行政学院学报》2003年第1期。
④ 桂勇、崔之余：《行政化进程中的城市居委会体制变迁——对上海市的个案研究》，《华中理工大学学报》2008年第3期。

玲等在《中国城市基层自治组织的"内卷化"及其成因》一文中指出，虽然居委会新的组织形式要素在其组织变革中已经出现，但是居委会组织结构的科层化、功能的行政化和成员的职业化等方面表明其已经发生了内卷化[①]。

（2）关于社区志愿组织的研究。社区志愿组织是城市社区居民开展自我服务的基础，也是城市社区自治的重要形式。龙菲在《当代中国的社区志愿服务》一文中总结了我国社区志愿服务的形式："一助一"结对活动、开展设点服务、救助热线和救助网络服务和集中组织社区便民服务活动等[②]。高和荣在《论社区志愿组织与志愿服务的完善——以福建三个社区为例》一文中比较了行政主导型社区、社会主导型社区和混合型志愿组织三者的优劣点，发现行政主导型社区志愿服务组织容易陷入形式主义，社会主导型社区志愿组织容易导致其活动与社区工作脱钩，而混合型社区志愿组织则会遇到队伍规模和素质的制约[③]。

（三）国内社区自治研究的比较分析

综观我国城市社区研究现状，笔者认为可以从学者研究的方向对既有的研究进行分类比较，也就是从纵向的角度来看，循着从上到下，从高层到基层的方向进行研究，或是循着从下到上，从社区到街道，再到市辖区这样的思路进行研究。

我国大部分学者都采取了从上到下的视角进行研究，都是站在政府的角度来看怎样管理社区，凡是提出社区管理概念的都有这种倾向。这种思路是考虑怎样去管理社区，管理社区中的居民，怎样设计社区管理制度，而不很重视社区居民和业主的呼声。基层政权建设理论是这方面的典型，如："权力下放，扩大基层政府的权能，政府全面管理街区"[④]；"社区服务是在党和政府的主导下，动员社区力量，利用社区资源，为满足社区成

[①] 何艳玲、蔡禾：《中国城市基层自治组织的"内卷化"及其成因》，《中山大学学报》2005年第5期。
[②] 龙菲：《当代中国的社区志愿服务》，《城市问题》2002年第6期。
[③] 高和荣：《论社区志愿组织与志愿服务的完善——以福建三个社区为例》，《福建论坛》2011年第4期。
[④] 朱建刚：《城市街区的权力变迁：强国家与强社会模式》，《战略与管理》1997年第4期。

员提供福利性、公益性服务和便民生活服务,以不断满足社区成员日益增长的物质文化生活需要的过程"①。

另外一部分学者是站在基层居民、业主的角度。与前一部分人相比,这部分人很少,他们更注重对社区中业主治理的研究,最为典型的代表是中国人民大学的"社区治理"课题组。他们的研究具有草根性。"一言以蔽之,社区治理就是社区中的人自己管好自己的事,及与自己直接相关的事,为了达到这个目的,人们必须协作共事。社区治理的合法性是基于物权,即私有财产权赋予的权利……所以,对于私人财产和私人共有的财产管理首先是当事人自己的事务,这就是我们说的社区治理的出发点。"②从下到上视角和从上到下视角的研究的比较如表1-1所示:

表1-1 国内社区治理研究自上而下和自下而上两个视角的比较

	自上而下视角	自下而上的视角
出发点	政府治理	社会治理
前提	积极政府	有限政府
主要研究对象	居民委员会	业主组织
主要理论来源	侧重组织理论	更注重物品、物权理论

资料来源:笔者根据相关研究整理而成。

二 新建商品房小区自主治理的研究

几十年来,关于城市小区自主治理的研究文献蔚为大观。本部分将着重综述近几十年来国内外关于居住小区的公共事物治理的文献。

(一) 国内关于新建商品房小区自主治理的研究

随着住房制度改革的推进,城市基层社会的治理形态也随之发生改变,不同学科的学者从各自的视角出发探讨了居住小区的治理事项。根据已有研究成果的研究主题来看,国内的研究主要集中在如下几个视角。

---

① 唐忠新:《社区服务思路与方法》,机械工业出版社,2003。
② 陈幽泓:《国际社区发展协会2003年会综述》,《现代物业》2003年第10期。

1. 国家—社会关系的视角

从这个角度进行研究的学者多数属于社会学研究者,这一类研究主要探讨中国大陆业主、业主组织出现、发展的影响变量以及这种新型的小区公共事物治理模式对中国公民社会发展的意义。国家—社会视角的研究往往着眼于宏观的社会转型和制度变革,从这一角度进行的研究内容和观点也比较庞杂,根据已有研究成果的研究角度和基本观点可以分为三类。

(1)探讨业主及业主组织为主体的小区公共事物治理格局出现、发展的原因。关于小区自主治理出现的背景、原因的观点基本上包括如下几个方面。一是认为中国改革开放以来政治、经济改革以及基层社会治理的转型等是小区自主治理这一新型的基层治理模式出现的背景,而住房产权改革是其出现的直接原因[1]。例如,刘安(2006)认为单位制的消解、改革开放后我国城市基层的重构是业主委员会出现的背景,住房体制改革和住房产权制度的变革是业主委员会出现的根本原因,业主委员会在其自主治理的运行过程中面临着与居民委员会、物业公司之间的博弈[2]。二是认为除了上述原因之外,当前的城市居住空间分异是促进小区业主自治管理的又一诱因,例如,梁勇、高翔(2004)则从经济改革、居住形态的角度探讨业主自治的发生。他们指出:"市场经济的发展促进中国城市居住空间的分异显化,而城市居住空间分异可以促进住宅区业主自治管理,从而有利于中国社会进步。"[3] 三是认为开发商和物业管理公司以及其他相关的利益组织的行为和状态是促动住宅小区自治出现和发展的重要影响因素。例如,张磊(2005)从宏观的政治利益集团角度和中观的业主动员机制角度考察了影响业主维权运动的主要因素,认为在房地产开发和物业

---

[1] 陈幽泓(2003)指出中国的经济改革所带来的社会形态的变化导致中国城市邻里社区的治理模式正在从行政管理模式向自主治理模式转型,陈幽泓:《国际社区发展协会2003年会综述》,《现代物业》2003年第10期。曾文慧(2002)通过案例研究的方式,从制度变革的视角分析了房屋产权变革与业主自治出现之间的关系,曾文慧:《社区自治:冲突与回应——一个业主委员会的成长历程》,《城市问题》2002年第4期。

[2] 刘安:《论业主委员会的发展与城市社区自治》,《南京社会科学》2006年第1期。

[3] 梁勇、高翔:《从城市居住空间分异到业主自治管理的思考》,《广东经济管理学院学报》2004年第1期。

管理领域，以开发商和物业公司为主体，包括房管局小区办公室、地方法院和街道办事处等相关政府部门和政府官员在内的、一个具有分利性质的房地产商利益集团已经形成，该集团的强势地位，使开发商和物业公司敢于普遍而广泛地侵害广大业主的合法权益，这正是业主维权运动兴起的深层原因[①]，与大陆的情况形成鲜明对照，Simon, C. Y, Chen（2005）探讨了台湾的业主自治形成过程中房地产市场以及物业管理市场的发展及发挥的积极作用[②]。

（2）探讨业主及业主组织的出现对于中国公民社会和基层民主自治发展的影响。这一方面的观点主要有三个方面。一是认为以业主和业主组织为主体的小区自治群体形成了中国社会历史上第一个真正的公民社会的雏形，必将对中国的公民社会的生成和发展产生积极的影响。有些学者在分析了业主和业主组织的特征性质的基础上，根据公民社会的理论和公民社会的标准做出判断，认为业主组织和业主群体在某种程度上具备了公民社会的特性[③]。例如，夏建中认为："业主委员会这个自治组织已经具有了公民社会的初步特征！构成了中国城市社会历史上第一个真正的公民社会的雏形……在其目前的发展阶段上，我们至少可以将其称为'住宅社区的公共领域'。"[④] 二是认为以业主和业主组织为主体的小区自治形态的

[①] 张磊：《业主维权运动：产生原因及动员机制——对北京市几个小区个案的考察》，《社会学研究》2005年第6期；孟伟：《日常生活的政治逻辑》，华中师范大学博士学位论文，2006。

[②] Simon, C. Y, Chen, "Homeowners Associations, Collective Action and the Costs of Private Governance", Housing Studies, Vol. 20, No. 2, 205 – 220, March 2005.

[③] 费梅萍（2001）认为业主委员会的出现是产权私有化、福利社会化的结果，根据公民社会的民间性、非营利性等基本特征，目前中国的业主委员会作为外在于政府和市场的业主自治组织，在形式上具备了市民社会的一些特征，但从其功能发挥上，还不具有真正意义上的市民社会的内涵，费梅萍：《业主委员会与中国的市民社会》，《华东理工大学学报》（社会科学版）2001年第2期；张磊、刘丽敏（2005）通过对上海清水苑小区的个案分析，指出随着住房改革制度的推进，住宅小区的公共事物治理的主体发生了转换，业主及业主组织代替原来的政府组织成为居住小区公共事物治理的主体，物业运作（住宅小区公共事物治理）的新公共空间已非由国家一元力量控制，而是由国家和社会二元力量共同决定的具有市民社会性质的新公共空间。张磊、刘丽敏：《物业运作：从国家分离出来的新公共空间——国家权力过度化与社会权力不足之间的张力》，《社会》2005年第1期。

[④] 夏建中：《中国公民社会的先声——以业主委员会为例》，《文史哲》2003年第3期。

出现标志着中国基层民主政治的实质性发展，这一自主治理实践的出现和发展将会推动中国城市基层真正的自主治理的进程①。例如，韦朝烈、唐湖湘（2007）通过对广州嘉和苑业委会成立过程的调查，指出业主委员会的选举是一场崭新的民主实验，是一种实质的民主选举，不像原有的居委会选举只具有民主的符号意义。这或许意味着以业主委员会为主导的城市新型社区的业主自治实践，有可能成为我国城市社区民主发展的另一个支撑点或载体，并对国家的民主政治建设产生积极影响②；本杰明·里德（2007）则通过访谈调查评估业主委员会出现对地方政府权力形成的影响和制约作用，他认为："尽管这一民主运作的组织目前的发展还比较微弱，但是他们有着迅猛的发展势头，因此也会对地方政府的权力行使产生强有力的制衡作用"③；孟伟则通过对"业主维权行动"的生成机制、演进逻辑的研究，分析了其伸展成公共政治问题的基本要素和制度诱因，证明其展示出的公共政治价值④。

（3）探讨中国当前的国家——社会关系格局对以业主和业主组织为主体的新的基层公共事物治理发展的影响。例如，张静（2006）通过对一个案例分析，认为虽然城市居住产权的变化以及小区公共事物的治理格局发生了转换，但是"在局部层次上发展出的上述社会关系，同原有的宏观制度关系相抵触。它并没有得到宏观制度的稳定支持，因此处于不确定

---

① Benjiamin L. Read. "Democratizing the Neighborhood? New Pivate Housing and Home - owner Self - Organization in Urban China". The China Journal, No. 49, Junary 2003；孟伟：《公民政治：从利益到权力的演化——深圳市宝安区滢水山庄业主自主行动的实证分析》，《马克思主义与现实》2004 年第 1 期；唐娟：《城市社区结构变迁中的冲突与治理——深圳市业主维权行动及业主委员会生长轨迹研究报告》，城市社会业主委员会发展学术研讨会论文，2004；白杨：《选举仪式化功能——从业委会选举来看城市基层民主实践中的博弈》，《社会科学》2003 年第 5 期；晁流：《社区自治中的利益博弈——以南京"中青园"为例》，《社会》2004 年第 4 期；邹树彬：《住宅小区中的民主——城市业主委员会运动的兴起及其影响》，城市社会业主委员会发展学术研讨会论文，2004；桂勇：《略论基层民主发展的可能及其实现途径——以上海市为例》，《华中科技大学学报》2001 年第 1 期。

② 韦朝烈、唐湖湘：《业主委员会：城市社区民主发展的可能载体》，《广东行政学院学报》2007 年第 2 期。

③ Benjiamin L. Read. "Inadvertent Political Reform via Private Associations: Assessing Homeowners' Groups in New Neighborhoods". in Elizabeth J. Perry ed. *Grassroots Political Reform in Contemporary China*, Harvard University Press Cambridge, Massachusetts London, England 2007.

④ 孟伟：《日常生活的政治逻辑》，华中师范大学博士学位论文，2006。

状态（这能解释为什么一些小区业委会竞聘能够成功，而另一些则归于失败），也无法给类似的纠纷解决提供预期"[①]。陈映芳（2006）则通过对城市业主委员会运动的考察，进一步探讨国家—社会关系的演变路径。目前中国城市中以市民组织化维权行动为主要内容的都市运动，多属于集合行动，或浅层次的社会运动（介于集合行动与社会运动之间）。这种状况一方面反映了市民及其社会尚在形成、发育中，另一方面也说明了法律、政治制度对社会运动的发生具有限制功能[②]。

2. 法律关系的视角

从这个角度出发对小区自主治理进行研究的学者多数属于法学研究者。这一研究视角的学者侧重从物权的角度探讨城市小区自主治理的产权基础、小区业主组织的法律地位以及规范物业服务的相关制度规则。

（1）法学视角的研究一方面集中于探讨小区自治的权利基础。已有的相关成果主要集中于建筑物区分所有权的研究。陈华彬（1995）[③]、陈亚平（1998）[④]、王利明（2006）[⑤] 等法学者撰文探讨了建筑物区分所有权的内涵，指出成员权[⑥]是建筑物区分所有权的应有之义，并进一步论证了区分所有权→成员权→业主自治权的内在逻辑关系[⑦]。图雅、舒梅、吕群荣、沈杰等一些研究者对建筑物的共有权的内涵、客体、内容以及共有权的行使方式等进行了专门研究[⑧]。

[①] 张静：《公共空间的社会基础——一个社区纠纷案例的分析》，《法制论丛》2006年第2期。
[②] 陈映芳：《行动与制度限制：都市运动中的中产阶级》，《社会学研究》2006年第4期。
[③] 陈华彬：《现代建筑物区分所有权制度研究》，法律出版社，1995。
[④] 陈亚平：《建筑物区分所有权制度中若干基本问题之研究》，《华侨大学学报》1998年第1期。
[⑤] 王利明：《论业主的建筑物区分所有权的概念》，《当代法学》2006年第5期。
[⑥] 基于建筑物的专有权和共有权而产生的关于建筑的管理、维护和修缮等共同事物的管理的权利资格。
[⑦] 王利明在《论业主的建筑物区分所有权的概念》一文中指出："第一，从权力来源顺序上来看，成员权来源于专属所有权。第二，成员权的范围也受到专属所有权的限制……"；"成员权具有身份上的特点，因为成员权是区分所有人在区分所有人团体中的团体资格，基于这种自身享有的表决权、选举权等，此种权力很难等同于所有权。这就是说，成员参与管理，体现了基层民主，表现了对小区自治管理"。
[⑧] 图雅：《建筑物区分所有权中的共有权研究》，内蒙古大学硕士学位论文，2003；舒梅：《住宅小区的共有共用权研究》，四川大学硕士学位论文，2003；吕群荣：《建筑物区分所有权之共有权研究》，西南政法大学硕士学位论文，2005。

(2) 有些研究者着重于探讨小区自治组织的法律地位。长期以来学界对业主组织的法律地位存在很大的争议，有些学者认为业主委员会现实中当然地具有法人资格并呼吁确认业主委员会的法人地位[①]；有些学者认为业主委员属于具有独立诉讼资格的非法人组织[②]；有些学者根据无财产即无人格的原则判定业主委员会不具有法人地位[③]。

(3) 小区物业管理的法律制度。这一类研究多数从民事法律关系的角度出发进行研究，主要着眼于小区物业管理法律关系的主体、客体以及内容，分析我国小区公共事物治理中在业主、业主组织与物业公司之间形成的物业管理法律关系，具体来讲这一方面的研究着重探讨在物业管理法律关系中，业主、业主组织、物业公司等各方的地位及其相互之间的权利义务关系[④]。

3. 共享资源治理和集体行动的视角

从这一视角进行研究的学者多属于经济学者。这一视角的研究多数从共享资源治理的制度安排和集体行动理论方面来解读城市小区自主治理，探讨小区自主治理的本质及其实现的途径。例如李玉连、朱宪辰（2006）根据制度经济学的理论，认为商业化住宅小区内共有部位形成的共有产权以及共同的生活区域所需的自然与人文环境构成全体业主的共享资源。由于排他性的困难，共享资源的治理一般被视为"多人囚徒困境"的博弈场景，共享资源的存在是集体行动需求生存的基础，是需要小区内全体业主相互信任和合作、共同参与到共享资源的治理中，因而业主自治制度的

[①] 持这一观点的学者比较多，例如陈广华：《业主委员会诉讼主体地位探讨》，《引进与咨询》2006年第4期；谭玲：《业主委员会法律地位之探析》，《南方经济》2005年第10期；黄萍：《业主大会与业主委员会的成立程序及法律地位》，《和田师范专科学校学报》2004年第4期。

[②] 代表性的文献有：刘兴桂：《论业主团体的法律人格》，《学术研究》2005年第4期；刘兴桂、刘文清：《物业服务合同主体研究》，《法商研究》2004年第3期；韩增辉、周珂：《物业管理中的自治机构法律性质浅析》，《法学杂志》2005年第3期。

[③] 陈玉珍：《业主委员会法律地位问题探讨》，《中国市场》2007年第9期；贺晓芳、齐恩平：《业主委员会的法律地位研究》，《天津商学院学报》2007年第2期；尹田：《论非法人团体的法律地位》，《现代法学》2003年第5期；尹田：《再论"无财产即无人格"》，《法学》2005年第2期；诸春燕：《业主委员会法律地位初探》，《天津市政法管理干部学院学报》2006年第2期。

[④] 李永然：《物业管理法律问题研究》，中国政法大学博士学位论文，2005；蒋翔云：《小区物业管理民事法律关系研究》，贵州大学硕士学位论文，2007。

本质就是实现共享资源自发治理集体行动的制度安排。在确定了小区自主治理是业主围绕着共享资源的集体行动之后,研究者根据奥斯特罗姆教授的理论,认为小区自主治理的核心问题是解决共享资源治理中所需要的个体对治理所需分摊成本的投入以及自愿参与的行为本身,进而从业主集体行动所需要的规则、治理结构以及群体规范等制度构件的角度探讨如何实现共享资源的自主治理①。除了进行理论的推演之外,相关的研究者还从实证的角度对理论进行检验②。黎秀蓉(200)通过一个小区的案例,剖析了一个小区的产生和变迁,认为小区的产生是一个地域的概念,而小区的形成却是一个制度的概念,即以业主组织制度为主的一系列制度的形成为标志。然而,由于在重复博弈过程中行动集团的形成、分化和变迁,以及惩罚承诺、沉淀成本、替代品等对无限重复博弈的影响,导致一系列非合作博弈结果的发生,探讨了在小区治理过程中个体的理性与集体理性之间的冲突③。

4. 纠纷处理和冲突分析的视角

这一类研究往往集中于小区自主治理中纠纷冲突的发生原因,纠纷冲突的类型,以及小区自主治理中纠纷冲突的解决机制等。从已有的研究成果来看,这一类研究致力于小区治理如何从冲突纠纷走向有序和谐。陈幽泓、刘洪霞(2003)认为公民权利意识和参与意识的觉醒、商业纠纷及商业欺诈、私产与私权的界定不清晰、小区中权利配置失衡、行政部门的行为失当等是小区纠纷冲突发生的主要原因。冲突纠纷的解决要明确财产权利的主体地位,通过民主协商的途径促成冲突、纠纷的解决④。杨波

---

① 李玉连、朱宪辰:《业主自治的本质与实现的制度经济学分析》,《华东经济管理》2006年第6期;相关的研究还有:李玉连:《社区群合作与共享资源的自发治理》,《当代财经》2006年第1期。

② 李玉连、朱宪辰:《群体规范与业主自治制度》,《城市问题》2007年第3期;朱宪辰:《共享资源制度安排——中国城镇住宅小区自发治理案例分析》,经济科学出版社,2005;朱宪辰、陈龙、周彩霞:《南京住宅共有产权制度的截面状态研究》,中国经济学2003年年会论文;朱宪辰、章平、黄凯南:《资源支配权预期、学习经历与制度发生》,中国制度经济学2006年年会论文。

③ 黎秀蓉:《个体理性与集体理性的冲突——以西安市唐园小区为例》,《制度经济学研究》2006年第1期。

④ 陈幽泓、刘洪霞:《社区治理过程中的冲突分析》,《现代物业》2003年第6期。

(2006)通过对业主自治组织与其他组织之间冲突关系的分析和研究，主张应当建立以业主自治为基础的小区公共事物的合作治理格局，从而引导小区治理由冲突、纠纷走向有序、和谐[1]。杨爱兵（2005）探讨了在物业纠纷的解决机制中，相对于诉讼解决途径而言，非诉讼纠纷解决机制的优势[2]。唐云龙（2007）则以个案为基础探讨了物业收费服务纠纷产生的原因及解决机制[3]。

（二）国外关于商品房小区自主治理的研究

国外关于小区治理的研究成果非常丰富，国外小区的性质和模式是多种多样的，通常均称为私人小区（private neighborhoods），这种称谓主要是相对于传统的、开放的，且与外界共享的许多设施（属于公有性质的）和资源的居住形态而言。私人小区中的公共空间以及公共服务等却是由私人小区拥有的，根据建筑物的专有权和共有权的制度安排的不同，私人小区也包括不同的形态[4]。相应的治理组织有居住小区协会（residential community association）和业主协会（homeowners association）。伴随着当代城市化进程的是人类居住形态的变化，许多人将私人小区看作是城市公共空间私有化的极端表现。那么这一变化究竟给城市基层治理带来了怎样的影响？这一问题既是西方城市治理实践中不可回避的问题，也是许多西方

---

[1] 杨波：《从冲突到秩序：和谐社区建设中的业主委员会》，中国社会出版社，2006。
[2] 杨爱兵：《以非诉讼程序解决物业纠纷的合理性分析》，《中北大学学报》2005年第1期。
[3] 唐云龙：《物业服务收费纠纷成因及对策分析——长春市的个案》，吉林大学硕士学位论文，2007。
[4] 美国住宅小区可以分为三类：（1）由独立家庭组成的规划小区（planned communities of single family homes）。在规划小区中，业主拥有其独立的住房，并且常常附有小院，所有购买物业的业主组成小区业主协会（homeowners association），业主协会是独立的法人实体，除了业主所有的住房及小院之外，其他的共有部位以及共有设施诸如街道、停车位、小区共有建筑以及其他共有区域都属于小区业主协会（homeowners association）所有。业主协会负责监督实施用于规范业主个人所专有住房及空间的使用的业主公约。（2）合作公寓楼（housing cooperatives）。在合作公寓楼中，业主通过与合作协会（cooperative）间的租赁合同而拥有对建筑物的某一部分的居住使用权。合作协会则拥有对整个建筑物的所有权。（3）共管大厦（condominiums）。三种类型的小区中的产权安排是不同的，其对应的治理机构和治理规则也是有差异的。在共管大厦中，业主不仅对建筑物拥有一定的专有权，而且对小区中的共有部分按份享有一定的共有权，共有部分包括邻里墙壁、楼梯、走廊、屋顶、院子、停车位和其他外在于个体业主专有部分之外的其他共有部位和公用设施等。公寓协会（condominiums association）对共有部分不拥有任何的所有权。

学者学术研究中的主题。根据已有的研究成果来看，国外关于小区治理的研究不仅研究方法丰富多彩，而且研究视角也各具特色。纵观近几十年的研究，基本上可以分为如下几个视角。

1. 公共产品与服务供给的角度

从这一角度进行研究的学者往往将小区自主治理与城市治理联系起来。城市治理角度下的住宅小区研究着眼于小区公共物品或者公共服务的有效供给以及小区居民的偏好的有效表达与满足。效率、自由选择和契约是这一研究角度的价值追求，也是他们研究的出发点和关键词。小区治理模式的出现被这一流派的学者看作是城市基层治理的巨大改进。政府分权和地方化相对于集权与中央化的优势明显，一些学者认为在小区自主治理这种模式下，居民偏好的表达、选择的自由度以及公共产品和服务的供给与居民偏好之间的匹配度都比城市政府做得要好得多，同时也是有效实现民主决策的重要形式[1]。城市治理角度的研究可以追溯到蒂波特（Tiebout）的"用脚投票"模型，这一模型认为在一定的前提条件下，公共物品供给的问题可以得到有效的解决，能够实现公共产品或者服务的最优分配[2]。例如，Donald J. Boudreaux and Randall G. Holcomb 认为小区治理不仅可以实现公共产品或者较优服务的提供和配置，而且能够为业主或者居民实施民主治理提供适当的环境。他们认为，与城市政府比较，小区治理模式之所以更优的原因在于它有一套与政府不同的治理规则[3]。尼尔森认为共益性住宅小区的发展在某种程度上将会替代地方政府的职能，实现最小化的政府，以保护个体的权利，因为小区自主治理的出现将有利于

---

[1] Oakerson, Ronald J. "Residential Community Associations: Further Differentiating the Organization of Local Public Economies." In Residential Community Associations: *Private Governments in the Intergovernmental System?* 1989, pp 105 – 110. See ACIR; Dowden, C. James. Community Associations: *A Guide for Public Officials*. Wahshington, DC: *The Urban Land Institute*, 1980; Dowden, C. James. "Community Associations and Local Governments: The Need for Recognition and Reassessment." In Residential Community Associations: *Private Governments in the Intergovernmental System?* 1989, pp. 27 – 30. See ACIR.

[2] Tiebout, Charles. 1956. "A Pure Theory of Local Expenditure". Journal of Political Economy 64: 416 – 24.

[3] Donal J. Boudreaux and Randall G. Holcombe. "Contractual Governments in Theory and Practice". in The Voluntary City – Choice, Community, and Civil Society, edited by David T. Beito, Peter Gordon, and Alexander Tabarrok, The University of Michigan Press, 2002.

放松规制,或者说将会部分地"私营化"城市规划[1]。Foldvary 认为住宅小区协会的出现将会减少社会的收入分配,强化人们(包括穷人)对自己的社区的掌控[2]。伊万认为住宅小区制度的出现将地方政府的功能私化、分化,因而将会潜在地增强服务的供给效率,提高公众的满意度[3]。Robert Jay Dilger 认为居住小区是公共服务私营化的一种表现,居住小区的出现给已有的政府层级体系增加新的一个层级,这意味着一种向好的治理的演进,而非一种激进性的变革[4]。Georg Glasze 和 Mainz 根据俱乐部物品理论分析认为,就经济而言,私人小区的出现意味着在城市基层建立了新型的地区性组织,这一组织使得私人小区中的集体物品的消费具有排他性;他将私人小区看作为一种私人居民政府,在这一政府的治理过程中实现了利益相关者的民主决策[5]。

2. 政治发展的视角

小区治理的支持者认为小区自主治理不仅有助于公共产品和公共服务的有效供给,而且同时也对政治和社会资本的发展产生影响。有些研究者认为,小区自主治理为那些具有相似的社会背景、类似的价值观的人结合起来在基层创建的一种自治社群。这种自主治理的社群与政府不一样,因为政府对于他们来讲是遥远的、是科层制的,自主治理的小区则提供业主/居民面对面交流、互动的形式。直接民主的平台,有助于形成具有较强凝聚力和共同价值追求的社群。通过日常生活的互动,业主们得以体认到他们在小区治理中的地位和作用,从而有助于形成较强的公民美德。同时,业主通过对小区公共事物治理的参与,有助于形成

---

[1] Robert H. Nelson, "Privatizing the Neighborhood: A proposal to Replace Zoning with Private Collective Property Rights to Existing Neighborhoods". *In The Voluntary City – Choice, Community, and Civil Society*, edited by David T. Beito, Peter Gordon, and Alexander Tabarrok, The University of Michigan Press, 2002.

[2] Foldvary, Fred E., 1994, *Public Goods and Private Communities: The Market Provision of Social Services*. Northhampton, VA: Elgar.

[3] Evan McKenzie. "Common – Interest Housing in the Communities of Tommorrow". Housing Policy Debate. Volume14, Isues1 and 2, 2003.

[4] Robert. Jay (1992). *Dilger Neighborhood Politics: Residential Community Associations in American Governance*. New York University Press.

[5] Georg Glasze, Mainz. "Private neighborhoods as club economies and shareholder democracies". Draft Version of paper to be published in BelGeo (Bruxelles) – Theme issue 2003.

并传播公共精神①。这一视角的研究往往可以追溯到托克维尔的思想,在《论美国的民主》一书中,托克维尔认为美国民主中最值得珍视的是乡镇自治精神,因为这里为人们提供了参与社群决策并且见证决策对其生活产生的结果的绝好机会。乡镇自治可以促进政治参与和分权……通过结社使得人们体认到政府在促进公共利益,而非宰制别人,谋求个人私利中的重要地位和作用②。有些研究者采用了实证的方法分析小区中的业主所有权对政治参与或者政治态度的影响。虽然很早的时候,恩格斯等对房屋产权与政治态度之间的关系进行了论证,但是一直以来很少有研究对这一假设进行检验,一些西方学者通过对局部地区住房所有权与业主的政治参与的积极性以及政治态度之间的关系进行了实证检验。其结论基本认为房屋所有权的确立的确对业主在民主选举中的参与具有积极影响;但同时也证实了业主们的政治态度会逐渐趋于保守。例如 Norine Verber 通过对加拿大的实证研究以及 Evan McKenzie 对美国加利福尼亚州进行的实证研究都得出与上述观点相一致的结论③。

3. 族群关系的视角

城市封闭型小区的出现不仅改变了城市基层的治理格局,而且改变或者说加剧了城市中族群关系的紧张。有一些研究者认为住宅小区的出现会导致社会的分化、城市公共空间的分化以及城市政府的分化。有些研究者认为这些封闭的、有安全保障的共益型住宅小区是成功者的避风港。这种居住形态的变化会使社会群体的身份认同发生危机,加重社会阶层甚至种族的分离。在这些研究者看来住宅小区实际上只是为了少数人而将城市政

---

① Dilger, Robert (1990). *Nationwide survey of CAI - member RCAS, Results available from the author.* Morgantown, WV: Institute for Public Affairs, West Virginia University; Dilger, Robert (1991). "Residential Community Associations: Issues, Impacts, and Relevance for Local Government". *State and Local Government Review* (Winter): pp. 17 - 23; Diamond, Martin (1974). *The Ends of Federalism.* In The Federal Polity. ed. Daniel J. Elazar. pp. 129 - 152, New Brunswick, NJ: Transaction Books.

② Tocqueville (1956), Alxis de. *Democracy in America.* Edited and Abridged by Richard D. Heffner. New York: New American Liberary.

③ Norine Verber. "Homeownership and Politics: *Testing the Political Incorporation Thesis*". Canadian Journal of Sociology/Cahiers canadiens de sociologie, Vol. 25, No. 2. (Spring, 2000), pp. 169 - 195; Evan McKenzie. "Homeowner Associations and California Politics: *An Exploratory Analysis*". Urban Affairs Review, Vol. 34, No. 1, September 1998, pp. 52 - 75.

府的功能私营化，同时也是为了某些族群的安全需要而形成私人性的治理，小区协会一方面为居住在特定小区中的业主和居民提供了优化公共产品或者公共服务供给的选择，另一方面也通过强制性的小区契约将其他的少数族群排除在外。之所以出现这种私人性的居住小区，其根源在于族群偏见，即在某些人看来诸如黑人、华人等一些少数族群的入住会导致小区安全受到破坏，使小区秩序混乱。另一方面由于族群间贫富差距的扩大，如果让这些少数的、经济上处于劣势地位的族群与那些富裕而社会地位较高的族群同住一个小区容易导致冲突和矛盾。例如，Evan McKenzie 认为小区治理模式的出现是为某些少数成功人士构筑的乌托邦，其代价则是城市公共空间的碎片化，城市社群关系的紧张化。他甚至认为城市小区的治理实践在多个方面与自由民主的理念相背离[1]。在 1928 年 Helen Monchow 调查了 84 个小区的强制性行为契约，发现其中有 39 个小区的契约中明文规定不准把房屋专卖或者出租给黑人等少数族群。

  通过综述国内外的文献，我们可以发现国内关于小区的自主治理基本上还处于起步阶段。从国家社会关系的角度进行的研究占绝大多数，其他一些角度的已有研究成果基本上都是围绕着小区的自主治理探讨其前因后果，而针对小区自主治理本身的属性、内容以及小区业主如何才能形成自主治理的集体行动等的探讨还比较少。有一些从共享资源治理的角度进行探讨的文章，也是在借鉴国外研究成果的基础上指出了小区业主自主治理的可能性以及可行性，而关于小区业主自主治理机制及对自主治理绩效的影响因素的探讨却比较少。本书就致力于从公共经济治理的角度探讨小区自主治理的属性及其实施过程，提出影响小区自主治理的关键环节和关键变量，并通过大样本检验的方式来探讨这些变量与小区自主治理绩效之间的关系，从而寻找出城市小区自主治理得以持续的制度基础。

---

[1] Evan McKenzie (1994). *Privatopia: Homeowners Associations and the Rise of Residential Private Government.* Yale University Press.

第三节 研究思路与研究方法

本书主要研究中国在实施住房制度改革政策之后，城市社区的公共事物自主治理的持续性制度基础。具体来讲，本书着力于回答如下几个方面的问题：1. 什么是城市社区公共事物？2. 有哪些变量影响了城市社区公共事物自主治理的绩效？3. 这些变量是如何影响城市社区公共事物自主治理的绩效的？4. 保证城市社区公共事物自主治理得以永续发展的制度基础是什么？本书的主体部分包括理论建构和实证分析，其中的理论建构部分注重规范性的逻辑推演，实证分析则用于检验本书提出的理论假设。

一　研究思路

本书的核心任务就是提出外生变量、业主选择以及治理绩效之间的逻辑关系，用以构建一个分析业主选择与城市社区治理的理论框架，并根据典型案例对这三组变量之间的关系进行检验。在实证分析的基础上，从政策研究的角度提出促进城市社区自主治理的方向。

根据基本假设和核心任务，本书遵循着由理论到经验再到理论的研究路径。除了导论和结束语之外，本书对社区公共事物自主治理的探讨将分别从如下几个方面展开。

第二章主要对社区公共事物及其治理现状进行描述。在住房制度改革与新型居住形态形成的背景下，对社区公共事物进行描述和分析，探讨其物权基础。并在案例调查和对现实的观察的基础上提出城市社区自主治理实践所面临的两大难题——"集体行动"和"治理责任"。

第三章专门以城市社区公共维修资助金这一具体的社区公共事物为例，探讨其管理现状和遭遇的问题，分析形成这些问题的原因，并提出公共维修资金管理改革的出路和办法。

第四章主要从理论的角度探讨如何解决"集体行动"和"治理责任"的难题，分析影响这两个难题解决的变量因素。通过对集体行动理论、社会资本理论以及治理责任理论的分析，归纳影响这些问题解决的共同的关键变量因素，为后文提出业主选择分析框架寻找理论基石和逻辑基础。

第五章在借鉴美国印第安纳大学政治理论与政策分析研究中心（The Workshop in Political Theory and Policy Analysis）著名公共事物治理学者埃莉诺·奥斯特罗姆（Elinor Ostrom）与其同事开发的制度分析与发展分析框架（Institutional Analysis and Development，IAD）的基础上，开发出针对中国的城市社区分类治理研究的分析框架，在这一框架的指导下，我们根据共有产权和专有产权的组合关系的不同将中国城市的主要社区分为老旧住宅区和新建商品房小区两类，并根据这两类社区的产权、社群以及针对的社区公共事物的属性不同，提出城市社区分类治理的政策选择。

第六章则以北京市为例，重点探讨城市存量公房改革和老旧住宅区治理的政策选择问题。在这一章提出了用于分析城市存量公房改革的逻辑框架，并结合解决北京市存量公房的实践和面临的问题，提出了改革的政策选择，并针对公房改革之后的城市老旧住宅区的物业治理提出了政策建议和选择。

第七章主要根据对理论的总结以及对现实的观察提出业主选择分析框架，并在其基础上提出外生变量和业主选择以及业主选择和社区治理绩效等变量组之间的因果假设关系。专门用于对城市新建商品房小区的业主行为和社区治理绩效的分析。

第八章主要从经验研究的角度，对外生变量和业主选择以及业主选择和社区治理绩效等变量组之间的因果假设关系进行实证检验，并根据经验研究得出初步的结论。第八章则对北京市美丽园小区发生的一系列纠纷冲突及其解决的案例和上地西里小区中业主们做出的治理选择和规则选择的案例进行典型分析，力图透过现实的案例，呈现出在具体的社区治理实践中业主们是如何在生产选择、治理选择和规则选择三个层次上做出成功或失败的选择，并分析这些选择行为的结果。

第九章主要从政策研究的角度，根据第七章的理论框架和第八章典型案例分析的结果从政策选择的角度提出城市社区自主治理的永续发展之道。

二 研究方法

本书坚持将归纳和演绎的逻辑相结合，将理论的建构与经验的检验相结合，因为"没有理论，经验性社会研究的工具的使用就是经验主义。而缺少经验性的检验，关于社会的理论就是一种不负责任的或轻率的意识形态"[1]。具体来讲，本书的研究方法中既包括理论的建构部分，也包括了以大样本数据进行经验检验的实证研究部分。

（一）理论建构的方法

美国社会学家华莱士在其名著《社会学中的科学逻辑》一书中，提出了"科学环"，他认为在"科学环"中有两个入口，一是研究者首先从观察事实、记录事实入手，通过描述和解释他们所观察到的事实，形成经验概括并上升为理论。然后在他们理论的基础上做出预测，即对未知事物的建设，再通过观察新的事实以检验这种预测。二是研究者首先从理论出发，由理论产生假设，再由假设导致观察，然后由观察形成经验概括，用这种概括支持、反对或建议修改理论，或提出新的理论[2]。本书主要采用第二种方式，虽然在我国已有的研究中几乎没能形成系统的关于社区自主治理的研究理论，多数研究成果为对策性研究或者是社区自主治理理论的介绍性研究，但社区自主治理这一新领域所反映的问题却早就是人们长期以来进行理论探讨的核心主题。本书主要通过对我国社区自主治理的实践进行观察和反思，对当前正在进行的社区自主治理实践进行记录，在此基础上，做出业主选择与社区治理的理论假设。进行这一假设之后，研究还是要回到经验的观察和分析中，以此检验假设。

（二）经验研究的方法

理论假设要经过经验的检验，因此在本书的研究中经验分析是必不可少的一部分。本书中的经验分析方法主要有以下几个方面。

1. 案例研究法

案例研究可服务于五个目的：检验理论、创造理论、辨识前提条件、检验前提条件的重要性，以及解释具有内在重要价值的案例[3]。本书选择北京市作为案例研究的对象，毫无疑问北京市作为首都，是研究城市治理的典型案例。北京市的城市社区发展速度比较快，北京市的城市社区形态

---

[1] 转引自风笑天《社会学研究方法》第2版，中国人民大学出版社，2007，第32页。
[2] 参见风笑天《社会学研究方法》第2版，中国人民大学出版社，2007，第32页。
[3] 〔美〕斯蒂芬·范埃弗拉：《政治学研究方法指南》，北京大学出版社，2006，第53页。

多样，能够比较全面地反映社区治理的基本现实。本书主要以北京市的住宅社区作为研究对象，在北京市采用随机抽样的办法获取样本。

2. 文件分析法

能够深入实地进行调研是获取资料的重要方法之一，但是由于调查时间短暂，难以在短暂的时段内对北京市社区治理状况有一个全面、透彻的把握。所以，收集相关的法规文件也是获取信息的非常重要的方法。在城市社区治理实践中，有很多相关的法规文件。其中包括政府对外发布的官方文件、领导人的讲话和批示、报刊的报道，也包括社区业主自身为了推动自主治理而制定的社区内部制度规则。在收集这些文献资料的基础上，对其进行归类分析，以求能够从中概括出案例的规律。

本章小结

作为本书的绪论部分，本章是本书的序幕，是整个论文的引子。本章主要回答了"研究什么问题（What）"和"为什么要研究（Why）这个问题"这两个问题。具体来看，本章主要包括三个部分的内容。第一，提出了本书的研究问题。在对现实进行观察的基础上提出了本书的研究问题，以便使后续的研究内容做到有的放矢。第二，对前人关于这个问题的研究成果进行了文献综述，分别从国内和国外两个方面总结分析了前人在城市社区治理领域的相关研究成果。第三，提出了本书的研究思路和方法。分别从研究技术路线、思路和研究方法的角度介绍了本书的研究设想，以求能够对后续的内容起到提纲挈领的作用。

第二章　城市社区公共事物及其治理现状

随着城市化进程的推进和土地价值的提升，高层的密集型社区成了城市居民、开发商和城市政府都能够接受的普遍选择。随着人们的居住在物理空间形态上的变化，形成了更为紧密的相邻关系，也形成了对于同一个居住社区中的每个居民利益攸关的社区公共事物（neighborhood commons）。社区公共事物是一种集体性事物，它既包括公共区域、设施设备等有形实物，也包括安全、清洁等无形的服务。由于居住形态的变化以及新型公共事物的出现，就必然要求形成一种不同于以往的治理格局，形成一套与社区公共事物相配套的制度规则，来规范这些利益密切相连的个体之间的权利义务关系。在我国的城市基层，已基本形成了以居住社区为单位的公共事物治理格局，从而也形成了以社区为单位的公共事物治理的形态。

本章着重探讨社区公共事物的形成及其提出的挑战。第一节，主要从住房制度改革以及产权转换的角度探讨社区公共事物出现的背景。第二节，着力于对社区公共事物自身及其属性、类型等进行描述，并进一步探讨社区公共事物出现的产权基础，从社区公共事物属性及其产权基础的角度探讨城市社区自主治理出现的深层次原因。第三节，探讨新的产权结构安排及新型的公共事物导致的中国城市基层社区的治理结构的变化。第四节，从集体行动和治理责任两个方面讨论社区这种新的公共事物治理领域在理论上提出的困惑。

第一节　城市住房制度改革及社区治理的出现

随着住房制度改革的深入推进以及城市新建商品房小区的增多，促使了自有房阶层的形成，他们在维权等维护自身利益的活动中逐步自发地结成了自主治理的业主组织，政府也顺应现实的要求适时地出台了相关的制度规则，为城市社区物业的自主治理搭建了初步的制度框架。

一　城市住房制度改革促使自有房阶层形成

从新中国成立之后到改革开放之前，我国实行"统一管理，统一分配，以租养房"的公有住房实物分配制度。我国传统城镇住房制度是一种以国家和企事业单位统包、低租金为特点的实物福利分房制度。

1978年以后，我国逐步开始了住房体制改革。从1986年到1997年，随着住房体制改革的深入和住房投资主体的多元化，我国的房产资源比原来有了很大的增长；住房商品化之后，房屋的交易量空前增长。详见图2-1。

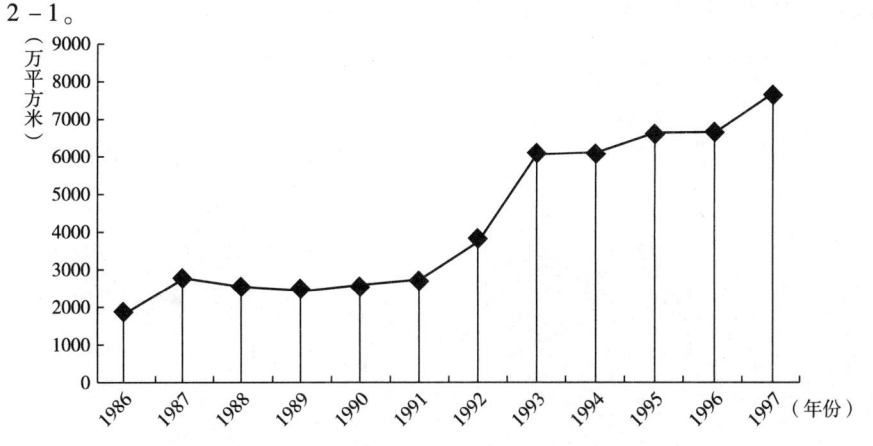

图2-1　1986~1997年商品住宅销售面积

资料来源：中国住宅与房地产信息网。

住房制度的改革不仅激活了民间资源，提供了比较充分的房产资源，而且带来了住房配置机制的转变，个人取代单位逐步成为商品住宅的购买主体。随着住房制度的改革，我国城镇住宅私有面积的比重逐年上升，表明我国城镇住宅的产权结构发生了大幅度的变革,图2-2是根据建设部发布的《城镇房屋概况统计公报》做出的统计分析,它说明了2002~2005年4年间我国城镇房屋的私有化程度。

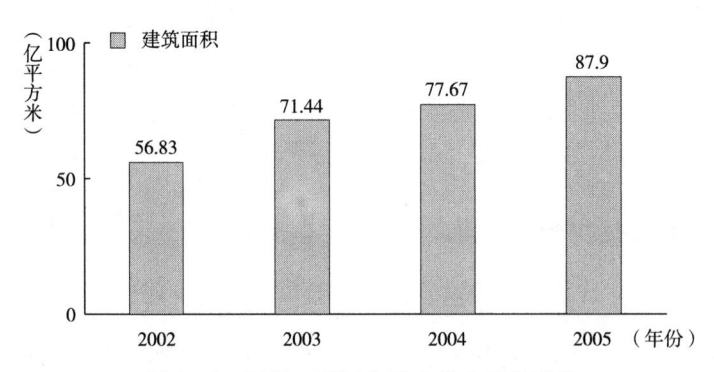

图2-2 2002~2005年私有住宅建筑面积

资料来源:中国住宅与房地产信息网。

随着中国住房制度改革的推进,城市社区的产权结构发生变革,从20世纪90年代起,中国城市社会发生了根本性转变,住房从计划经济时代的国家财产转变为私有财产。这一变革为城市社区治理转换提供了坚实的基础。到2005年我国城镇私有住宅比例高达81.62%。如图2-3所示:

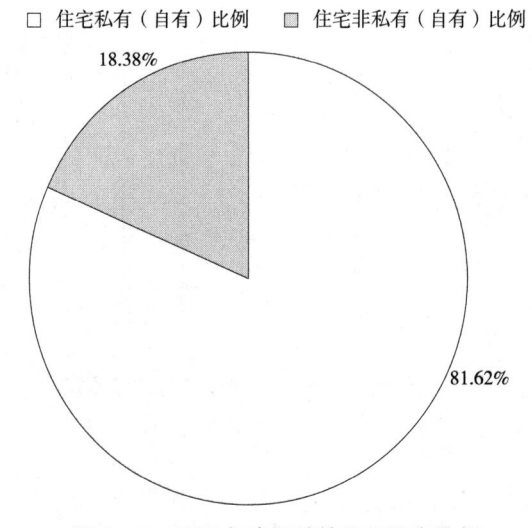

图2-3 2005年我国城镇住宅私有比例

资料来源:中国住宅与房地产信息网。

二 物权意识驱动带来自治组织成立

住房制度改革之后，拥有私人住宅的业主成为维权的主体，并在维权的进程中成为社区治理的新兴力量。其根本的原因是城市房屋产权发生了实质性的转换。1990年，北京私人拥有住房比例仅为8%，1999年则达到53.8%；至2002年，全国82.1%的城镇居民家庭已拥有自己的住房。随着城市住房产权的转换，在城市居住区，商业化物业管理模式已经逐步取代原来单位房管部门的行政管理模式，与此同时，在新的管理模式下，在与各方的利益冲突中，业主个人维权意识的觉醒使得基于私人不动产权（物权）的社区自治的理念、实践和制度安排也初露端倪。

从最早的1992年成立的首家业主组织到现在，中国业主组织的发展虽然比较缓慢，但对于社会主义的中国而言，其意义却是非同寻常的。根据笔者的调查以及媒体的相关报道，我们了解到各地区业主组织发展的大致状况，表2-1是笔者根据媒体报道以及相关的调查对几个具有代表性的大城市业主组织成立状况的概括。从中可以看出我国城市社区业主组织发展的基本状况。

表2-1 城市业主组织发展统计

单位：个

地 区	社区数量	实施物业管理社区	成立业主委员会数量	成立业主委员会社区所占比例（%）	统计时间
北 京	3032	2495	440	14.5	2005年11月
广 州	1200		170	14.1	2003年8月
深 圳	2000多		400	20	2003年4月
南 宁		218	58	26.6	2003年3月
上 海	3632		3088	85	2002年3月

资料来源：所列数据均由笔者搜集于相关媒体。

业主委员会的成立是业主自组织的过程，也是集体行动的过程。理论上早就证明了集体行动对大规模的社群来说是一个不小的挑战。实践证明业主委员会成立对社区治理而言的确是一大难题，表2-2反映了北京市业主委员会发展的缓慢进程。

表2-2 北京市社区治理发展进程

	1994年	1997年	1998年	2001年	2002年
居住社区（个）	193	787	828	3127	3000多
住宅建筑面积（万平方米）	2500	5898.8	7742	15350	1.5亿
占全市住宅总建筑面积（%）	24	42.37	49		70
居住社区中物业管理覆盖率（%）	11	49		68	70
有行业资格的物业企业数量（个）	34		809	1211	1700
涉及居民户数（万户）	42	78.336	80.767		170
占全市居民总户数（%）	25	31.9	32.1		约500百万人
已成立业主委员会（个）			126	203	260

资料来源：杜德印、李强，《市场经济下社会管理体制研究：对北京市基层社区管理体制的调查研究》，北京市政府研究室调研报告。

三 城市社区治理的制度规范初步形成

在民间自发力量推动下，政府顺应城市社区治理的实践需求，出台相应的制度规则，初步搭建了城市社区的治理结构。政府出台的与物业社区治理相关的法规文件除了物业管理、业主组织、社区建设和社区服务标准等四个方面之外，还有关于商品房的法规文件约156个；关于物业收费方面的文件约36个；有关综合性规范的法规文件约33个。这些法规文件初步确定了物业管理公司和业主委员会及其他自治组织之间的权利义务关系。基本上形成了由物业管理公司向业主提供物业服务，并接受业主及其组织的监督；而业主则向物业服务公司支付一定的报酬，并需要遵守业主自治组织制定的社区公约等；由政府和法院处理自主治理过程中的契约监管以及纠纷冲突这样一种治理格局。

总的来说，政府在物业社区治理方面的法规文件是比较全面的，不仅有与业主组织相关的法规文件和与社区建设相关的法规文件，而且有专门就社区的物业管理进行规范的物业管理相关法规文件和社区服务标准的相关法规文件①。由于社区的具体情况各不相同,依据自主治理的原则,社区住户需要依据各自情况在法定的制度平台上创建各具特色的社区管理制度,制定社区内部规章。初步形成的社区治理结构基本上确定了社区内部的自主治理原则和社区外部的政府指导地位,使得社区这一人们基本的居住单位内部的治理具有了一定的规范,为社区自主治理搭建了基础性框架。但是,从总体上来看,城市社区虽被称为自主治理的领域,但是其社区业主在规则供给方面的能力和空间严重不足,因为绝大多数规范社区自主治理的制度规则都是由政府供给的。

第二节 城市社区公共事物的情境

一 社区公共事物描述

本书中所说的社区公共事物就是指在社区具有共用性的产品、服务、部位、资金以及设施设备等,这种公共事物对于同一个社区中的业主具有共益性,无论业主是否支付费用或者是付出了劳动,只要这种公共事物得以组织,他们都可从中受益。这种社区公共事物主要是住房制度改革之后新建的私人住宅社区中除了私人的事物之外的共同事物,既包括社区中共同的无形的事,也包括社区中共同的有形的物。具体来看社区公共事物包括三类形态:(1)实物形式的共有物。从形态的角度来看包括实物形式的住宅共用部位和公用设备设施。1998年11月9日建设部、财政部印发的《住宅共用部位共用设施设备维修基金管理办法》规定:共用部位是指住宅主体承重结构部位(包括基础、内外承重墙体、柱、梁、楼板、屋顶等)、户外墙面、门厅、楼梯间、走廊通道等。共用设施设备是指住宅社区或单幢住宅内,建设费用已分摊进入住房销售价格的共用的上下水管道、落水管、水箱、加压水泵、电梯、天线、供电线路、照明、锅炉、

---

① 根据不完全统计,政府出台的与社区物业治理相关的法规文件除了上面的四方面之外,还有关于商品房的法规文件约156个;关于物业收费方面的文件约36个;有关综合性规范的法规文件约33个。详细情况见上地西里社区网站:http://www.shangdixili.cn/index.htm。

暖气线路、煤气线路、消防设施、绿地、道路、路灯、沟渠、池、井、非经营性车场车库、公益性文体设施和共用设施设备使用的房屋等。（2）货币形式的公共事物。这一部分主要是指社区中用于维修共用部位和共用设施设备的维修资金。社区公共维修资金又称为住宅共用部分共用设施设备维修基金（简称为维修基金），是指由法律规定的专项用于住宅共用部位和共用设施设备保修期后的大修、更新、改建的基金。（3）服务形式的社区公共事务。社区内业主（作为集体消费单位）集体购买的、相应的、服务组织提供的保安、保洁、维修、绿化维护等服务。

社区中的公共事物也可以依照另一个标准进行划分，可以将其分为资本密集型和劳动密集型。其中实物形式的共有物基本上属于资本密集型的社区公共事物，例如社区中的共有部位、共有设施设备等均属于资本密集型的社区公共事物；而劳动密集型的社区公共事物主要是包括社区中的清洁、垃圾处理、治安秩序的维护等社区公共服务。

社区公共事物是相对而言的，这一类事物不像私人事物那样具有高度的排他性和消费的竞争性，如汽车、房屋；也不像纯粹的公共事物那样具有高度的共享性和非竞争性，如道路、空气那样。社区公共事物是一种中间状态的公共事物，是区域性的公共事物。这一类公共事物涉及的范围就是社区的地理区域范围，所涉及的行动者主要是社区中的业主和居民。但是这一类公共事物也是一种集体性的事物，要对这一类事物进行有效治理，就必然要求相关的行动者联合起来形成集体选择，形成集体行动，因而对这一公共事物的治理机制进行探讨对于研究人类社会的治理同样具有深远的意义。

社区公共事物相对于私人事物而言，与社区中的集体具有密切的关系，社区公共事物的特殊性主要有如下几个方面。

1. 社区公共事物不能完全排除社区外部人员的使用，但是社区公共事物基本上是由社区内部的业主和居民享用的，对社区中的业主和居民而言，这一类的公共事物具有外溢性。对于某一特定社区中的成员而言，社区中的公共事物具有共益性，也就是所有这些公共事物的有效供给会给社区中的所有成员带来益处，无论他们是否为这些公共事物的治理做出了贡献。这样就存在某些社区中的业主和居民不付出努力而享受社区公共事物治理成果的"搭便车"的可能性。如果社区中所有业主都试图采取搭便车等机会主义行为，那么社区中的集体行动就难以形成，社区中的公共事物治理就难以为继。

2. 社区公共事物的使用具有多样性和异质性。例如，城市道路的主要用途是为了交通，而社区中的道路则不仅承担着交通的职能，而且还供人们通行，以及开展一些文体活动。但各种不同性质的活动不能同时在社区的道路上进行，为了使各种活动都能够不受妨碍，就需要由相应的制度进行规范。

3. 社区公共事物的治理绩效与私人的生活以及私人住房的价值有着密切的关系。虽然说业主的私人生活和私人住房是私域的范围，但是私人生活的质量和私人住房的价值无不受到社区公共事物治理绩效的影响。正如灌溉渠道系统的状况会影响农民承包田地的庄稼的生长状况一样，社区的治安情况不仅是指社区中的公共部位的安全状况，而且包括私人住宅中的安全和秩序状况。如果社区中的治安状况很糟糕，如果业主和居民因为治安秩序问题而纷纷搬离社区，那么社区中的住房就会大大贬值或甚至被废弃。面对具有集体性的社区公共事物，如何在社区业主中形成集体选择，采取集体行动进行公共事物治理，无论对于社区的共同利益，还是对社区中个人的生活及财产等都至关重要。这就是社区公共事物治理制度安排的核心内容。

二 社区公共事物及其产权基础

社区公共事物的产生从根本上讲是由于现代社会居住形态造成的。随着城市化的推进，随着土地紧张程度的加剧，集中化的居住形态成了绝大多数国家城市住宅的首要选择。这样的一种物理空间的安排在一定程度上造就了一种新型公共事物，那就是住宅社区公共事物（neighborhood commons）。住宅社区公共事物是城市公共事物的一种典型形态。住宅社区的公共事物的治理也是城市公共事物治理的一个缩影。

社区公共事物的产生和多个所有人共同拥有一栋建筑物、一个住宅社区这种所有权形态密切相关。从法学的概念讲，这涉及建筑物区分所有权的问题。建筑物区分所有权是《物权法》的一个重要概念，这一概念表达的是多个业主对同一建筑物根据物理上空间的区分而产生的复杂的权利状况。建筑物区分所有权，是指多个所有人，甚至上百个所有人，共同拥有一栋高层建筑物时，各个所有人对该建筑物在构造上和使用上具有独立性的建筑物所有部分（专有部分）所享有的所有权和对供全体或部分所有人共同使用的建筑部分（共有部分）所享有的共有权，以及基于建筑物的管理、维护和修缮等共同事物而产生的成员权的总称。简言之，它是指建筑物区分所有权人的专有权、共有权和成员权的结合①。这样复杂的产权关系的安排从根本上决定了社区公共事物这种新型的共同事物的产生以及共同的治理制度的产生的必要性。与物权密切相关的是成员权。王利明认为，"在区分所有权的情况下，由于产权主体是多样化的，甚至一个社区有成千上万的业主。多个业主形成了共同的生活和居住关系，他们不仅需要委托他人管理其共有财产，而且需要制定规则来规范他们的共同生活秩序"②。同时，由于新型的居住关系不仅形成了物与物之间紧密的错综复杂的关系，而且还形成了人与人之间密切的居住关系和共同生活关系。所以，物权法中关于建筑物区分所有权的规定就不能简单地只限定于物权方面，所以成员权必然成为建筑物区分所有权的延伸部分，也是建筑物区分所有权的应有之义。当出现了区分所有，产权归众多的业主所有的时候，业主们如何管理归他们所有的共有财产，就必须要从法律上加以考虑。"在一栋建筑物，特别是一个社区内，区分所有人人数众多，甚至可能是成千上万的人生活在一起，因此，区分所有人因区分所有而产生了共同生活关系，在这种共同生活关系中大家必然要管理大家的共同事物，因此区分所有必然产生对共同事物的管理，这种管理就是区分所有制度的特点，可以说，任何区分所有都包括了这种管理的固有内容，但这种管理又不是对自己的事物的管理，而是对共同财产、共同事物的管理，因此，它无法在产权中包含，必然要在区分所有制度中表现出来。"③ 从权利的顺

---

① 陈亚平：《建筑物区分所有权制度中若干基本问题之研究》，《华侨大学学报》（哲学社会科学版）1998年第1期。
② 王利明：《论业主的建筑物区分所有权的概念》，《当代法学》2006年第5期。
③ 王利明：《论业主的建筑物区分所有权的概念》，《当代法学》2006年第5期。

序源来看，成员权来源于专属所有权。由于居住的相邻关系形成的新的社区公共事物的治理需要相应的制度安排，所以无论是社区公共事物治理的制度安排的形成还是治理活动的进行都无法离开行动者，城市社区治理中最基本的行动者应该是，也必然是社区中对建筑物的专有部分拥有专有权、对共有部分拥有部分所有权以及基于专有和共有所有权而对社区公共事物的治理拥有成员权的业主。

第三节 城市社区公共事物治理结构的转换

一 传统的福利性"计划管理模式"

新中国成立后，我国实行的是福利性分配住房制度，房屋为公有财产[①]，个人只有承租权和居住权。与这种房屋所有权制度相适应，我国居住社区公共事物由政府或者单位统一管理，实行的是福利性"计划管理模式"[②]。在传统的住房体制下，城市社区公共事物比较简单，主要是房屋及其配套设施的维修和养护，房屋的管理可以分为房管所直管房和企业自管房两种房屋管理方式。（1）直管房。长期以来，我国对公有住房实行的是政府统分包修的计划管理模式。这是一种直接的行政管理模式，房管所对其直接管理的公共房屋实行统收统支、实报实销的办法，既不计成本，也不讲盈利[③]。对于房管所直管的公房，房管所负责房屋的维修和养护，极少关心房屋以外的周边环境、绿地等配套设施，更不涉及提供保安、卫生、幼托教育、娱乐、交通和商业等方面的服务。除房屋及其配套设施的维修和养护之外的其他社区公共事物，往往由居民委员会、公安、房管、商业、水电及环卫等部门进行分割管理。（2）自管房。除了上面提到的直管房之外，一些大中型企业为了解决职工的住房问题，在城市中

[①] 新中国成立后经过社会主义改造，到 1957 年全国城市公有房产约占总数的 45%，到 1966 年全国范围内的公有房产占总数的 80% 以上。参看宋文煜《我国物业管理形成的背景分析》，《南京理工大学学报》（社会科学版）1999 年第 3 期。
[②] 居民住房，只需缴纳少量租金，具有福利性质，政府和企业承担了管房、修房的责任。
[③] 宋文煜：《我国物业管理形成的背景分析》，《南京理工大学学报》（社会科学版）1999 年第 3 期。

通过自行投资建设、购买或者由政府划拨等途径获得了自管房。在这种管理模式下，单位不仅负责房屋的投资建设、分配、管理和维修，而且还负责住宅区的绿化、治安、水电费的收取以及计划生育等其他一些事物的管理。具体而言，房屋的管理由企业自身的房屋管理组织负责，住宅区的绿化、治安、水电费的收取以及计划生育等由企业其他有关部门负责①。传统的房屋管理可用表2-3表示。

表2-3 传统社区公共事物治理结构

	直管房	自管房
所有者	国家	国家
管理者	房管局	单位房管部门
使用者	居民	单位员工
维修者	房管局	单位房管部门
保安、保洁、卫生等服务者	公安、房管、商业、水电及环卫等政府部门	单位相关后勤部门

资料来源：笔者根据相关法规和文章自制。

传统的房屋管理模式随着住房制度改革逐渐式微，原有的福利性"计划管理模式"逐渐转为市场性"物业管理模式"。在后一种模式下，房屋的所有者——业主及其组织是社区公共事物的治理主体，是社区公共产品或者公共服务的使用者，他们通过市场选择过程与物业管理企业形成关于社区内部的公共产品或者服务的买卖合同关系，由后者负责社区内部的产品或者服务的生产。

二 现代的市场性"物业管理模式"

"计划管理模式"到"物业管理模式"的转换是伴随着政府的法规政策的出台进行的。根据我们搜集的资料，发现关于社区组织最早的法规是1994年建设部颁布的《城市新建住宅社区管理办法》，其中对业主组织的

---

① 宋文煜：《我国物业管理形成的背景分析》，《南京理工大学学报》（社会科学版）1999年第3期。

规定是关于"住宅社区管理委员会"（简称管委会）的，它是业主委员会的前身。管委会是在房地产行政主管部门指导下，由住宅社区内房地产产权人和使用人选举的代表组成，代表和维护住宅社区内房地产产权人和使用人的合法权益。该办法中对管委会的权利和义务进行了规范。到1995年北京市颁布了《北京市居住社区物业管理办法》，其中规定：居住社区已交付使用并且入住率达到50%以上时，应当在该居住社区开发建设单位和居住社区所在地的区、县房屋土地管理机关指导下建立物业管理委员会。物业管理委员会由居住社区内房地产产权人和使用人的代表及居民委员会的代表组成。物业管理委员会代表和维护房地产产权人、使用人的合法权益。物业管理委员会在房屋土地管理机关及有关行政管理机关和当地街道办事处的指导监督下，负责制定物业管理委员会章程，选择物业管理企业，监督居住社区物业管理工作的实施，对物业管理企业进行检查和监督，协助物业管理企业进行管理工作。1997年北京市颁布了《关于开展组建居民社区物业管理委员会试点工作的通知》，继而在1998年颁发《关于全面开展组建物业管理委员会工作的通知》，此后又先后颁布了《关于加强物业管理委员会印章使用、管理的通知》《转发建设部业主大会规程及有关问题的通知》等。直到2003年开始实行《物业管理条例》，以业主大会和业主委员会为主体的、当前比较普遍实行的物业社区治理结构最终形成。目前流行的"物业管理模式"社区治理结构可以用图2-4表示。由此图我们可以看到在物业社区内部形成了"业主大会—业主委员会—物业公司"这样的委托授权关系。这一治理结构中的权利义务关系比较单一明晰。这一结构反映了当前社区治理中比较普遍的结构关系，其中包含了双重的契约关系，即业主和业主组织之间形成的社区内部契约关系，以及业主及业主组织和外部的物业服务单位之间形成的外部契约关系。

随着住房制度改革和房屋产权的改革，社区公共事物的治理结构发生了根本性的转换，具体表现为产权结构、服务选择逻辑和服务组织形式等方面的变革。

1. 房屋产权结构由"分散化"走向"一体化"

产权是一个复杂的概念，不仅指所有权，而且包括进入权、退出权、

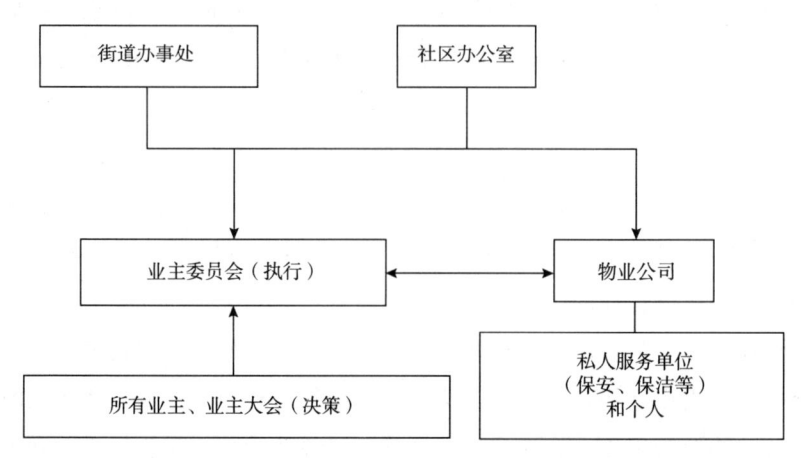

```
┌─────────────┐         ┌─────────────┐
│  街道办事处  │         │  社区办公室  │
└──────┬──────┘         └──────┬──────┘
       │                       │
       │                       │
       ▼                       ▼
┌─────────────────┐       ┌─────────┐
│ 业主委员会(执行) │◄─────►│ 物业公司 │
└────────┬────────┘       └────┬────┘
         │                     │
         ▼                     ▼
┌──────────────────┐    ┌──────────────┐
│所有业主、业主大会 │    │  私人服务单位 │
│     (决策)       │    │(保安、保洁等)│
└──────────────────┘    │    和个人     │
                        └──────────────┘
```

图 2-4 当前流行的社区公共事物治理结构

资料来源：笔者根据相关法规自制。

排他权以及转让权[1]。住房制度改革之前房屋的产权处于分散化状态，国家是房屋的所有者，居民是房屋的使用者，政府机构或者单位是房屋的管理者和分配者。而房屋制度改革之后，房屋的产权逐渐变得一体化，业主因购买而成为了房屋的产权人，拥有对房屋的所有权、使用权、管理权、排他权以及转让权等。这种产权配置的一体化改变了传统体制下产权分散的状况，也因此改变了对房屋及因房屋居住关系而产生的公共事物的治理格局。

2. 服务供给逻辑由"权力选择"转为"市场选择"

住房制度改革之前，社区公共产品或者公共服务主要由政府或者单位提供，而后者往往是房屋的所有权的执行者与管理者。公共产品或者公共服务的提供者和消费者之间的权力是不对等的，因为后者仅仅是房屋的使用者，甚至其使用权也是由前者赋予的。在这种情况下，房屋的管理者"以自身的意愿管理住户，主动权在管理单位，而住户无权选择管理单位，处于被动的被管理的地位。房管部门与住户是管理与被管理的'老爷与仆从'式的关系"[2]。在这种制度安排下，居民要想获得令人满意的

---

[1] Edella Schlager and Elinor Ostrom (1992), "Property-Rights Regimes and Natural Resources: A Conceptual Analysis". *Land Economics*, Vol. 68, No. 3, (Aug., 1992), pp. 249-262.

[2] 黄昌保、涂建军：《试论物业管理与传统房地产管理的区别》，《地方政府管理》1998 年增刊。

服务不得不通过"单位"与管理者谈判,因为"组织(行政)身份是体制内交易(含工作监督)资格的条件"[①]。因此,服务供给的逻辑是"权力选择"。而住房制度改革之后,居住者变成了业主,他们以物业费"购买"物业公司的保安、绿化、清洁等社区服务,物业公司则因提供服务而获利生存。双方之间通过投标等市场机制进行双向选择,因此二者之间由"老爷与仆从"的关系变成了"主人与保姆"的关系。"这种市场关系使得交易双方的权利义务趋向于对等的配置"[②],因为在新的模式下社区公共服务供给遵循的是"市场选择"的逻辑。当然,目前许多城市社区业主并没有实现这种自由选择生产者的权利,但至少从制度规则和形式上而言,一种不同于传统模式的新的治理机制已然形成。

3. 服务提供形式由"分散化管理"变为"综合性供给"

住房制度改革之前,社区的公共事物的治理可以说是"九龙治水",房屋的管理和维修由房管所或者单位的房管部门负责,而除此之外的保洁、绿化、垃圾清理、保安等或者由公安、房管、商业、水电及环卫等政府部门供给,或者由单位的保卫、环卫等后勤部门负责。在这种模式下,各方互不统属,相互之间没有协调,在出现问题时容易出现相互推诿和相互扯皮的现象,"这样就出现了管理不到位,维修质量和及时率难以保证,房管部门和居民之间矛盾重重"[③]的现象。在住房制度改革之后,社区中的公共服务"打包"承包给物业管理公司,由其负责组织房屋的管理维修以及保洁、绿化、垃圾清理、保安等社区公共服务的供给[④]。社区业主通过合同的形式与物业管理公司就社区公共服务的内容、标准以及价格等形成协议,并根据服务绩效决定物业管理公司经营权的存续。在这种形式下,物业管理公司成了社区服务的协调人,也成了责任人。

住房制度改革促成社区公共事物的治理从福利性的"计划行政管理模式"转向市场性的"物业管理模式",这一转换从形式上看在社区内形

---

① 张静:《制度背景下的监督效用》,《战略与管理》1996 年第 6 期。
② 张静:《公共空间的社会基础——一个社区纠纷案例的分析》,《法治论丛》2006 年第 2 期。
③ 宋文煜:《我国物业管理形成的背景分析》,《南京理工大学学报》(社会科学版)1999 年第 3 期。
④ 物业公司或者自己组织社区具体服务的生产或者与其他的专业服务组织签订合同进行社区服务的生产。

成了服务的需求者和供给者之间权利义务的对等关系,为社区公共事物的良性治理提供了制度性基础。而具体到实践来看,社区公共事物的治理绩效则可能取决于社区中业主与业主之间,以及业主与物业管理公司之间的博弈结局。

第四节 城市社区公共事物治理的现况

随着城市新型社区的发展,我们可以看到一种对等的市场关系在业主和服务生产者之间已经形成。"业主成为房屋的产权人,他们以管理费'购买'物业服务者的保安、绿化、清洁等社会服务,物业服务者则以提供服务作为交换,从业主的'购买'中获利生存。这种市场关系使得交易双方——物业服务者和业主——的地位趋向于'平等',更准确地说,是趋向于各自权利义务对等配置。"[1] 可以说这种权利义务关系的变革为社区公共事物治理的良性发展提供了可能性,因为这种平等关系的出现使得物业服务的消费者——业主对物业服务的生产供给安排有了发言权,从而也就有可能促使服务的供给契合业主自身的需求,为社区治理的良性发展提供了制度上的可能性。

然而,当我们将目光投向社区治理内部时,我们会发现社区公共事物的治理并不仅仅是产权变革以及平等关系的形成那样简单。社区治理属于局部公共事物治理,这一治理的效果取决于两个不同性质的问题的解决:搭便车问题以及治理或者服务组织的责任问题。第一,社区治理同样存在公共事物治理面临"集体行动"这一经典难题,大部分业主都想要得到有力的业主组织维护自己的利益、维持清洁的环境、保障安全的秩序、护理良好的草坪等,但大部分业主又都不想牺牲自己的时间参与业主维权活动,如果能不为社区服务付出成本就不付出成本,能少付出成本就少付出成本。如果这一问题得到了解决,那么社区治理还面临第二个问题,即当将权力委托给业主组织和将费用交纳给物业服务单位之后,如何确保业主组织正确使用被赋予的权力以维护业主的利益而不被侵害,如何确保物业

---

[1] 张静:《公共空间的社会基础——一个社区纠纷案例的分析》,《法治论丛》2006年第2期。

服务单位保质保量地向业主提供物业服务，这就是治理责任问题。

集体行动问题以及治理责任问题是社区治理实践中的两个核心难题。从现实中社区治理实践效果来看，自从社区治理出现以来，不同城市，甚至是同一个城市的不同社区在解决这两个问题方面取得的绩效并不尽然一致。

一　负面的多数案例

从笔者的调查以及相关的报道来看，多数城市社区的自主治理效果并不理想。一方面我们看到有些社区中业主组织迟迟不能选举产生，社区业主也难以就物业服务内容及价格达成集体选择，社区中就难以形成有效地规范公共部位及业主行为的公共契约，出现了业主随便占用和改造公共部位的私搭乱建行为。即便有些社区选举产生了业主组织，与物业服务供给者签订了合约，但是难以在业主和业主组织、业主和物业服务供给者之间形成强有力的责任体制，或者由于在业主与业主组织之间，或者业主及其组织与物业服务供给者之间的契约关系难以有效实施，产生业主选择难以有效执行、物业服务者及业主组织对业主的责任问题，以及公共区域等产权性收益流失等问题。

第一，根据调查以及媒体报道，我们看到一些外部环境类似的社区业主集体行动的达成面临重重困难，其中最明显的难题之一就是选举产生业主委员会。中央电视台"东方时空"2005年底曾就"成立业主委员会难在哪"做了一个调查，12533人参加调查，数据显示：缺乏主管部门支持占28%，开发商、物业公司设置障碍占26%，组织选举难度大占18%，业主不知道如何成立占14%，没有业主牵头占14%。这印证了成立业委会的困难[①]。到目前为止，北京市有超过3000个物业管理社区，但是成立业主委员会的300余个，仅占所有社区的11.70%[②]。

第二，有些社区业主难以就物业服务内容及费用形成集体选择，难以达成关于物业服务及价格的一致意见。例如地处北京清河的永泰园社区业主在交纳物业服务费上难以达成一致意见，从而导致三个物业服务公司先

[①] 郭玉闪、李媛媛：《北京物业暴力真相调查之七：成立业委会何其难》，《新青年·权衡》2006年10月30日。

[②] 北京市建设委员会统计资料，参看 http://www.bjjs.gov.cn/publish/portal0/tab559/。

后从该社区撤离，社区的物业服务不断遭遇危机，社区业主日常生活频受影响。据介绍，该社区最初是由开发商指定的华泰公司进行管理，直至 2005 年，社区召开业主大会选聘科住物业公司进驻社区。然而仅过了 1 年，该公司就主动撤离了社区，随后由博宇嘉物业公司接替。2007 年 6 月前后，博宇嘉物业公司也公开提出撤离社区，后在海淀区社区办公室等单位的协调下，该公司将撤离期延至 2007 年 10 月底。根据笔者的调查，2007 年 11 月社区保安、保洁已全部撤离，其工作暂由居委会代行；几栋楼的一层大厅管道漏水也无人修理，但业主之间依然未能就物业去留和交费标准达成一致。曾遭罢免的第一届业主委员会主任吕世杰认为，业主之间的不团结是社区形成如此局面的根本原因①。

第三，有些社区业主难以形成社区内部关于公共部位及业主行为等规范的社区契约，不能有效形成局部公共秩序，使社区业主的共同财产得不到有效保护。据报道，截至 2007 年 11 月 15 日，位于北京海淀四季青 Wehouse（常青园南里二区）的 300 多户业主中，已有两百六七十户私自改建，私建的建筑令社区面目全非。两年来，社区好似永远没有完工，影响全体业主的生活质量不说，还存在诸多安全隐患，而物业公司对此无能为力②。有些社区业主则干脆瓜分社区公共绿地种菜养鸡。在重庆市南桥寺明瑜恒康社区公共绿地上，原有各种简易体育设施，后来业主中有圈起地种瓢儿白的，有竖起几根木杆晒被褥的，有建储物室的。更有甚者，竟在搭建的小屋内饲养起了鸡鸭。对于圈地种菜一事，一"菜农"直言不讳地说："现在生活压力很大，我们基本上没有啥子收入，也算是缓解生活压力。"③

第四，有些社区中的物业服务单位不能有效地履行对业主服务的承诺，甚至侵害了业主的利益。物业服务公司的本职工作是向业主提供服务的，但是我们时常看到物业服务公司损害业主的利益，有关物业公司突然

---

① 《业主个打小算盘 社区自治频失控》，《新京报》物权法时代的社区系列报道，2007 年 11 月 16 日。
② 《业主个打小算盘 社区自治频失控》，《新京报》物权法时代的社区系列报道，2007 年 11 月 16 日。
③ 毛仁东：《私自瓜分社区绿地业主在此种菜养鸡》，《重庆时报》2008 年 3 月 3 日。

撤离，社区断电、断水、无保安、无人清理垃圾等报道时常见诸报端。从美然动力街区的物业服务公司撤离到路人皆知的美丽园事件均反映出如何确保物业服务公司向业主负责任是社区治理面临的重要挑战。2005年北京市消费者协会进行了一项涉及100个居住社区和99个物业管理公司的调查，结果显示北京21%的业主对物业服务不满意，详细情况如表2-4所示。

表2-4 北京市业主对物业服务满意度调查

北京：21%的业主对物业不满意（据北京市消费者协会调查）

业主比例（%）	内 容
21	对物业管理企业总体评价不满意
72.8	反映对于社区公用部位、设备、场地经营收益及用途没有知情权和监督权
53.1	反映物业收费项目和标准没有公示或不清楚物业收费项目和标准
17.5	反映物业乱收费
35.1	反映因社区安全保卫措施不力而造成业主财产受到损害

资料来源：北京市消费者协会。

总而言之，我们可以看到无论是业主组织的产生、业主之间关于物业服务的内容及价格的集体选择，还是业主之间关于公共部位和日常行为规范的公共契约的达成，都涉及业主集体行动这一社区治理的根本前提，而根据对现实的观察，可以讲许多社区的治理并不是很成功。促成业主组织及物业公司向业主负责，保质保量地为业主提供物业服务，保护业主的共同财产是社区治理的核心任务，根据北京市消费者协会的调查我们可以看到多数社区治理并没有成功地实现这一核心任务。

二 正面的少数个案

同样是在北京，面临同样的政治、法律以及地域环境，有些社区却能够克服集体行动的难题，实现业主的集体选择，克服治理责任的困境，通过业主选择实现了治理组织或者是物业服务生产组织履行责任。

有的社区不但能够先于其他社区形成业主之间的集体行动，选举产生业主组织，实现社区业主偏好的集体表达，而且还能够通过业主选择、借助外部的行政和司法力量与物业服务者进行谈判协商，提升物业服务水平，降低物业服务价格，达成双方协议，保证社区公共区域等产权性收益归属业主。根据笔者的调查，当多数社区业主还不清楚什么是社区公共部分收益时，华远尚都和盈都的业主们已经收到社区的业权收益和物业费结余共计 437 万元。这笔费用使业主们 2007 年要缴纳的物业费较往年都有所减免。首旅酒店物业公司接管华远尚都和盈都后，采用"业权"分配的方式，全体业主可以按约定共享社区可经营的公共场所、楼顶及电梯间广告、人防工程、地面公共停车位等公共部分的全部收益。和华远尚都不同，太月园社区业委会主任王嘉吾等通过艰苦努力，取得了包括社区的土地使用权证、规划许可证、施工许可证和规划图等全部资料，摸清了社区公用设施家底。在和开发商以及物业公司的谈判中，这些资料让业委会取得了社区公共管理的资格，使社区公共利益得到最大限度的保护。物业费由原来的 2.38 元/平方米/月降到 1.63 元/平方米/月，而且从 2002 年开始将多收的中修费和电梯维护费退还业主，平均每户 3000 元。此外，社区公共用房的出租收益和广告收益也被业委会领取，一年有 10 万元之多①。

当多数社区还苦苦挣扎在业主与业主组织间的信任危机之中时②，有些社区则通过业主自主选择实现了社区内部自治结构和制度的创新，促成了业主组织以及物业服务者对业主责任的实现。例如，北京上地西里社区通过制度创新设立了社区业主代表大会、业主监事会等组织，在社区内部实行了分权制衡的制度设置，从而保证了业主组织向业主负责③。北京朝阳园社区制定了《查阅文件和档案制度》，规定只要持有能证明自己身份的本社区业主，都有权查阅业主委员会的文件（包括业主委员会与物业

---

① 《物权法撑腰业主收回社区公共收益》，中国房地产信息网，http：//www.crei.cn 2007 年 9 月 4 日。
② 有许多社区中的业主和业主委员会之间不断遭遇信任危机。据报道，2006 年 7 月 20 日北京恒昌花园业主投票罢免业主委员会主任；2005 年上海浦东新区东方佳苑 20 户业主将业主委员会告上法庭；2008 年 4 月南京美林东苑社区业主罢免业主委员会。分别参见黄艾禾、阳思齐《社区业主委员会：现代都市中的民主麻烦》，《中国新闻周刊》2006 年 8 月 14 日；陈郁：《吃里扒外业委会被罢免 物管办：最好配个监事会》，《扬子晚报》2008 年 4 月 2 日。
③ 赵恒：《北京社区物业管理的现状及实现和谐社区的途径》，载《2007：中国首都经济发展报告》，社会科学文献出版社，2007。

公司的所有合同协议);秘书将所有的来往文件进行编号,并负责接待每一个查看文件业主的来访。曾经担任该社区业主委员会主任的舒可心先生说:"制度放在那里,保障一千多业主能看文件,每分钟都在监督你。只要有 10 个人看文件,就够了。所有干坏事的人就会害怕。"他认为,由于公开,减少了很多麻烦——制度带来了效率,减少了纠纷[①]。

当有些社区不断遭遇物业公司突然撤离的危机困扰时,有些社区则通过业主选择,突破了普遍流行的社区业主——业主组织——物业公司的社区公共事物治理结构,由社区内部业主组成自我服务单位实现了社区公共事物的内部治理,实现了社区业主的偏好选择与服务生产选择的统一。根据笔者的调查,2005 年物业公司的突然撤离使北京品阁社区业主们在被动中选择了自己管理,而社区业主两年来维权形成的团结协作令他们的自治得以顺利有序地开展,使这个社区成为北京第一个业主自治管理的社区。自治管理强烈激发了业主的主人翁意识,半年来,社区被管理得有声有色[②]。

本章小结

社区公共事物的形成向业主们提出了"集体行动"和"治理责任"两个挑战。通过对社区治理实践的初步观察,我们发现面临相同的政治、经济、法制等环境,不同的社区公共事物治理绩效却格外悬殊。为什么有些社区业主长期以来难以超越"集体行动"的难题,而有些社区业主则很快实现了集体选择?为什么有些社区虽然实现了集体行动,选举产生了业主组织,却难以处理好治理责任问题,在业主和业主组织之间频频出现信任危机,而有些社区则能够通过组织创新或者制度创新在业主与业主组织之间建立起了信赖关系?为什么有些社区业主频频遭遇物业公司突然撤离的危机,陷入"招聘—欠费—逃离"的恶性循环,而有些社区业主则能够通过治理结构的创新实现了社区物业服务的自我生产?这些都是现实

---

① 黄艾禾、阳思齐:《社区业主委员会:现代都市中的民主麻烦》,《中国新闻周刊》2006 年 8 月 14 日。

② 袁婷:《北京品阁社区尝试"公司制"自治》,《民主与法制时报》2007 年 7 月 29 日。

向我们提出的问题。需要解释的问题是：面临相同的外部环境，究竟是什么内部因素造成了社区自主治理结果的差异？

虽然多数社区仍然处在公共事物治理的困境之中，但不容否认仍然存在（尽管为数不多）相对而言治理得比较成功的典型案例。通过对造成社区治理绩效悬殊的关键因素的发掘，探寻出促进社区公共事物自主治理的永续发展之道是本书的基本目标。

有些学者将社区治理困境归结于"局部层次上的平等关系与原有的宏观制度关系相抵触"。与前者集中于外部制度环境的视角不同，本书将主要着眼于社区治理内部因素——"业主选择"的分析。因为即使有了支持性的宏观制度结构，如果没有社区内部业主的积极行动，社区公共事物的自主治理也是不会自动形成的。为了对社区公共事物治理实践中的疑惑做出解释，本书将根据已有的"集体行动"理论和"治理责任"理论建立"业主选择"模型，对这一模型理论基础的探讨和模型的建立分别是第三章和第四章的研究主题。

第三章　城市社区公共维修资金管理现状和改革[①]

那么作为社区公共事物中的一个组成部分的公共维修资金如何管理才是可持续的？在本章中，笔者力图探讨城市社区公共维修资金管理的持续性制度基础，认为社区公共维修资金管理的制度基础设计不仅受到管理主体的影响，还受到公共维修资金自身属性及社群属性的影响，在此基础上提出社区公共维修资金自主管理模式，并构建社区公共维修资金自主管理的制度基础。

第一节　城市社区公共维修资金现行管理模式

社区公共维修资金又称为住宅共用部分、共用设施设备维修基金（简称为维修基金），是指由法律规定的专项用于住宅共用部位和共用设施设备保修期后的大修、更新、改建的基金。1998年11月9日建设部、财政部印发的《住宅共用部位共用设施设备维修基金管理办法》规定：共用部位是指住宅主体承重结构部位（包括基础、内外承重墙体、柱、梁、楼板、屋顶等）、户外墙面、门厅、楼梯间、走廊通道等。共用设施

[①] 本章是在笔者硕士学位论文的基础上修改而成，部分内容曾以《城市社区公共维修资金自主治理研究》为题发表于《公共管理与政策评论》。

设备是指住宅小区或单幢住宅内，建设费用已分摊进入住房销售价格的共用的上下水管道、落水管、水箱、加压水泵、电梯、天线、供电线路、照明、锅炉、暖气线路、煤气线路、消防设施、绿地、道路、路灯、沟渠、池、井、非经营性车场车库、公益性文体设施和共用设施设备使用的房屋等。[1] 城市社区公共维修资金被称为社区资产"保命钱"，从这一称号，我们不难想象其在社区治理中所处的地位。如何对社区住宅共用部位、共用设施设备及时有效地维修养护，以延长建筑物的使用寿命，保障自有房产的保值、增值，不但是每一位业主所面临的问题，也引起了社会的广泛关注。国家建设部先后颁布了《城市异产毗连房屋管理规定》《公有住宅售后维修养护管理暂行办法》《城市新建住宅小区管理办法》等一系列规范性文件，对住宅维修养护范围、责任及费用承担等做了相对原则性的规定。1998年11月9日建设部、财政部发布的《住宅共用部位共用设施设备维修基金管理办法》则标志着我国针对住宅共用部位、共用设施设备的维修养护建立了维修基金制度，形成了社区公共维修资金的现行管理体制。依照上述制度规则，在实践中，社区公共维修资金的管理往往会存在三个管理主体，形成三种管理模式。

第一种是房产开发企业代管模式，因为《住宅共用部位共用设施设备维修基金管理办法》第九条规定："在业主办理房屋权属证书时，商品住房销售单位应当将代收的维修基金移交给当地房地产行政主管部门代管。"在政府监管乏力、业主监管缺位的情况下，房地产开发企业就成为管理社区公共维修资金的主体，形成了房产开发企业管理社区公共维修资金的代管模式。

第二种是房产行政管理部门代管模式，因为《住宅共用部位共用设施设备维修基金管理办法》第九条规定："在业主办理房屋权属证书时，商品住房销售单位应当将代收的维修基金移交给当地房地产行政主管部门代管。"在房产行政管理部门监管有力、归集能力强的情况下，售房单位将不得不在售房时将社区公共维修资金转交给房产行政管理部门，而此时如果社区业主委员会尚未成立，就会形成由房产行政管理部门代管的管理

---

[1] 详细内容可参考建设部、财政部《住宅共用部位共用设施设备维修基金管理办法》。

模式。

第三种是物业管理企业代管模式。《住宅共用部位共用设施设备维修基金管理办法》第十条规定："业主委员会成立后，经业主委员会同意，房地产行政主管部门将维修基金移交给物业管理企业代管。物业管理企业代管的维修基金，应当定期接受业主委员会的检查与监督。"因而在实际操作中，如果房产行政管理部门归集了社区公共维修资金，而社区业主也顺利地成立了业主委员会，这时就会形成物业管理企业作为业主的代理人管理社区公共维修资金的代管模式，这种管理模式并不是真正的自主管理模式，因为物业管理企业往往并不能真正做到对社区业主负责。

第二节 当前城市社区公共维修资金管理中存在的问题

从实际的运作情况来看，社区公共维修资金的物业管理企业、房地产开发企业代管模式和房产行政管理部门代管模式这三种管理模式往往会造成诸如"社区公共维修资金欠缴""社区公共维修资金挪用""社区公共维修资金'维而不修'"和"社区公共维修资金不能有效增值"等问题。下面笔者将结合这三种管理模式，并从实践的角度分析其中存在的问题，对其进行反思和批判。

一 社区公共维修资金欠缴问题

哈丁的"公地悲剧"理论是人们在理解公共事物治理时经常引用的"警句"，"在一个信奉自由使用的社会里，每个人追求他自己的最佳利益，毁灭是所有人都趋之若鹜的目的地"。[①] 很久以前，亚里士多德就说过："凡是属于最多数人的公共事物常常是受到最少人照顾的事物，人们关心着自己的东西，而忽视公共的事物。"[②] 曼瑟尔·奥尔森在《集体行动的逻辑》一书中也指出："除非一个群体中人数相当少，或者除非存在

---

① 转引自〔美〕埃莉诺·奥斯特罗姆《公共事务的治理之道》，上海三联书店，2000，第11页。
② 转引自〔美〕埃莉诺·奥斯特罗姆《公共事务的治理之道》，上海三联书店，2000，第11页。

着强制或其他某种特别手段，促使个人为他们的共同利益行动，否则理性的、寻求自身利益的个人将不会为实现他们共同的或者群体的利益而采取行动。"[1] 从物品属性来看，社区公共维修资金属于社区的共有资源，因为这些钱是用于社区的共用部分和共用设施设备的维修，而社区中共用部分、共用设施设备相对于本社区的居民而言是很难排他的。这样就存在一些人虽不付费但可以享受维修带来的益处，也即"搭便车"现象，这在一定程度上会造成社区内业主之间权利义务的不平等。如果人人都想搭便车的话，就只会造成"公地悲剧"。只有在行为者之间形成了有效的相互监督和制裁机制，才能避免搭便车和机会主义行为。三种代管模式都属于外在的管理模式，而不是嵌入社区中的管理模式，这两种模式难以形成有效的监管制度。在物业公司代管模式下，面对分散的业主和处于权利主体地位的业主较难形成有效的监督和制裁机制；尤其是在物业公司和开发商一体的情况下，物业公司是没有权力，也没有动力监督和制裁未缴纳公共维修资金的开发商[2]。

从实际情况来看，在代管模式下，公共维修资金欠缴严重，根据相关报道的统计分析，广州、武汉、重庆和深圳等地的公共维修资金欠缴情况如表3-1所示。

表3-1 广州、武汉、重庆和深圳等地的公共维修资金欠缴情况

单位：亿元

地 区	应交总额	已归集额度	尚缺额度	统计日期
广 州	23	14.13	9	2006年10月19日
武 汉	3	0.0516	2.9484	2002年2月8日
重 庆	100	6	94	2007年4月3日
深 圳	80	3.05	76.5	2006年10月11日
海 口	5	1	4	2007年5月23日

资料来源：所列数据均由笔者搜集于相关媒体。

---

[1] 〔美〕曼瑟尔·奥尔森：《集体行动的逻辑》，陈郁、郭宇峰、李崇新译，上海三联书店，2004，第2页。

[2] 专项维修资金由业主缴交，但商品房预售许可证是在1998年9月30日后核发的且购房者与建设单位物业买卖合同是在2003年9月1日前签订的，由建设单位缴交，合同另有约定的除外。

二 社区公共维修资金挪用问题

社区公共维修资金的三种管理模式中，无论是由物业管理企业、房地产开发企业还是由房产行政管理部门代管，都存在着"委托—代理"问题，都存在着社区公共维修资金被挪用、侵吞的威胁。《住宅共用部位共用设施设备维修基金管理办法》规定："业主委员会成立后，维修基金的使用由物业管理企业提出年度使用计划，经业主委员会审定后实施。"这样物业管理企业就有了一定的管理权力。社区公共维修资金如果由物业管理企业代管，就有被物业管理企业挪用的危险。同样，如果社区公共维修资金由房产行政管理部门代管，也存在着被挪用的危险，其危险度和损害度甚至比前者有过之而无不及。如果说社区公共维修资金被开发商和物业管理企业挪用，社区业主还比较容易发现，也较为容易地将其送上法庭的话，那么，如果是房产行政管理部门挪用或者贪污了社区公共维修资金，对于社区业主而言，对行政部门的监督是困难的，将房产行政管理部门送上法庭的代价是昂贵的。就实践的情况来看，物业公司和开发商挪用公共维修资金的现象可谓司空见惯，2006 年"十一黄金周"后，一份"联合倡议"震动中国楼市。倡议由广州 12 个小区的业主委员会发起，直指房屋公共维修资金挪用黑洞。一周后，参与追讨的业委会达到 50 家。在广州、南京、深圳，业主因此起诉开发商的案子有十几起[①]。当时，上海市房屋维修资金管理中心涉嫌违规操作维修基金炒股，也证明了政府代管模式的缺陷。

三 社区公共维修资金"维而不修"[②] 的问题

缴纳社区公共维修资金的目的就是为了维修社区的共用部位和共用设施、设备。无论是公共维修资金的管理过程中的哪个环节，包括征缴、监

---

① 《南方周末》《广州百亿维修基金被谁侵占了》，载焦点房地产网，http://gz.focus.cn/news/2006-10-27/250264_1.html。
② 在《维修基金形同虚设 小区设施未老先衰》这样的报道中，我们可以看到社区公共维修资金"维而不修"的问题。当然，这里使用这个词就是指社区公共维修资金形同虚设，没有实际用于社区共用部位和共用设施的维修，而是为了维修基金而管理维修基金，这是典型的"目的—手段"倒置的问题。

管、投资运作等都是为"维修"服务的。如果没有用于维修,那社区公共维修资金就无异于被挪用,就改变了社区公共维修资金的性质。这个道理看似简单,然而,在社区公共维修资金的实际运作过程中,却经常可以看到社区公共维修资金的"维而不修"问题。根据相关报道,笔者统计了北京、南京、武汉和广州等地区公共维修资金实际使用情况,具体见表3-2所示。

表3-2 北京、南京、武汉和广州等地区公共维修资金实际使用情况

地 区	已归集额度（亿元）	使用额度（亿元）	使用比例（%）	统计日期
北 京	70	0	0	2005年8月
南 京	30	0.4	1.3	2006年12月
武 汉	19.6	0.015	0.076	2007年6月
广 州	14.13	0.1101	0.78	2006年8月

社区公共维修资金是社区资产的"养老金",但并非要等到社区资产真的"老态龙钟"了才能动用。如同人的保养一样,并非要等到疾病缠身、卧床不起的时候才去治病救人,而是要在平时注意营养、保养和锻炼。社区公共维修资金是社区业主的共有财产,应当在社区业主认为建筑物和设施谁备有维修必要的时候,就动用维修基金。

四 社区公共维修资金增值问题

公共维修资金的属性决定了首先要确保其安全使用,但同时,作为基金也应当在安全使用的前提下进行理财管理,确保其安全地保值、增值。《住宅共用部位共用设施设备维修基金管理办法》规定:"维修基金应当在银行专户存储,专款专用。为了保证维修基金的安全,维修基金闲置时,除可用于购买国债或者用于法律、法规规定的其他范围外,严禁挪作他用。"这也为公共维修资金的保值、增值留下了余地。"但北京市等地的规定,公共维修资金仅按活期存款的利率计息。目前国债和活期存款利率之间的利息差在1.5到1.6个百分点。据估算,由于没有理财管理,我市广大业主在公共维修资金方面每年将损失5亿元左右。"[①]按国家统计局

---

① 陈幽泓:《中国城市社区治理的变革——自下而上的视角》(未发表稿)。

的资料保守估算，自 1997 年到 2003 年上半年，全国商品房销售额累计已超过 10000 亿元。据此计算，目前全国维修基金已高达 600 亿元以上。[①] 如此巨额资金，因无合理的理财渠道而成为"呆钱"，其损失不可忽视。客观地讲，社区公共维修资金并非时时需要，这样大量的社区公共维修资金如果闲置，就存在机会成本[②]的问题。如此巨额的资金对于发展经济是稀缺的，因而可以考虑在短期内用于其他事业。我们在保证公共维修资金安全性的同时，也要考虑它的增值。我国现在正处于高速发展时期，需要大量资金，而那么多的公共维修资金又处于闲置状态，如何协调二者之间的矛盾，显然是摆在我们面前的一大难题。

第三节 城市社区公共维修资金的理想管理模式：自主管理模式

埃莉诺·奥斯特罗姆教授在探讨公共事物的治理之道时，依次研究了"以利维坦为'唯一'方案""以私有化为'唯一'方案"后，指出了公共事物的治理还有另外一种治理方案，即"自筹资金的合约实施博弈"。[③] 下面，笔者仿照埃莉诺·奥斯特罗姆教授的逻辑并结合社区公共维修资金的物品属性来分析业主自主管理模式的必要性和优越性。

一 自主管理模式是公共维修资金属性的要求

为了克服制度设计的困难，以埃莉诺·奥斯特罗姆教授为首的研究小组进行了长期的研究。为了进一步估算可持续开发所需要的社会性基础设施，他们开发了一套制度分析理论框架。该理论框架由三个因素组成，一是人的属性分析，主要分析可能影响基础设施持续性开发的人的特性；二是物品属性的分析，主要分析可能影响有关个人行为动机的属性特征；三

---

① 馨画：《60 亿元房屋维修基金如何实现保值增值》，http://www.financialnews.com.cn/tzlc/200309030232.htm。
② 机会成本是特指拒绝备择品或机会的最高价值的估价。它是为了获取已挑选的具体实物中具有更高价值的选择物而放弃或损失的价值。
③ 〔美〕埃莉诺·奥斯特罗姆：《公共事务的治理之道》，上海三联书店，2000。

是确立制度安排绩效的标准,并分析各种制度安排的相对绩效,即绩效评估框架。① 在 IAD② 分析框架中,生物物理属性、社群属性及实施中的制度规范是影响任何一个社群活动的三种外在因素,这三种因素能影响在一定情境中行动者的行为动机和策略选择及行为绩效。"社区自治的合法性是基于物权,即私有产权赋予的权利……所以,对于私人财产和私人共有的财产管理首先是社区当事人自己的事务,这就是我们说的社区自治的出发点。"③ 可见,物品的属性是影响人类行为的重要因素,同样,公共维修资金的属性也是影响其管理行为及管理绩效的重要因素。

社区中的共用部位、共用设施和设备属于社区中所有业主共有,所以它是共同的,而不是个人的,不能为个人所随意支配;同时这些共用部位和共用设施在使用过程中,例如车库在某些人占用后,就不可以被另外的人占用,因此,这些共用部位、共用设施又具有消费的竞争性。如此看来,社区中的共用部位、共用设施是社区中的公共池塘资源(CPR)。社区公共维修资金是为维修社区共用部位和共用设施设备而设立的。那么社区公共维修资金作为对社区共用部位、共用设施和设备维修使用的资金显然也具有公共池塘资源的属性。社区公共维修资金属于社区中所有业主共有,所以它是共同的,而不是个人的,不能为个人所随意支配,所以,这些基金具有不可分性,具有公共性。但就其消费来说,为维修一栋楼而消费的社区公共维修资金就不能再用来维修另一栋楼了,被一部分业主使用了的公共维修资金就不能再被另一部分业主使用,所以,社区公共维修资金的消费具有竞争性。因而,社区公共维修资金具有公共池塘资源的所有属性,是一种典型的公共池塘资源。同时,它是社区共有的而不是社会共有的,不能被社区之外的单位或人所分享,不能被政府部门随意剥夺或挪用,从这方面来说这些基金具有排他性,即具有私益性。可见社区公共维修资金这种公共池塘资源是针对社区中的成员而言的。总体来看,作为社

---

① 毛寿龙:《制度及激励与可持续发展》中文版译序,第 55 页,载《制度及激励与可持续发展》,上海三联书店,2000。
② Elinor. Ostrom (2005), *Understanding Institutional Diversity*, Princeton, NJ: Princeton University Press.
③ 陈幽泓:《国际社区发展协会 2003 年会综述》,《现代物业》2003 年第 10 期。

区内维修共用部位、共用设施和设备的维修基金是一种私益的社区共有资源。

作为社区共有资源，属于社区业主共同所有，这种所有属性同时也决定了其应当归社区业主来管理。因为这些基金虽然是一种集体所有，但它也是一种共有物权，具有物权的特征。物权是指特定的主体所享有的、排除一切不特定人的侵害的财产权利。作为绝对权和"对世权"，物权的权利主体是特有的，其他任何人都负有不得非法干涉和侵害权利人所享有的物权的义务。

二 自主管理模式是管理实践的选择

社区公共维修资金是属于社区所有业主共有的，但是最终的管理不可能由大家都来管理，这就涉及社区公共维修资金由谁来管理的问题。在实际运作中，开发商、物业管理企业和房产行政管理部门管理社区公共维修资金是实践中流行的一种社区公共维修资金管理模式，从而在社区业主和社区物业管理企业（开发商）之间形成一种委托—代理关系。业主作为委托一方，而物业管理企业（开发商）作为代理一方。"在这些场合，如果代理人得知委托人对代理人的行为细节不很了解或保持着'理性的无知'，因而自己能采取机会主义行为而不受惩罚，那么代理人就会受诱惑而机会主义地行事。如果委托人要想发现代理人实际上在干什么，就需耗费很高的监督成本（信息不对称）。"[①] 这就是所谓的委托—代理问题。只要有委托—代理关系的地方就会存在委托—代理问题。在业主和物业管理企业（开发商、房产行政管理部门）之间存在着委托—代理问题。一个社区中资产的"保命钱"或者说"养老金"委托给另外一个以盈利为目标的企业本身就是一件有风险的事情。物业管理企业（开发商）作为一个理性的"经济人"有着自身的利益追求，尤其是开发商和物业管理企业在某种程度上说，其收益来源主要是社区中的业主。在自身利益的驱动下，物业管理企业（开发商）往往会把社区公共维修资金挪作他用以赚取利润乃至将整个社区公共维修资金侵吞。物业管理企业挪用、侵吞社区

---

① 〔德〕柯武刚、史漫飞：《制度经济学：社会秩序与公共政策》，商务印书馆，2000。

公共维修资金的事件时有发生。同时，社区业主对物业管理企业（开发商）怎样管理和使用社区公共维修资金并不清楚，因为二者之间信息不对称。如果社区业主想要监督物业管理企业（开发商）就必须付出巨大的成本获取足够的信息。而这对于工作繁忙的业主来说，无疑是一种负担而非权利的享受，那么在权衡成本收益的基础上人们往往会做出理性的无知[①]的选择，这样最终总是放纵了代理方的贪婪，从而导致社区公共维修资金被挪用，乃至被侵吞。由此看来，由物业管理企业（开发商）代管社区公共维修资金的管理模式存在着诸多问题，并非一种理想的管理模式。

由房产行政管理部门代管同样会在社区业主和代管部门之间形成委托—代理关系。如同物业管理企业（开发商）的代管模式一样，房地产行政管理部门同样有着自身的利益，它也会挪用社区公共维修资金以谋求自身的利益。在自身利益的诱导下，房产行政管理部门也会挪用乃至侵吞社区公共维修资金。房产行政管理部门并不在每个社区内，"如果一个外在的政府能够准确地确定一个公共池塘资源的总量、明确无误地安排资源的使用、监督各种行动并对违规者实行成功的制裁，那么一个中央机构便能够改变哈丁牧人博弈的结局，形成一个对牧人来说是效率最优的均衡……但是，遵循集中控制的建议所实现的最优均衡，是建立在信息准确、监督能力强、制裁可靠有效以及行政费用为零这些假定的基础上的。没有准确可靠的信息，中央机构可能犯各种各样的错误，其中包括主观确定资源负载能力，罚金太高或者太低，制裁了合作的牧人或放过了背叛者等"[②]。显然，这些条件房产行政管理部门不可能具备，因而有房产行政管理部门代管公共维修资金是这种共有资源治理的次优策略选择。更为重要的是，如果说在社区业主和物业管理企业之间还存在着平等的委托—代理关系的话，那么社区业主和房产管理主管部门之间就不是平等的关系。在社区业主和房产主管部门之间的"委托—代理关系"从实质上看，不可能是自愿平等的委托关系，而毋宁是一种管理关系。因此，由社区业主对房地产

---

① 理性的无知，就是指人们在面对信息搜寻上的成本和不确定性时不获取某些知识的行为。
② 〔美〕埃莉诺·奥斯特罗姆：《公共事物的治理之道》，上海三联书店，2000，第24页。

管理部门进行监督的难度很大。因为作为行政部门最大的特性之一就是强制性。面对房产行政管理部门的强制,社区业主能做的要么是服从,要么是申诉,这两者之间很难有平等的谈判协商的空间。

从物权的角度来看,社区公共维修资金虽然是集体所有,但它也是一种物权,并具有物权的特征。即使对房产主管部门而言,也是如此,未经社区业主的同意,不能与其形成委托—代理关系。"行政职能的增加和行政权的扩大,这一方面意味着社会经济发展所必需的秩序的确立和保障,另一方面则意味着人民的自由和权利可能受到侵害的威胁增大。"① 这就意味着,由房产行政管理部门来代管社区公共维修资金,就存在着行政权对物权侵害的可能性,就存在着房产行政管理部门行政权对社区业主利益损害的可能性。所以,由房产行政管理部门代管社区公共维修资金并非一种理想的社区公共维修资金管理模式。

除了物业管理企业(开发商)代管模式和房产行政管理部门代管模式之外,还存在着社区业主自主管理社区公共维修资金模式的可能。笔者认为由社区业主对社区公共维修资金进行自主管理不仅从理论看是合理的,而且从实践来看也是可行的。应当说社区业主自主管理模式是社区公共维修资金的一种理想的管理模式。这种业主自主管理模式包括从社区公共维修资金的收缴、投资运营管理、支出使用、监督等环节都由社区业主做主。笔者认为只有建立起真正的社区业主自主管理模式,那么所谓的社区公共维修资金的收缴问题、社区公共维修资金的挪用问题、社区公共维修资金的保值增值问题、社区公共维修资金的"维而不修"问题就会得到合理的解决。

第四节 构建社区公共维修资金自主管理的制度基础

社区公共维修资金的自主治理模式可以成功地解决搭便车、挪用、"维而不修"和呆账等问题。但是自主管理模式并非空中楼阁,它是建立在一系列的制度基础之上的。具体来看,社区公共维修资金资助管理模式

---

① 姜明安:《行政法与行政诉讼法》,北京大学出版社、高等教育出版社,1999,第4页。

已运转的制度构件具体如下:

一 清晰界定边界,明确社区公共维修资金的缴纳制度

共用资源的自主治理的必然要件之一是清楚界定资源的边界,明晰资源使用人的权利义务。社区公共维修资金的缴纳、使用范围应当界定清楚,使得缴纳主体明晰,排除"搭便车"的问题。公共池塘资源本身的边界必须予以明确规定,有权从公共池塘资源中提取一定资源单位的个人或家庭也必须予以明确规定。这个问题,对于社区而言是较为明确的。具体而言,就是社区公共维修资金是社区业主的共有财产,凡是在一个居住小区内居住的业主都应当缴纳社区公共维修资金。凡是社区内部的共用部位和共用设施都是社区公共维修资金应当维修的部位。

共用资源的自主治理的另外一个必要条件是占用和供应规则与当地条件保持一致。对社区公共维修资金的管理而言,这就意味着社区的公共维修资金的交纳、使用等应当符合社区自身的条件。我们提出应当由业主委员会代表业主来自主管理社区公共维修资金就解决了公共维修资金的管理和使用与社区的实际需求之间的隔阂,解决了管理方和使用方之间的信息不对称问题。公共维修资金自主管理制度应当满足社区建筑物共用部位及设施的维修需求。作为社区业主,在他们发现社区内部的共用部位和共用设施、设备出了问题就可以向社区业主委员会提出申请,由业主大会审查同意之后委托社区物业管理企业负责维修。根据社区物业管理企业的维修情况支付相应的费用,并对维修的绩效进行评估检测。

二 对业主组织权的最低限度的认可,促成自主管理的有效运转

我们知道社区业主委员会是业主大会的执行机构,是业主自主治理的组织。业主大会是业主行使直接民主方式的场所。确保业主大会的执行机构——业主委员会的权威与独立自主是社区公共维修资金自主管理的基本要求。要对业主委员会组织权有最低限度的认可,最根本的一条是要确立业主委员会财产权的主体地位。业主委员会的重要任务之一就是管理社区共有资源。公共维修资金作为社区共有财产,如果有关人员

和单位挪用了这部分基金就意味着对全体业主的权益构成了侵犯。作为维护业主利益的机构，业主委员会就有义务与相关机构进行交涉或者向法院提起诉讼。从目前掌握的情况来看，北京还没有一起业主委员会提起关于维修基金诉讼的案件。之所以出现这样的情况，主要是因为诉讼费用高昂和败诉的风险较大。而业主委员会现在处于没有独立运作经费的尴尬局面，实在没有能力去和具有强大经济实力的开发商或物管公司进行博弈。

只有明确了业主委员会的财产权主体地位，业主委员会才可以接受业主的委托，对公共维修资金进行管理。目前公共维修资金被挪用或者被违规使用的另一个主要原因，是本该管理公共维修资金的业主委员会因未能及时成立而被剥夺了管理权。事实上，公共维修资金是全体小区业主的共有财产，其使用与管理最初就应该由小区全体业主来决定，这是业主的基本权利。确立业主委员会的财产权主体地位，就能保证业主委员会独立开展工作，接受全体业主的委托，对公共维修资金进行管理和使用。

三　对社区公共维修资金的管理要专项立法，形成分级制裁体制

社区公共维修资金的重要性决定了其在整个社区治理中举足轻重的地位，对社区公共维修资金的保护应该上升到法律的高度。事实上，我国各地对公共维修资金的管理和使用，更多的仅是依靠行政手段。北京律师协会房地产专业委员会委员秦兵律师认为，维修基金立法不能和物业管理领域的其他法规混合在一起，维修基金相当于"社区国库"，关系到整个社区的生存发展。尤其是现在社区建设的规模越来越大，对社区公共维修资金的依赖程度越来越高。在这种情况下，其存在的意义非同寻常。在立法中要明确公共维修资金属于专款专用。

立法时要注意公共维修资金使用的透明化，比如现在有部分物业管理企业进行公共维修的时候，很少公布维修所需的实际价格。业主也没有一个渠道能完整获知自己的维修基金被使用了多少。其实，这可以通过智能化的管理手段，使得业主可以较方便地查询维修资金的实际使用情况。目前北京市通过一定的技术手段已经实现了业主对公共维修资金的查询，在某种程度上促成了公共维修资金管理的透明化。形成社区内部业主对物业

管理企业使用社区公共维修资金的一级监督和制裁体制。

　　在立法的时候要明确可以动用司法机关来进行监管，因为公共维修资金是共有财产，涉及面广，涉及人多，关乎稳定大局，只有通过司法机关的监管才能保证其完整性。同时建议，凡是通过不正当的手段挪用和违规使用公共维修资金的单位或个人都要追究其刑事责任。通过法律来保证公共维修资金的专款专用，保护业主的共有财产不被他人侵占。社区公共维修资金立法的出发点应该是强调专款专用，以此为基点，就可以在立法的过程中，重点强调挪用公共维修资金者应承担刑事责任。

本章小结

　　社区公共维修资金是典型的社区公共池塘资源。社区公共维修资金属于社区业主所共有，是社区内部的共有资源。从物品理论和"物权"理论的角度看，社区业主对这些资产不可置疑地拥有所有权、使用权和收益权。共有资源治理除了企业的逻辑和国家的逻辑之外，在制度规范下的当事人的自主治理是一种更为有效的治理模式。从理论的演绎逻辑看，社区公共维修资金同样能够按照业主自主治理的逻辑进行治理。从现实来看，与物业管理企业和房产行政管理部门代管模式相比，社区公共维修资金的业主自主管理模式是一种成本低、个人偏好易显示、交易成本低、容易监督的管理模式。因此，笔者认为社区公共维修资金管理应当也必须采用社区业主自主管理的管理模式。人们只能在理性有限的前提下去尽力追求完美，与企业的逻辑和国家的逻辑相比，在业主自主管理的模式中，"委托—代理"问题并不如前两者那样严重，其他如挪用、贪污等问题都会比前两个模式容易得到较为合理的解决。

第四章　寻找业主选择与社区治理的理论视角

公共事物的治理长期以来面临着两大难题，即集体行动和治理责任问题。公共事物治理面临的第一个难题是组织集体消费单位①，形成集体行动。集体消费单位的主要功能是形成集体选择，有效地揭示公众对公共产品或者公共服务的需求偏好，并安排公共产品或者服务的生产。集体消费单位的组织就其实质而言是集体行动的问题。面对不能排他或难以排他的公共事物，如何克服搭便车问题，形成集体行动是公共事物治理面临的一大挑战。在克服集体行动的困境形成了集体消费单位之后，如何使得产品或服务的组织者、生产者忠实地代表公众的利益就成了公共事物治理面临的又一大挑战，这就是公共事物治理面临的第二个难题，即治理责任问题，或者说委托—代理问题，这个问题的实质是如何形成负责任的公共产品或者服务的提供者（Provision）和生产者（Production）。

---

① 当公益物品和公共池塘资源的排他使用存在问题时，就有必要创建大于家庭户的集体消费单位，来克服搭便车以及偏好策略性显示的问题，来确定成本如何在受益者之间分担，安排生产，管制使用的具体用途和分配。许多集体消费单位本身就是政府单位，其规模小到郊区自治区域，大到整个国家的政府，甚至是联系多个国家政府的国际组织。他们在范围上可能是单一目的的特别管区，也可能是执行各种各样任务的一般目的的政府。集体消费单位也包括大量各种各样的非政府组织，并且还可能不具有正式的组织。居民社区组织、公寓房共管会、教会、志愿组织和高峰协会，也可以在一种或者多种集体物品方面起集体消费单位的作用。

集体行动和治理责任这两个难题一直以来都是公共管理学和政治学研究的核心主题。埃莉诺·奥斯特罗姆教授认为，"集体行动理论是政治科学的中心主题，是国家存在的合法性根基的核心"[①]。治理责任问题或者说委托—代理问题一直是管理学和政治学探讨的焦点问题。能否有效地解决这两个问题关系公共产品和服务能否顺利地实现提供和生产以及相应制度安排的可持续性[②]。

本章主要致力于集体行动和治理责任难题的理论分析，并力图在总结分析已有理论的基础上提出用于解释面临相似乃至是相同外部环境的社区治理绩效迥异困境的理论模型。具体来讲，第一节主要从集体行动和治理责任两方面分析目前社区公共事物治理实践中普遍面临的挑战和难题；第二节主要探讨集体行动难题及已有的相关理论；第三节主要探讨治理责任难题及已有的相关理论；第四节根据第二代集体行动理论及治理责任的相关理论论证开发业主选择分析框架对上述两方面的理论进行整合应用的可行性。

第一节 "集体行动"和"治理责任"是社区治理两大难题

社区公共事物是一种局部性的公共事物，人们将其称为社区公共事物（neighborhood commons）[③]。这种公共事物的治理是社区治理的核心内容，其治理绩效会对社区业主和居民的日常生活会产生直接的影响。社区公共

[①] Elinor Ostrom (1998), "A Behavioral Approach to the Rational Choice Theory of Collective Action Presidential Address", American Political Science Association, 1997. *American Political Science Review*, Vol. 92, No. 1 March 1998.

[②] 同样，对社区公共事物而言，能否在业主之间达成有效的集体行动，关系到社区业主偏好能否有效表达；能否在业主和业主组织之间，业主和业主组织与社区公共服务生产者之间形成有效的责任体系；关系到社区公共服务的生产是否能忠实于业主的偏好；能否持续有效的供给。

[③] 社区公共事物是新型公共事物（new commons）的一种，也有人将其称为居住区公共事物（residential commons），Jaesong Choe 就在其博士论文中对社区公共事物进行了探讨，并对韩国首尔的社区公共事物的治理和产权状况进行了研究。详细情况参看：Jaesong Choe (1992). *The Organization of Urban Common - Property Institutions: The Case of Apartment Communities in Seoul*. Dissertation Submitted to Indiana University.

事物对社区中的业主和居民而言具有公共性的特征，具有难以排他性，因为只要某位业主在社区中购买了房屋，或者说某位居民在社区中租赁了房屋，一般情况下，我们很难将其排除在社区公共事物受益者的范围之外。社区内部的公共产品或者服务虽然偶尔也会被外部人享用，但主要是针对社区中的业主和居民而生产的。因此，社区中的业主或者居民可以看作是社区公共产品或者服务的共用者（common-users）。

作为公共事物的一种，难以排他的特征决定了社区公共事物的治理必然会遭遇到"搭便车"问题。同时，在社区公共事物的治理过程中，从目前的治理结构来看存在着多重的委托—代理关系，因而委托—代理问题或者说是治理责任的问题也是社区公共事物治理过程中必须要解决的问题。

一　集体行动难题

社区公共事物难以排他导致社区治理过程中会存在集体行动的问题。具体而言，作为一个自利的、有理性的个体，业主或者居民都希望能够享有宽阔的社区道路、清洁的环境、安全有序的治安、美丽的草坪，业主们都希望能有一个强有力且忠实可靠的业主组织负责和社区服务生产者进行谈判，维护业主的利益……同时，如果没有相应的制度规则约束和规范，没有相应的激励机制，业主或者居民们又总是倾向于多享受成果而少支付成本，甚至是不支付成本。因而，在社区治理实践中，人们总是寻找各种各样的借口少参加或者是不参加业主的集体活动，即使参加了也尽量少发表意见或者不发表意见。因为不参加业主集体活动或者仅仅是形式性的参与，远远地站在人群后面一声不吭，都丝毫不会减损自己对业主集体行动所带来的收益的分享。在社区治理实践中，我们时常看到有些业主总是寻找各种各样的借口少交或者不交物业服务费用。如果人人都这样做，那么最终导致的结果就是社区中的业主组织不起来，社区物业服务陷入"招聘—欠费—逃离—招聘"的恶性循环。这就是所谓社区公共事物治理中的集体行动困境。其实这一困境普遍地存在于人类社会生活的方方面面，针对这一困境所做出的决策既涉及重大的事件诸如战争或者和平，也会影响细微平凡的事项诸如日常生活中的信用与背叛等。集体行动困境长期以来受到了诸多学者的关注，也被人们赋予了许多名称，诸如奥尔森和萨缪尔森称之为"公共物品或者集体物品问题"①，Alchian 和 Demsetz 称之为"逃避问题"②，埃德尼、格罗斯曼和哈特称之为"搭便车问题"③，哈丁称之为"公地悲剧"④等。

二 治理责任难题

"治理责任"的问题，或者说是委托—代理问题是社区公共事物治理面临的第二个难题。我们知道，凡是有委托—代理关系的地方，就有可能存在委托—代理的问题。所谓委托—代理的问题，是指"在这些场合，如果代理人得知，委托人对代理人的行为细节不很了解或保持着'理性的无知'，因而自己能采取机会主义行为而不受惩罚，那么代理人就会受诱惑而机会主义地行事。如果委托人要想发现代理人实际上在干什么，就需耗费很高的监督成本（信息不对称）"⑤。一旦社区业主形成了集体行动，选择建立了业主组织负责社区公共产品或者服务的组织提供；并且通过内部生产、外包生产或者是被外部强加等形式安排了社区公共产品或者服务的生产者，那么如何使业主组织和服务生产者忠实地代表社区业主的利益就是社区治理面临的一个突出问题。尤其是在当前中国，在正式的产权制度以及市场规制不完善的情况下，在新建社区这种陌生人社会中非正式的社会网络还不发达的行动场域中，作为治理者的业主组织以及作为社区公共产品和服务的生产者的物业服务公司或其他生产组织会更容易因自

---

① Olson, Mancur (1956). *The Logic of Collective Action: Public Goods and the Theory of Groups*. Cambridge, MA: Harvard University Press; Samuelson, P. A (1954). "The Pure Theory of Public Expenditure". *Review of Economics and Statistics* 36 (November): pp. 387 – 389.

② Alchian, Armen A., and Harold Demsetz (1972). Production, Information Costs, and Economic Organization. *American Economic Review* 62 (December): pp. 77 – 95.

③ Edney, Julian (1979). "Freeriders en Route to Disaster". *Psychology Today* 13 (December): 80 – 102; Grossman, Sanford J., and Oliver D. Hart (1980). Takeover Bids, "the Free - Rider Problem, and the Theory of the Corporation". *Bell Journal of Economics* 11 (spring): pp. 42 – 64.

④ Garrett Hardin (1968), "The Tragedy of the Commons", *Science*, 162 (1968): pp. 1243 – 1248.

⑤ 〔德〕柯武刚、史漫飞：《制度经济学：社会秩序与公共政策》，韩朝华译，商务印书馆，2000，第 77 页。

我利益的考量而背叛业主的共同利益。

集体行动和治理责任难题是社区公共事物治理所面临的困境，也是人类社会公共事物治理所面临的困境。长期以来，人类治理形态发展演进的历史同时也是人类不断对这两个难题进行解答的过程。人们对这两个难题给出的答案，对于寻找用来解释影响社区治理绩效的关键变量，进一步设计持续性自主治理的制度基础不无助益。在下面的两节中，将集中探讨集体行动和治理责任理论，追踪这两个领域的最新发展，以便为开发研究社区治理的业主选择模型打下理论基础。

第二节　集体行动的分析路径

集体行动难题历来被看作是制约公共事物合作治理的瓶颈，尤其是与"公地悲剧"和"囚徒困境"模型联系起来之后，人们对公共事物治理中自发的集体行动就更为悲观了。"囚徒困境博弈深深地吸引着学者。个人理性的策略导致集体非理性的结局这一悖论，对理性的人类能够取得理性的结果这一基本的信念似乎构成了挑战。"[①] 在这一观念的指导之下，公共事物治理的政策选择只有两个：以利维坦为"唯一"方案，或者以私有化为"唯一"方案。

然而，随着人们对事件的观察和思考，公共事物治理中成功的集体行动的案例打破了集体行动难题的寓言，这就促成了人们对以"哈丁"和"奥尔森"等为代表的第一代集体行动理论的反思。在修正了第一代集体行动理论关于集体行动中的人性的认识偏见，引入了多层次博弈分析，融入了社会资本的相关思想之后，人们发展出了第二代集体行动理论。这一理论使得人们走出了"公地悲剧"这一普遍寓言的阴影，对公共事物治理中集体行动形成的可能性有了新的较以前更为乐观的认识。

一　理性个体假设中的第一代集体行动理论

人们对集体行动问题早有觉察，在引入了博弈分析工具之后对其有了

[①] 〔美〕埃莉诺·奥斯特罗姆：《公共事物治理之道》，余逊达译，上海三联书店，2000，第15页。

更为深刻的认识。对"公地悲剧"的认识最早可以追溯到亚里士多德那里，他在《政治学》一书中就注意到："凡是属于多数人的公共事物常常是最少受人照顾的事物，人们关心着自己的东西，而忽视公共的事物。"[①] 霍布斯关于在自然状态中的人的故事是公地悲剧的一个原型：人们寻求他们自己的利益，最后彼此相互厮杀[②]。此后在 1833 年，威廉·福斯特·里奥德提出过一个关于公地的理论，认为公共财产会被不计后果地使用。随着加勒特·哈丁富有挑战性的文章 1968 年在《科学》杂志上发表以来，"公地悲剧"就成了在公共事物的治理中，由于个体的理性行为而导致集体的悲剧这一治理困境的特定称谓。哈丁得出的结论是："这是一个悲剧。每个人都被锁定进一个系统。这个系统迫使他在一个有限的世界上无节制地增加他自己的牲畜。在一个信奉公地自由使用的社会里，每个人追求他自己的最佳利益，毁灭是所有人趋之若鹜地目的地。"[③] 此后的"囚徒困境"将"公地悲剧"理论模型化，用博弈模型演示了个体理性导致集体非理性的逻辑，也就是说在这种博弈中个人基于自身的理性算计，采用相应的策略性行为，其最终的结果是形成行动者之间的"纳什均衡"，"囚徒困境"是"纳什均衡"的典型案例[④]。囚徒困境博弈深深地

---

① 〔古希腊〕亚里士多德：《政治学》，吴寿彭译，商务印书馆，1965，第 422~423、433 页。
② 〔英〕霍布斯：《利维坦》，商务印书馆，1997，第 128 页。
③ Garrett Hardin (1968), "The Tragedy of the Commons", *Science*, 162 (1968): 1243 – 1248.
④ 1950 年，由就职于兰德公司的梅里尔·弗勒德（Merrill Flood）和梅尔文·德雷希尔（Melvin Dresher）拟定出相关困境的理论，后来由顾问艾伯特·塔克（Albert Tucker）以囚徒方式阐述，并命名为"囚徒困境"。经典的"囚徒困境"如下：警方逮捕甲、乙两名嫌疑犯，但没有足够证据指控二人入罪。于是警方分开囚禁嫌疑犯，分别和二人见面，并向双方提供以下相同的选择：若一人认罪并做证检控对方（相关术语称"背叛"对方），而对方保持沉默，此人将实时获释，沉默者将判监 10 年。若二人都保持沉默（相关术语称互相"合作"），则二人同样判监半年。若二人都互相检举（互相"背叛"），则二人同样判监 2 年。用表格概述如下：

	甲沉默（合作）	甲认罪（背叛）
乙沉默（合作）	二人同服刑半年	甲实时获释；乙服刑 10 年
乙认罪（背叛）	甲服刑 10 年；乙实时获释	二人同服刑 2 年

　　如同博弈论的其他例证，囚徒困境假定每个参与者（即"囚徒"）都是利己的，即都寻求最大自身利益，而不关心另一参与者的利益。参与者某一策略所得利益，如果在任何情况下都比其他策略要低的话，此策略称为"严格劣势"，理性的参与者绝不会选择。另外，没有任何其他力量干预个人决策，参与者可完全按照自己意愿（转下页注）

吸引着学者。Richmond Campbell 和 Lanning Sowden 指出了囚徒困境博弈的深刻意涵,"非常简单,这些悖论毫无疑问地抛弃了我们对理性的解释,并且就如囚徒困境的例子所揭示的那样,它说明理性的生灵之间的合作是不可能的。因此,它们直接影响着伦理学和政治哲学的基本问题,同时威胁着整个社会科学的基础"①。

如果说囚徒困境的博弈分析动摇了人类群体理性基础的话,那么曼瑟尔·奥尔森(Mancur Olson)关于"集体行动的逻辑"的论述则进一步挑战了群体理论以及群体合作治理的可能性。群体理论认为:具有共同利益的个人会自愿地为促进他们的共同利益而行动。奥尔森在《集体行动的逻辑》一书中对认为只要存在着一种与群体有关的利益就足以激发集体的行动去获取这一利益的假定提出了挑战,他以个人追求他们自己的福利为参照,对促使个人追求他们的共同福利的困难性,做了一个与囚徒困境博弈密切相关的考察。奥尔森就达成集体行动的困难给出了明确的阐述,"除非一个群体中人数相当少,或者除非存在着强制或者其他某种特殊手段,促使个人为他们的共同利益行动,否则理性的、寻求自身利益的个人将不会为实现他们共同的或群体的利益而采取行动"②。奥尔森指出

(接上页注④)选择策略。

  囚徒到底应该选择哪一种策略,才能将自己个人的刑期缩至最短?两名囚徒由于隔绝监禁,并不知道对方选择;而即使他们能交谈,还是未必能够尽信对方不会反口。就个人的理性选择而言,检举背叛对方所得刑期,总比沉默要来得低。试设想困境中两名理性囚徒会如何做出选择:若对方沉默、背叛会让我获释,所以会选择背叛。若对方背叛指控我,我也要指控对方才能得到较低的刑期,所以也是会选择背叛。二人面对的情况一样,所以二人的理性思考都会得出相同的结论——选择背叛。背叛是两种策略之中的支配性策略。因此,这场博弈中唯一可能达到的纳什均衡,就是双方参与者都背叛对方,结果二人同样服刑2年。

  这场博弈的纳什均衡,显然不是顾及团体利益的帕累托最优解决方案。以全体利益而言,如果两个参与者都选择合作保持沉默,两人都只会被判刑半年,总体利益更高,结果也比两人背叛对方、判刑2年的情况较佳。但根据以上假设,二人均为理性的个人,且只追求自己个人利益。均衡状况会是两个囚徒都选择背叛,结果二人判决均比合作为高,总体利益较合作为低。这就是"困境"所在。例子漂亮地证明了:非零和博弈中,帕累托最优和纳什均衡是相冲突的。

① Richmond Campbell and Lanning Sowden (1985). ed. *Paradoxes of Rationality and Cooperation*: *Prisoner's Dilemma and Newcomb's Problem*, University of British Columbia Press, 1985.

② Mancur·Olson (1980). *The Logic of Collective Action*: *Public Goods and the Theory of Groups*. Harvard University press, Cambridge, Massachusetts, p. 38.

了仅仅为共同利益尚不足以促成共同利益社群成员采用合作行为，不足以达成集体行动，除非社群的人数相当少或者存在着外在的强制或者是其他的某种特定的手段。

公地悲剧、囚徒困境以及集体行动的逻辑分别从不同的角度阐述了共同利益社群形成集体行动，进行合作治理的难度。这些模型其实揭示了共同利益社群面临的一个共同实质性的问题，那就是在面临不可排他或者很难排他的公共事物的消费和占有的情况下，作为理性的行动者的个体往往采取搭便车等策略性行为。如果关于共同事物治理中的行动者都采用搭便车的行为，那么就不会有共同事物的合作治理，也就不会有集体行动的形成，最终会导致共同利益的毁灭。

从人类社会中公共事物治理的实践来看，上述的"公地悲剧""集体行动的逻辑"以及"囚徒困境"等模型其实只反映了公共事物治理的一种情形，尽管个体的理性导致集体非理性的公共悲剧经常发生，但是公共悲剧并非所有公共事物治理的普遍命运。因为，以奥尔森、哈丁等为代表的学者所开创的"第一代集体行动理论（first-generation of collective-action theories）"①是建立在原子化的、自私的、理性的个体人这一普遍假设基础上，而这些假设并未完全反映现实世界的真实状况。第一代集体行动理论的众多模型阐释了一群参与博弈的人通过个体的理性计算和行为策略的选择导致了最终的纳什均衡，而这一均衡结果相对于人们合作所能获得效果而言是次优选择。实际上人们具有更优的选择。

第一代集体行动理论的模型化论证主要借助于"囚徒困境"等非合作博弈理论，但非合作博弈并不能涵盖现实世界中的所有情形，因为诸如"囚徒困境"的非合作均衡的达成主要建立在三个前提之上：（1）行动者之间没有沟通和互动机制；（2）行动者在给定的制度规则下行动；（3）行动者之间的博弈是非重复的。

除此之外，第一代集体行动理论的假设还有如下几个方面：（1）所

---

① Elinor Ostrom andT. K. Ahn 在《社会资本的基础》一书的前言中提出了"第一代集体行动理论"和"第二代集体行动理论"的区分。详细情况参看 Elinor·Ostrom and T. K. Ahn（2003），"Introduction to 'Foundations of Social Capital'"，Edward Elgar Publishing Limited，pp. xv。

有的参与者对外生的行动结构都具有共同认知,对所有行动者因任何的行动策略组合所获得的收益也具有共同的认知;(2)行动者的行动策略决策时常是同时且单独做出的;(3)在对称的博弈中所有的行动者具有选择任何行动策略的机会是对称的;(4)没有外部的(中央政府)机构就行动者之间就其行动策略选择达成的协议而采取强制执行[①]。只有在这些前提下,有着高贴现率、互相之间缺乏信任的人们,在缺乏沟通能力、无法达成有约束力的协议、无法建立监督和实施机制的情况下各自独立行动时,是不太可能选择符合他们共同利益的策略的,才会陷入"囚徒困境"的悲剧。

　　从人类社会治理的实践角度来看,第一代集体行动理论的假设都是值得反思的。这里主要集中对第一代集体行动的集中代表"囚徒困境"模型进行反思。(1)在"囚徒困境"模型中,行动者之间由于人为的因素相互之间不能进行沟通和互动,而现实世界中,尤其是一些小规模的公共事物的治理实践中,行动者之间是可以进行沟通和互动,进行信息的共享的。"规模较小的公共池塘资源中资源占用者的行为,这些模型就几乎派不上用场。在这种情形中,人们经常不断地沟通,相互打交道,因此他们有可能知道谁是能够信任的,他们的行为将会对其他人产生什么影响,对公共池塘资源产生什么影响,以及如何把自己组织起来趋利避害。"[②](2)模型中行动者的选择行为是在给定的制度规则的约束下进行的,已有的关于公共事物治理的分析往往假定行动者只能在既定的制度规则下进行活动,其分析往往集中于单一层次。然而,在现实的情境中,具有自主组织和自主治理能力的行动者不仅在操作层次进行着关于公共事物的生产、分配、消费等选择活动,而且还就其治理的模式、集体决策的规则等进行自主的选择,同时行动者的选择还可以扩展到就谁有资格对特定范围的公共事物的治理具有发言权、决策权和治理资格等宪政层面。(3)模

[①] Elinor Ostrom. "A Behavioral Approach to the Rational Choice Theory of Collective Action Presidential Address, American Political Science Association, 1997," *American Political Science Review*, Vol. 92, No. 1 March 1998.

[②] Elinor Ostrom (1990), *Governing the Commons: The Evolution of Institutions for Collective Action*, Cambridge: Cambridge University Press.

型中的博弈是一次性的非重复博弈。单次发生的囚徒博弈和多次重复的囚徒博弈结果不会一样。在重复的博弈中，囚徒之间的策略选择会反复地进行，且会在每次博弈之后得到相应策略的效果反馈。因而每个参与者都有机会去"惩罚"另一个参与者前一回合的不合作行为。久而久之，合作策略可能会作为均衡的结果出现。欺骗的动机这时可能因受到惩罚的威胁而克服，从而可能导向一个较好的、合作的结果。作为反复接近无限的数量，纳什均衡趋向于帕累托最优。正如埃莉诺·奥斯特罗姆教授所言，"这些模型显示的是，处在特定的无法改变的环境中的人们会做什么。但这些模型并没有告诉我们，当人们具有重塑自己环境的自主权、能够影响各自的行为规范和预期利益时，他们会做什么"[1]。

从实践的角度而言，第一代集体行动理论的假设并不符合现实世界中的所有情形[2]。从现实的情况来看，人性并非都是自私自利的，并非善恶判然分别，而是多样化的[3]。人的行为也并非完全建立在理性算计的基础上。类似奥尔森所讲的理性个体的"薄模型"（"Thin" model of the rational individual）在近年来受到了来自理论和经验的严厉批判，厄尔斯特等相关研究者认为这一模型并未将那些使人之所以成为人的诸如感情、激情和有限的理性等因素纳入考察之列[4]。各种各样的所谓的"厚模型"

---

[1] Elinor Ostrom (1990), Governing the Commons: *The Evolution of Institutions for Collective Action*, Cambridge University Press, p. 28.

[2] 关于公地悲剧、集体行动的逻辑以及囚徒困境模型的适用性的问题，杨光斌在《奥尔森集体行动理论的贡献与误区》一文中认为奥尔森的集体行动理论不仅存在问题，而且还有重大的误区。他认为奥尔森的贡献在于发现了日常经济生活中无组织的集团行动的困难性，他的"搭便车"假设也能够解释一次性利益博弈。但是，奥尔森集体行动理论存在重大误区：以分析无组织的大型集团的"集体行动的逻辑"来分析小型集团的行动；以一次博弈结局而解释作为多次博弈均衡的国家兴衰；奥尔森对传统的集团理论、多元论和国家理论的否定违反了制度变迁的基本事实；作为霍布斯主义者的奥尔森完全无视制度和道德的约束。参见杨光斌《奥尔森集体行动理论的贡献与误区——一种新制度主义的解读》，《教学与研究》2006 年第 1 期。

[3] "林子大了什么鸟都有""性相近，习相远"等俗语即概括反映了人们对人性的差异性的朴素而深刻的认识。其实，美国著名的集体行动理论家 Elinor. Ostrom 等人经过大量的田野和室内实验证明了人性并非全然自私。参看：Elinor. Ostrom (1998), "A Behavior Approach to the Rational Choice Theory of Collective Action", *American Political Science Review*, 92 (1) (March): 1-22。

[4] Sarah Gillinson (2004), "Why Cooperate? A Multi-Disciplinary Study of Collective Action," Working Paper234, Overseas Development Institute Ⅲ Westminster Bridge Road, London.

("Thick" model) 试图超越理性个体的假设，回归到一个关于人类决策和集体治理的更为现实的分析范式。另外，个人并非是作为孤立的、原子式的个体存在，人往往是生活在一定的社会网络之中（social network）①。当前流行的社会资本理论便发现了人际网络对人群中的合作达成的重要作用。

第一代集体行动理论解释了局限性的根源在于那些学者试图用单一模型来解释所有的行动情景，而没有顾及"人性"的多样性、行动情景的多样性和制度规则的多样性。从政策的角度来看，那些认为所有的人类行为都可以是用理性的自我主义者模型进行解释的学者，将类似"利维坦"的治理模式作为救治集体行动困境这一顽疾的唯一药方②就不足为奇了。幸运的是，那些专注于从行为主义路径分析集体行动过程的学者，为我们超越第一代集体行动理论关于公共事物治理的悲观预言打开了希望之窗，那就是社会资本及第二代集体行动理论，而追踪这一集体行动理论的最新发展趋势正是下一小节的核心内容。

二　社会资本视野下的第二代集体行动理论

第一代集体行动理论是对那种认为人性普遍为善，所以具有共同利益的地方人类当然地会合作③的看法的一种反叛，但其在原子式的、理性的、自利的个人主义假设的基础上走得太远了，以至于对人类的自主治理能力产生了根本性的怀疑。这一理论也因此而付出了代价，对于现实中频频出现的自主合作案例难以给出令人满意的解释。异例的出现和增多就意味着已有理论遭遇范式危机，随之而来的应当是理论范式的更迭。集体行动理论学者不失时机地对第一代集体行动理论进行了反思和修正，并将社会资本的理念和思想成功整合进了集体行动的解释范式，形成了第二代集体行动理论。第二代集体行动理论超越了第一代集体行动理论关于人性的

---

① 我们日常生活中所说的"圈子"就是一例，大量关于"社会资本"的相关研究就揭示了这一事实。
② Elinor Ostrom (2005), *Understanding Institutional Diversity*. Princeton and Oxford: Princeton University Press.
③ 相关观点参看：Bentley, A. (1949). *The Process of Government*. Evanston, IL: Principia Press; Truman, D. B. (1958). *The Governmental Process*. New York: Knopf.

单一假设，将人性的多元性作为对人的行为模型化的核心原则；超越了人类对行动格局的被动服从，引入了对人的行动的多层次的分析[1]；不只局限于非合作博弈模型的运用，并在其基础上引入了行为及演化博弈模型及其他的演化模型[2]。理论范式的转换大大地提升了理论的解释力度，拓宽了理论的解释范畴，也为我们认识人类的自主治理能力指明了努力的方向。

尽管社会资本这一概念出现很晚[3]，直到20世纪80年代末，著名学者詹姆斯·科尔曼才对社会资本概念系统地进行了概念化，但此后研究进展缓慢。直到20世纪90年代初，随着罗伯特·普特南的标志性著作《使民主运转起来》的出版，社会资本的相关研究才进入了快速发展和繁荣时期[4]。然而，这一概念所指代的相关思想却并不算新奇，其实苏格兰启蒙时代的杰出学者早就注意到了这一现象，例如亚当·弗格森和亚当·斯密曾经指出社会内部的结构和资源（亚当·弗格森称之为"市民社会"）对一个国家的政治和经济的健康发展具有重要影响。詹姆斯·麦迪逊曾经表示1787美国宪法要和美国人民的"天赋"或者社会文化和弦。托克维尔将美国民主的发展归因于美国的物理自然情境、制度规则及民情，三者之中尤以民情（habits of the heart）最为重要。这些学者虽然使用了不同的概念，但都表达了社会资本的精义。

宽泛地讲，所谓的社会资本就是个人在过去的行为中所创造的一套价值和关系，这些价值和关系可资其在现在或者将来使用以帮助其克服所遭

---

[1] 制度分析学者认为人类的博弈不仅发生在单一的行动场域（action area），而且涉及操作层次、集体选择层次、宪政层次以及元宪政层次等多层次的行动场域，人类的能动性存在于所有的行动场域之中，人类可以根据在行动中所遭遇到的困境而向更高层次场域求救，从而改变不利的行动结构，促成事物治理向合作共益的方向发展。详细内容参看：Larry L. Kiser and Elinor Ostrom, "The Three Worlds of Action: A Met theoretical Synthesis of Institutional Approaches." In Elinor Ostrom, ed. (1982), *Strategies of Political Inquiry*. Beverly Hills, CA。

[2] 演化博弈论主要是通过放松对非合作博弈论的严格理性假设，从而允许研究者探讨行动者的选择和偏好是如何随着其在重复博弈过程中的学习而演进。

[3] 据考证诺贝尔经济学奖获得者舒尔兹、狄奥多尔（Schultz、Theodore W.）最早在其文章《投资人力资本》中提出了"社会资本"这一概念，参见：Schultz, Theodore W. (1961), "Investment in Human Capital." *The American Economic Review*, Vol. 51, No. 1, pp. 1–17。

[4] 据统计，对公开使用社会资本概念的文章和书籍的引文数量在1991年只有两次，到2006年达到443次之多。

遇的社会困境。社会资本反映了一种试图对社会中的大小群体的文化、结构和制度等方面的因素如何与社会的经济、政治发生互动并促成后者变化这一问题做出解释的理论努力。长期以来，关于社会资本的研究比较混乱，主要是因为社会资本的研究阵营自身出现了不一致的观念，一些学者比较注重群体中文化因素的研究，主要是解释人际信任关系对群体合作行为的影响[1]，他们认为人际的联系和互动会改变人的价值，而价值的改变则可能在人群中形成互惠的规范和信赖关系，从而促成群体中合作行为的产生。另一些学者则注重群体中组织结构、制度规则的影响，在他们看来价值和文化因素只是激励结构的附带产品，他们认为即使不改变回报结构，具有某种特性的群体行动结构就足以促成合作，例如固定成员之间的重复性的互动博弈，在博弈群体成员之间传递某成员的意图和行为的信息等[2]。制度对人类合作行为的影响是毫无疑问的，尽管制度究竟属不属于社会资本的范畴仍是一个有争议的话题。对社会资本研究的关键性的分歧主要是信任（trust）、可信赖（trustworthiness）以及互惠的规范（norms of reciprocity）是否属于社会资本及其在社会资本分析框架的因果关系链中的位置。

第二代集体行动理论对社会资本理论中的结构和行为的分歧采取了更具有包容性的立场，将两者成功地整合进了集体行动的分析框架之中。社会资本理论和集体行动理论尤其是进入行为、演化和间接演化阶段的集体行动理论之间有着密切的联系。社会资本是解释个体的努力对于达成集体目标至为关键的情景的分析框架的核心概念[3]。当代的社会资本学者几乎

---

[1] 一些学者主张"软性社会资本"，主要探讨组织群体的文化和人际信任关系对群体行为的影响。详细情况参看：Fukuyama, Francis (1995). Trust: *The Social Virtues and the Creation of Prosperity*. New York: The Free Press; Bowles, Samuel, and Herbert Gintis (2002), "Social Capital and Community Governance," *Economic Journal*; Donalson, Thomas (2001), "The Ethical Wealth of Nations," *Journal of Business Ethics* 31 (1); Yamagishi, Toshio (2001), "Trust as a Form of Social Intelligence," in *Trust in Society*, ed., Caren Cook, 121 – 147. New York: Russell Sage Foundation。
[2] 这一类研究者主要是一些博弈论的专家，他们更注重行动者所面临的激励结构对行动者所采取的行为策略的影响，而不很重视行动者个体的价值观念的变化对其行动的影响。
[3] T. K. Ahn and Elinor Ostrom, "Social Capital and the Second – Generation Theories of Collective Action: An Analytical Approach to the Forms of Social Capital." Presented at the 2002 Annual Meeting of the American Political Science Association, Boston, Massachusetts, August 29 – Setember 1, 2002.

毫无例外地在其研究的开篇将集体行动问题界定为经济或者政治问题的中心,并且普遍使用集体行动范式来构造其研究的问题。同时,将社会资本中的各种要素,诸如可信赖、网络和制度纳入集体行动的分析框架之中是学者们时常采用的做法,但是如何做到这一点,却少有严肃的正规的分析模型。在第二代集体行动理论研究者看来,可信赖(trustworthiness)、网络(network)和正式与非正式的规则制度(formal and informal rules or institutions)是社会资本的三种最基本的形式[1],这意味着这三个因素作为一个独立的投入变量对社会的经济和政治过程及结果发生影响。无论是可信赖、网络还是正式或非正式的制度规则都是解释代理人采取互惠性行为的原因。社会资本如何促成人际的互惠合作,如何促进集体行动的形成?第二代集体行动理论学者认为无论什么形式的社会资本要素无一例外的都是通过促成行动者之间的"信任"(trust)而导致成功的集体行动的发生。换言之,信任是联系社会资本和集体行动的核心纽带[2]。当行动者是可信赖的、与其他行动处于嵌套社会网络之中,并且受到那种奖励诚实行为的制度规则的约束时,行动者之间的信任会形成。信任、社会资本的形式以及他们与集体行动的形成之间的联系的详细情况参看图4-1。

可信赖(Trustworthiness)和集体行动。可信赖在这里主要是指那种促使个体在面临社会困境时采取互惠合作行为的个人特性,即使在没有制度约束或者说没有相应的激励结构的情况下这种特性仍能使个体采取互惠合作行为。可信赖是一种相对独立的内在于个体人性中的非自私的行为动机[3]。这种内在于个体的人性特质在人之间具有极大的差异性,一些博弈论学者将规范

---

[1] Elinor Ostrom and T. K. Ahn (2008), "The Meaning of Social Capital and Its Link to Collective Action," in Handbook on Social Capital, ed. Gert T. Svendsen and Gunnar L. Svendsen. Northampton, MA: Edward Elgar.

[2] 信任自身并非是社会资本的构成要素,但它是连接社会资本和成功的集体行动的中间变量。其实信任和可信赖是人类活动普遍存在的现象,肯尼斯·阿罗就曾经指出,事实上每一个商业交易本身都存在着信任的因素,那种长时期的交易活动中当然更存在着信任关系;而几乎可以肯定地认为世界上许多经济的衰退都可以归因于行动者之间互信的缺失。参看:Kenneth Arrow (1972), "Gifts and exchanges," Philosophy and Public Affairs, 1, pp. 343 – 362.

[3] 有大量的经验研究认为在涉及共同利益时虽然人们并不总是互惠合作,但也并非像第一代集体行动理论所认为的那样,即每一个人都会采取背叛策略。因为在公共事物的相关实验中人们发现有相当数量的行为者会采取不同程度的互惠合作行为。(转下页注)

```
可信赖（Trustworthiness）
                          情景变量（Contextual variables）
网络（Networks）  ──────→ 信任（Trust） ──────→ 集体行动（Collective action）
制度（Institutions）
```

图 4-1　信任、社会资本的形式以及他们与集体行动形成之间的联系

资料来源：Elinor Ostrom and T. K. Ahn (2008), "The Meaning of Social Capital and Its Link to Collective Action," in Handbook on Social Capital, ed. Gert T. Svendsen and Gunnar L. Svendsen. Northampton, MA: Edward Elgar.

纳入博弈模型的分析，认为人类在群体活动中采取何种行为不仅取决于制度规则和报酬的激励，而且受到可信赖的这种内在的价值的影响，那些完全自私个体的可信赖特质是 0，也就是说在其看来其行为效用不会因为造成别人对自己的不信任而打折扣，除非面临着制度约束或者说刺激性的激励机制，否则他们绝不会在群体活动中采取互惠合作策略。而那些完全利他的个体的可信赖特质的值是 1，这些个体是完全可信赖的，他们随时都会采取彻底的互惠合作策略，即使在相应的社会资本等激励结构缺失的情况下他们仍会如此行为。常见的个体的可信赖程度不同，就大多数人而言，他们通常既不是完全值得信赖，也不是完全的"自私鬼"，他们处于中间状态。因而，从人类社会整体来看，人们的可信赖程度的分布呈现出由完全的"活雷锋"和完全的"自私鬼"作为两个端点连接起来的波谱形态。

在分析集体行动时，除了前面提到的网络、制度等外在的激励结构之

(接上页注③) Ahn 等人模仿单轮"囚徒困境"博弈所做的一系列实验发现人类并不全是为了个体利益而背叛他人，行为博弈论学者 Fehr 和 Schmidt，Bolton 和 Ockenfels 等通过一系列分析发展出了一个反映个体的内在动机异质性的正式模型。具体参看：Ahn, T. K., Elinor Ostrom, and James Walker (2003), "Heterogeneous preferences and collective action", *Public Choice*, 117 (3-4), 295-314; Fehr, Ernst and Klaus Schmidt (1999), "A theory of fairness, competition, and cooperation", *Quaterly Journal of Economics*, 114, 817-868; Crawford, Sue E. S. and Elinor Ostrom (2005). "A grammar of institutions", in Elinor Ostrom (ed) *Understanding Institutional Diversity*, Princeton, NJ: Princeton University Press, pp. 137-174. Originally published in *American Political Science Review*, 89 (3) (1995), 582-600。

外，内在于行为者心理之中的可信赖等价值判断促使个体对其在集体行动中采用的行为策略，对"公平""平等"影响的考虑，也是决定他们在群体活动中采取合作互惠行为与否的重要因素。当行动者在乎自身的可信赖程度，建立起可信赖的形象时，他们就易于与他人形成信任关系，从而就比较容易形成互惠合作和集体行动。可信赖等内在价值之所以会对个体在集体行动情境中的策略选择产生作用，主要是因为当个体采取背叛策略而违反了人类社会生活的惯常规范时就会被他人看作是"不可信赖的"，行为者个体也会因此而陷入自我谴责、内疚、惭愧和悔恨的境地。这种负面影响不是因为外在机制的有形惩罚或者制裁而产生的，而主要源于作为社会人的个体在不同层次的人际交往中形成的无形的社会规范。这种社会规范是在个人的成长过程和人际交往中内化成行为个体的价值。另一方面，集体行动情境中行为者如果采用合作互惠的策略，就会被他人看作是"可信赖的""可靠的"，而互惠合作者本人也会因此而感到体面、高兴、自豪、优越和富有成就感；越是在具有挑战性的情境中，具有可信赖特质的个体就越会被人们珍视，互惠合作者因其合作行为所得到的内在愉悦程度也就越高。哲学家们对内在于个体的价值观对其行为的影响早有论述[①]，他们的观点与个体的"可信赖"特质的分析是殊途同归，后者通过博弈论等形式将个体内在的可信赖等价值因素模型化而引入到了对人际的合作和集体行动的分析中。

社会网络（Social network）和集体行动。社会网络是一种重要的社会资本，能够促成集体行动的达成。给网络做出一个严格的定义是一件非常困难的事情，因为人们对网络的界定既有宏观的一概而论，也有微观的具体分析。社会网络简单地讲就是一种关系，是一种人际关系，比较正规地

---

① 在对人的道德的主观基础的考察中，历代思想家都给予良心以充分的关注，认为人的道德行为在很大程度上发源于人的良心，用康德的话说，良心是人自我立法的立法者，康德认为良心为人的自我进行立法，即使在一个法纪松弛的国家里，一个有良心的人也不会胡作非为，良心为人制定出了那些社会的立法者忘记制定的法律。除了康德之外，对人的内在价值的功用持有类似看法的哲学家还有费尔巴哈，费尔巴哈认为，"良心是在我自身中的他我……我的良心不是别的，而只是我的自我，既要放在受损害的你的地位上的自我；不是别的，而是他人幸福的代理者，即立足在自己追求幸福的基础上和根据自己追求幸福的命令的他人幸福的代理者"。从规范性的角度对人的内在价值的分析参看张康之《论人的良心及其功用》，《成人高教学刊》2003 年第 6 期。

讲，所谓社会网络就是由个体与个体之间、个体与群体之间以及群体与群体之间各种各样的关系组成的各种社会结构。

当人之间的博弈是重复性的或者说发生在固定的社会网络之中，行动者个体就更可能采取合作互惠的策略，而较少采用背叛或者是攫取的行为策略。在网络之中的博弈者不需要具备上面所论述的"可信赖"的特质来遏制其背叛或者是攫取的倾向，因为在社会网络理论者看来，主要是外在的网络或者说重复性博弈过程而非行动者内在的"可信赖"特质是促成其采用互惠合作策略的重要因素。

处于网络中的行动者之所以倾向于采取合作行为，达成集体行动，主要是基于如下两个方面的原因：（1）网络中重复性的互动博弈会使得身处其中的行动者认识到采用互惠合作策略符合其利益，而背叛或者攫取的行为最终只会损害其自身的利益。依据其身处的人际网络形成的规范行事将会增加行动者未来的收益，这种收益要比采用即时的背叛或攫取行为所要得到的收益更大。我们甚至可以说，正是由于个体的理性算计和自利使得他更愿意追逐长期的、更多的收益而抵制当前相对少量收益的诱惑。（2）网络所具备的向其他行动者传播相关行动者信息的功能是促成人们采取合作行为，达成集体行动的另一个重要的原因。关于某一特定行动者目前在集体行动中所采用的行为策略的信息，会使得其他行动者形成对这一特定行动者的认知，从而根据这种认知来确定其如何在未来与这一特定行动者进行互动。因而，采用背叛或攫取策略的行动者的行为很快就会被其他的行动者所知晓，他会在较短的时间内"臭名昭著，身败名裂"，因而也会大大地丧失在未来与其他行动者互动的机会，从而极大地损害了自己将来在网络互动中的收益。因此在网络中采取损害群体共同利益行为的行动者，会受到来自网络成员的社会压力或者是被排除出群体。所以社会网络具有促成群体成员之间达成可信赖承诺，形成集体行动[①]的功能。

制度（Institution）和集体行动。在第二代集体行动学者看来，制度也属于社会资本的范畴之列。制度通过塑造群体中行动者所面临的激励结

---

① Christiaan Grootaert and Thierry van Bastelaer（2002），*Understanding and Measuring Social Capital: A Multidisciplinary Tool for Practitioners*. Washington DC: The World Bank.

构而促使行动者之间形成信任关系,从而促进集体行动的达成。制度是一个比较宽泛的概念,主要是指那些用来界定什么样的行为或者结果是必须的(required)、禁止的(prohibited),或者允许的(permitted)的描述,以及在出现不遵从规则的行为时如何进行处罚的授权[1]。诺斯认为制度可以看作是人们设计的游戏规则(Rules)[2],规则是人类为了建立秩序并且增加对社会和群体行动结果的可预期性而努力的结果。

在第二代集体行动理论者看来,正式与非正式的制度都属于社会资本的范畴。从实践角度来看,人类社会生活是多种多样的,因而作为规范人们在社会生活情境中的行为的游戏规则必然也是多种多样的。在诺斯看来,正式与非正式的规则都属于制度的范畴之列。但究竟哪些制度的要素属于社会资本的范围,学者们并未就此达成一致意见。例如Grootaert等认为社会资本包括正式的制度结构,诸如政府、政治体制、法院系统以及公民和政治自由[3]。另一些学者诸如福勒(Fuller)和泰勒(Taylor)等则认为法律制度和政治制度不是有效地解决集体行动困境的手段,甚至有时还会破坏既有的社会合作基础[4]。就其实质而言,这两种意见是关于政府干预与社会自治关系的两种不同的主张。当然我们不主张政府对集体行动困境的全面干预,这样一来就会陷入"利维坦"这一霍布斯的治理路径之中。但不可否认的是,公正的正式法律制度、运行良好的政治机制等无疑会对人们解决集体行动的困境有助益。尽管政府权力不可能完全垄断社会的所有角落而彻底操控人类所有层面的行为和组织。但是政府是否容许或鼓励自组织活动,对人们是否能够形成自主治理具

---

[1] Crawford, Sue E. S. and Elinor Ostrom (2005). "A grammar of institutions", in Elinor Ostrom (ed), *Understanding Institutional Diversity*, Princeton, NJ: Princeton University Press, pp. 137 – 174. Originally published in *American Political Science Review*, 89 (3) (1995), 582 – 600; Elinor Ostrom, Roy Gander, and James Walker (1994). *Rules, Games, and Common - Pool Resources*, Ann Arbor: University of Michigan Press.

[2] North, Douglass C. (1990). *Institutions, Institutional Change, and Economic Performance*. New York: Cambridge University Press.

[3] Grootaert, Christiaan (1998), "Social Capital, Household Welfare and Poverty in Indonesia," Social Capital Initiative Working Paper no. 2148, Washington, DC: The World Bank.

[4] Fuller, Lon (1981), "The Problem of Social Order. Durham", NC: Duke University Press; Taylor, Michael (1982), *Community, Anarchy, and Liberty*. Cambridge: Cambridge University Press.

有关键性的影响作用。所以，在第二代集体行动学者看来，法治、民主氛围和构造良好的政府对任何社会的治理而言都是宝贵的社会资本[1]。

制度之所以能够促进人们之间的信任，使人们形成集体行动，主要是因为制度形成了一种激励机制，而这种激励机制则发挥着一种利益配置的调节功能。制度的形成主要是对行动者的行为进行约束和规范，如果行动者违反制度进行背叛或者攫取活动，就会被受害者发现并将其诉诸法院或者任何形式的裁判机构，从而形成对背叛者的惩罚。对违反规则的惩罚（包括有形和无形的惩罚）往往要比违反规则所得的收益大得多，所以作为具有理性计算能力的行动者在面临制度规则时，往往会抵制背叛的诱惑而与他人进行互惠合作。因此，在一个具有良好法治环境的国家，即使是陌生人之间的交易也能够很顺利地进行。人们之间会比较容易地形成信任和互惠合作关系。从本质上讲，这些交易和合作的进行并不是以对对方人品的信任为基础的，而主要基于是对社会制度规则的信任。所以，制度规则自身就是一种重要的社会资本，它可以促进人际间互信和合作关系的建立，促成集体行动的达成。

情景变量（Contextual variables）**与集体行动**。社会资本不是影响群体为解决"公地悲剧"问题而形成集体行动的唯一因素，情景变量不是一种社会资本，但是情景变量会影响到行动者之间的信任关系形成的难易程度，同时也会影响到集体行动达成的难易程度。有大量的研究已经证明群体的集体行动能否达成受到诸多因素的影响。例如，奥尔森在其具有广泛影响的著作《集体行动的逻辑》一书中就指出有两个方面的因素会影响到集体行动形成的可能性：（1）群体行动所要针对的物品的属性；（2）受到影响的群体自身的属性，在这些属性中奥尔森特别指出了群体规模对形成集体行动可能性的重要性，他认为在足够小的群体中人们搭便车的行动容易被发现，从而有利于遏制搭便车，促成集体行动[2]。

---

[1] Elinor Ostrom and T. K. Ahn (2008), "The Meaning of Social Capital and Its Link to Collective Action," in *Handbook on Social Capital*, ed. Gert T. Svendsen and Gunnar L. Svendsen. Northampton, MA: Edward Elgar.

[2] Olson, Mancur (1965). *The Logic of Collective Action*. Cambridge, MA: Harvard University Press.

情景变量没有一定之规，人类行动所面临的行动情景是多样性的，所以在一个行动情景中对集体行动的达成具有重要影响的因素，在另一个行动情境中也许就微不足道。因此，埃莉诺·奥斯特罗姆指出"在理解制度时面临的一个主要问题就与我们当前的生活情境的多样性密切相连。"[1] 我们不能奢望具有有限理性的学者预计到影响具体的集体行动的所有情景变量，但在这里我只是想指出考虑影响集体行动的情景变量的宏观方向，以提醒人们避免陷入社会资本的"万应灵药"的困境[2]。根据制度分析与发展分析框架（IAD）及相关研究的分析，笔者在这里将影响集体行动的情景变量归结为"生物物理环境""社群属性"以及"群体行动空间"三个方面[3]。

群体行动所针对的生物或者物理情景的属性会对集体行动的达成产生重要的影响。什么样的行动在物理上是可能的、行动会形成什么样的产出、行动与产出之间有什么样的关系等都会受到行动群体所面临的生物或者物理情景的约束。同样的社会资本在不同的生物物理情景中对集体行动的作用效果迥异。这种生物物理情景通常被政治经济学家当作所要生产、

---

[1] Elinor Ostrom（2005）. *Understanding Institutional Diversity*. Princeton University Press, pp. 4.

[2] 开出"万应灵药"（panaceas）是学者们易犯的一个通病，试图通过一剂良药救治诸种疑难杂症。然而从实际情况来看，这种理想只是一种奢望。可持续发展学者试图寻找出通向可持续治理的康庄大道，诸如政府化、市场化、地方化以及社区化都是流行的处方，但在多年的努力之后人们终于认识到自己所最需要做的就是超越万应灵药（going beyond panaceas），相关的论述参见：Fikret Berkes（2007）, "Community-based conservation in a globalized world"; John M. Anderies, Armando A. Rodriguez, Marco A. Janssen, and Oguzhan Cifdaloz（2007）, "Panaceas, uncertainty, and the robust control framework in sustainability science"; Ruth Meinzen-Dick（2007）, "Beyond panaceas in water institutions"; William A. Brock and Stephen R. Carpenter（2007）, *From the Cover: Going Beyond Panaceas Special Feature: Panaceas and diversification of environmental policy*. http://www.pubmedcentral.nih.gov/tocrender.fcgi?iid=150874Going Beyond。

[3] 制度分析与公共政策研究所开发的制度分析与发展分析框架（IAD）将"生物物理属性"（Biophysical/Material Conditions）、"社群属性"（Attributes of Community）和"制度安排属性"（Rules）作为影响行动场域结构的三组外部变量，详细内容参看：Larry L. Kiser and Elinor Ostrom, "The Three Worlds of Action: A Metatheoretical Synthesis of Institutional Approaches," in Michael D. McGinnis（2000）ed., *Polycentric Games and Institutions - Reading from the Workshop in Political Theory and Policy Analysis*. Ann Arbor: The University of Michigan Press; Elinor Ostrom（2005）. *Understanding Institutional Diversity*. Princeton University Press, pp. 4。

消费或者分配的物品或者服务。人们通常根据排他性（Excludability）和竞争性（Subtractability）程度的不同将物品或者服务分为纯粹公共事物（public goods）、俱乐部事物（toll goods）、共用事物（common-pool resources）和私人事物（private goods）等四种形态。针对公共事物起作用的机制可能对私人事物就很难奏效，对俱乐部事物起作用的机制可能对共用事物就很难奏效。因此，对群体行动结果的预期和考察除了要考虑社会资本的作用之外，还应当将群体行动所针对的生物物理情景纳入考虑的范围。

社群的属性也会影响到群体中集体行动达成的可能性和难易程度。社群属性涉及的因素众多，我们主要是对社群的人口学因素的考察。社群的属性主要涉及特定的社群中形成的价值规范和文化、人们对其群体中存在共同利益这一事实的认知程度、同一社群中成员偏好的异质性程度、社群规模的大小以及社群成员的组成结构、社群成员的社会经济地位差异程度等。这些方面的因素共同构成了一个社群属性，这些属性会对一个社群能否达成集体行动产生重要的影响，因此也是除了社会资本之外在研究集体行动时所应重点考虑的情景变量之一。

群体行动空间在这里不是指地理空间的大小，而主要是指群体行动自由程度的大小。一个群体是否有自由、是否有能力改变其所面临的行动结构，也会对其是否能够达成有效的集体行动产生重要的影响。在第一代集体行动理论看来，行动者是在既定的行动结构中进行活动的。然而，一个群体能否就制度创新达成集体行动要比就某项具体事物的治理达成集体行动更具有挑战性，但也因此而更具有意义。因为，通过制度创新，群体可以改变其所面临的制度困境。通过制度创新或者行动结构变革而改变群体所面临的激励结构这本身就是一种集体行动，而正是这一集体行动的达成成为许多群体克服"集体行动困境"的最终选择。因此，群体行动空间的大小也应当成为我们研究集体行动时必须要考虑的重要因素之一。

就公共事物治理而言，解决集体行动的难题之后，仍然面临着第二个难题，那就是治理责任的问题，换言之也就是委托—代理问题。当群体成员克服集体行动的困境，诚实地揭示了自己对公共产品或者服务的需求偏好，选举成立了相应的代理组织负责安排公共产品或者服务的生产之后，如何确保治理机构和生产机构忠实地向群体成员负责就成了必须考虑的重大问题。长期以来,政治学和行政学的许多研究主题都是围绕着治理责任问题而展开的,诸如民主选举、官僚制等是可以看作一种促成公共产品或者服务的组织者与生产者忠实地向民众负责的重要机制。对这些问题进行探讨是第三节的主要内容。

第三节 治理责任的分析路径

无论哪一类集体性事物的治理,都必须依靠一定的委托—代理机制进行。公共事物治理,不可能由每个个体亲自做出决策,也不可能由每个个体亲自就其所需的公共产品或者服务进行生产或者与其他组织直接谈判生产供给。因为公共事物不同于私人事物,公共经济①不同于私人经济,在公共经济的治理中必须要组织集体消费单位。在私人经济中,不必组织集体消费单位,个人和家庭户已经起到了积极介入需求表达和消费决策制定的作用。当公益物品和公共池塘资源的排他使用存在问题时,就有必要创建大于家庭户的集体消费单位,来克服搭便车以及偏好策略性显示的问题,来确定成本如何在受益者之间分担,安排生产,管制使用者的具体用途和分配。地方公共经济并不是市场。它们在结构上也不是等级制的。个人不能与他们所选择的任何零售商从事各种各样独立的交易活动。决定由个人组成的集体做出,集体负责提供税收收入,并向用户收费,以支付提供公益物品和服务的费用②。

随着集体消费单位的组织和生产单位的安排,必然在个体和两种组织之间产生两重的委托—代理关系:"个体——集体消费单位——生产单位。"那么,如何使得公共产品或者公共服务的组织者、生产者忠实地代表个体的利益,如何在双方之间形成强有力的责任机制就成了公共事物治理中继集体行动问题之后的另外一个难题了,这就是所谓的治理责任问题。治理责任问题是公共事物治理中普遍存在的问题。当集体消费单位组

---

① 公共经济与市场经济相对,由规模不一的集体消费单位构成,这些单位通过安排集体物品的生产,管制集体物品的使用者范围、用途的类型,以及分配集体物品来提供服务。
② Elinor Ostrom. "The Comparative Study of Public Economies." *The American Economist* 42 (Spring 1998): pp. 3 – 17.

成之后，确保社群的代理人忠实地代表社群成员的利益，确保公共产品或者服务的生产者忠实地按照社群成员的偏好和需求生产产品和服务是公共事物进行良好治理的重要保障。但问题是，作为社群成员代理人的集体消费单位却通常会谋求不同于社群成员的自身利益，生产单位也往往会追求自身的利益而不是"客户"的利益。因而，如何解决治理责任问题就成了人类社会治理实践遭遇的重要挑战之一。

根据人类社会治理的历史发展来看，人类发明的用于解决公共事物治理中的委托—代理问题的责任机制至少有五种，分别是"官僚制责任机制""民主责任机制""市场化责任机制""独立机构责任机制"和"社会责任机制"。对这五种责任机制分别进行探讨分析，在比较中追踪治理责任的发展趋势，并在此基础上思考如何在社区公共事物治理中确保责任的实现正是本节的核心内容。

一　官僚制责任机制

"官僚制是一种责任中心主义的体系。"①现代官僚制理论提出虽晚，但官僚体制却早就存在于人类的治理实践中了。韦伯对官僚制进行合理化论证之后，现代官僚制这一个责任体系就更加清楚地展现在人们眼前了。"在公共行政领域中，官僚制把官僚即行政人员的责任包容在技术化的设计之中了。也就是说，现代官僚制是西方理性传统与现代化大生产相结合的产物，它以规则的可预测性，即'对种种客观的目的的理性的权衡克服了自由的随意专断和恩宠，还有个人动机的实惠与评价'。"②官僚制组织具有专门化、等级化、规则化、非人格化、技术化和公私分明化等六个方面的特征③。

韦伯认为官僚制是理性的制度化，在这种体制中有两个重要机制促成责任的实现。一是上下的层级控制，官僚自上而下逐级下达命令，自下而上逐级向上负责。这种人造的层级体制试图通过层层命令、层层汇报、层

---

① 张康之：《公共行政中的责任与信念》，《中国人民大学学报》2001年第3期。
② 张康之：《公共行政中的责任与信念》，《中国人民大学学报》2001年第3期。
③ 魏娜：《官僚制的精神与转型时期我国组织模式的塑造》，《中国人民大学学报》2002年第1期。

层监管而将权力集中于金字塔的顶点，通过自上而下的监督检查达到人人遵守制度规则，人人按照组织整体的理性行动①，从而达到"善治"的目标。二是官僚体制中的个人—岗位关联机制，通过将个人组织到具体的岗位上而使其理性化，从而使得个体向组织和制度负责。因为官僚制体中的每一个职位都有明确的任务和功能，处于每一个岗位上的个体只需要按照制度规则从事，进行"非人格化的行动"。"所以说，官僚制的组织对于其组织中的个人来说，就是一个纯粹的责任体系，而且是一种单向的、定点的责任体系。"②

理想类型的官僚制责任体系主导了 20 世纪公共行政和公共管理学的发展和研究主题，在今天却受到了诟病。虽然时至今日一个理性化的、组织严密的政府仍然被许多人看作是克服腐败顽疾、超越俘获困境的有效良方。然而，在当前这个大变革的时代，官僚体制自身已经成了问题，在治理责任方面对其寄予过高期望未免不太现实。西方大量学者通过研究认为在庞大的公共官僚机构中，信息丢失、回避责任、预算最大化问题是严重的③。在《官僚制政治》一书中，戈登·塔洛克分析了理性自利的个人在非常大的公共官僚制中追求最大化策略所导致的结果，认为作为自利人的官僚往往倾向于报喜不报忧，因而导致信息的扭曲，而信息扭曲则会减少控制，并产生偏离由行动产生的结果的期望。因此，大规模的官僚制会变得易于犯错，在适应快速变化的条件方面迟钝笨重④。米歇尔·克罗齐在研究了法国的官僚制之后断定，"官僚制是一种不能从错误中学习从而改进其行为的组织"⑤。文森特·奥斯特罗姆在对官僚制的研究进行分析

---

① The World Bank (2005), *Social Accountability in the Public Sector: A Conceptual Discussion and Learning Module*. The World Bank.
② 张康之:《公共行政中的责任与信念》，《中国人民大学学报》2001 年第 3 期。
③ Tullock, Gordon (1965), *The Politics of Bureaucracy*, Public Affairs Press, Washington, DC; Williamson, Oliver E. (1967) "Hierarchical Control and Optimum Firm Size", *Journal of Political Economy*, vol. 75, no. 2, April, pp. 123 – 138; Miller, Gary (1992) *Managerial Dilemmas: The Political Economy of Hierarchy*, Cambridge University Press, New York; Anthony Downs (1992) Inside Bureaucracy. Waveland Press.
④ Tullock, Gordon (1965). *The Politics of Bureaucracy*. Public Affairs Press.
⑤ 转引自〔美〕文森特·奥斯特罗姆《美国公共行政的思想危机》，毛寿龙译，上海三联书店，1999，第 67 页。

之后认为，尽管官僚制组织在与控制外部效应、管理共同财产或者提供公益物品有关的任何企业或者机构组织里起着重要的制度作用。这种组织形式依然有严重的制度缺陷和失败的条件。非常巨大的官僚制：（1）对不同需求的反应会日益变得毫无区别；（2）对预定为受益者的人所引起的成本会越来越高；（3）无法根据需求分配供给；（4）无法采取行动阻止一种用途阻碍其他用途，使公益物品受侵蚀；（5）日益变得易于犯错，不可控制，公共行动剧烈地偏离于有关公共目的和目标的言辞；（6）最后导致补救性的行动是恶化而不是缓解问题[1]。我国的许多学者也从社会环境变革、官僚体制的合理性、官僚制与人性的冲突等角度对官僚制进行了反思和总结[2]。

这一切都说明官僚制不足以应付不同规模的人群对公共产品或者公共服务多样化的需求，也难以应付复杂的环境和形式。所以官僚制责任机制并不能有效地促成公共产品或者服务的供给者（政府或者其他公共机构）和生产者忠实地按照公众的需求和偏好行事，也难以有效地保障代理者忠实地代表委托者的利益。

二　民主责任机制

民主是一个大家耳熟能详的名词，但民主却是一个复杂的现象，对它的意义和内涵的理解也存在极大的分歧。有人认为民主就是"多数决定"，是"少数服从多数"；有人认为民主不一定是多数决定，而是"各种意见和利益的协调沟通"，等等不一而足。从具体的实践来看，人类社会治理中存在着多种形式的民主机制，大卫·赫德（David Held）曾顺着历史发展的顺序，将民主政治分成九种类型，分别是古典（城邦）民主、共和主义民主、自由主义民主、社会主义民主、竞争式精英民主、多元主义民主、法治民主、参与式民主、自主式民主等[3]。江宜桦根据已有的研

---

[1] Vincent Ostrom. *The Intellectual Crisis in American Public Administration*. 2d ed. Tuscaloosa：University of Alabama Press，1989.

[2] 参看张康之《寻找公共行政的伦理视角》，中国人民大学出版社，2002；张康之：《韦伯官僚制合理性设计的悖论》，《江苏社会科学》2001 年第 1 期；张康之：《论官僚制的实践困境》，《云南行政学院学报》2001 年第 6 期。

[3] Held，David（1996），*Models of Democracy*，Stanford：Stanford University Press.

究将民主分为直接民主与代议制民主，宪政民主与极权民主，自由民主、社会民主与人民民主等①。

本书无意纠缠于民主理论的争论，在这里笔者主要从治理责任的角度看待民主制。如果说官僚制是一种试图通过政府组织内部努力而促成治理责任的话，那么民主则是一种通过政府组织与公众之间制度化的互动（或者说委托人与代理人的互动）来促成治理责任的途径。民主制度是联结个体价值和集体决策的系统。公民的偏好和需求通过投票选举、组织讨论等机制输入转化成集体的政策。同时，民主制度是一个责任体系，主要回答"谁向谁汇报做了什么"的问题。民主责任机制主要是关于公民的需求与偏好的转换机制②，公民通过投票选举那些能够作为自己的利益代理人的候选人成为政治官僚，而政治官僚则通过对政府的组织机构以及附着于官僚机构内部的官僚的约束和规范而实现治理责任。这是整个政府治理的责任机制，其实民主责任机制和官僚责任机制在实践中是整合在一起的，只不过二者促成责任实现的路径和方法不同。在现实的民主责任制中立法机构、政党、总统、部长、政府部门以及公务人员等都负有特定的治理责任。托马斯·埃克斯沃西认为处在政府治理责任链条中每一个环节的实体都负有特定的治理责任，例如公民负有参与，特别是投票的责任；政党则负有推荐候选人、发展政策和给出清晰政策方向的责任；立法则负有支持或者驳回政府政策提议的责任；总统或者总理负有组建政府的责任；政府的部长们负有利用其执行权力管理和提出政策的责任；公务人员负有有效率地、有成效地和公正地执行选举的政府政策的责任③。图4-2展示了比较完整的政府治理责任流程。

民主责任机制具有将公民的需求和偏好转化成集体政策、促使公民的

---

① 江宜桦：《自由民主的理路》，新星出版社，2006。其实人们关于民主的争论不仅限于民主的含义、类型，而且涉及"民主是手段还是目的"，"民主是一种政治制度还是一种生活方式"，"民主政治究竟是理性还是不理性的政治"等相关理论的争议。

② 民主是一种离不开选择的制度，它通过选择来配置资源，通过选择反映人们的偏好：一致同意规则、多数决定规则、比例通过规则等，"所采取的规则不同，影响选民、政治家或政党的有关行为的成本—收益模式也不同，因而会表现出不同的'需求'结构"。

③ Thomas S. Axworthy (2005). "The Accountability Ladder: Five Steps toward Democracy". Paper presented on the First Biennial Conference, 15-17 September, Taipei, China.

公民 → 政党 → 总统/立法 → 部长 → 政府部门 → 公务人员

图 4－2　政府治理责任流程

资料来源：Thomas S. Ax worthy. "The Accountability Ladder: Five Steps toward Democracy". Paper presented on the First Biennial Conference, 15－17 September 2005, Taipei, China。

代理人忠实地按照公众的利益行事的优势，但从治理实践的角度来看，民主机制对于实现治理责任是不充分的。有大量的经验研究已经证明通过周期性的选举使得政府官员承担一定的治理责任并不足以保证善政（good government）和法治（rule of law）的实现。民主选举责任机制主要存在五个方面的问题：(1) 在选举官员和选民之间、选举官员和官僚之间存在着严重的信息不对称（information asymmetry）的问题[1]。让公众知晓其选举出的代表做出的每一个决定是不可能的，同样，选举官员也极难知道常任文官的每一个决策和行为。(2) 民主责任机制存在的第二个问题是这种机制只是在选举前后起作用。如果我们只是依靠选举前后的机会来实现责任，那么在两次选举之间的时间段内，我们通过选举代表或者官僚将自己的权力完全让渡出去，那么在此期间我们实际上已经完全被排除在治理领域之外了。(3) 民主责任机制只能允许公民从外部来行使课责的权利。公民通过投票将自己的代表选到首都去，但公民们并不能亲自参与政府治理事务。(4) 民主责任机制的另一个问题是公民中意的候选人并不总是多于一个，这也就是说公民的有效选项往往只是唯一的，而只有唯一的选项时则往往意味着没有选择的自由。(5) 最后，即便是上述的问题都不存在，民主选举这种通过一张选票对众多的政策议题进行选择[2]的机制本身就很难忠实有效地将公民对公共产品或者公共服务的偏好转换输入到政府议程中去。投票，无论是直接对政策议题投票还是选举代表讨论政策议题，都是表达公民对公共产品或者公共服务需求和偏好的重要机制。但是，投票并不是公共事物治理的有效选择机制，因为公民常常不得不

---

[1] The World Bank (2005), *Social Accountability in the Public Sector: A Conceptual Discussion and Learning Module*. The World Bank.

[2] Robert L. Bish; Vincent Ostrom (1973). *Understanding Urban Government: Metropolitan Reform Reconsidered*. American Enterprise Institute for Public Policy Research, Washington, D. C.

通过单张选票同时对众多的政策议题进行选择,而实际上公民对诸多的政策议题的偏好时常是极其悬殊的,这种多样化的态度很难通过一张选票进行转换输入①。即便投票所针对的是单个政策领域或者政策事项,通过投票公民所能做出的选择只有两种:要么赞成,要么反对。因此最终的结局是要么拥有某种公共产品或服务,要么完全没有,这就是所谓的"全部享有或什么也没有的问题"(all-or-nothing blue-plate menu problem)。

民主责任机制对于实现政府治理责任是必不可少的,因为民主制是我们至今所能做的一个被多数人认可的不坏的选择机制,但是民主责任机制又是不充分的。因此,为了促成善治和法治,我们必须要在民主责任机制的基础上寻找更多的责任实现途径,以弥补民主责任制的不足。走出官僚体制、走出政府范围、走向社会和市场是实现治理责任的最新发展方向。在接下来的三个小节中,笔者将分别对民营化责任机制、独立机构责任机制和社会责任机制进行分析探讨。

三 "民营化"责任机制

所谓民营化②,就是指打破政府垄断公共服务供给的局面,引入私营部门、第三部门等力量和资源,通过竞争等市场机制来促成公共服务的多元化、多中心供给局面,增强企业、社会组织、社区以及家庭等众多主体在公共服务供给中的参与和影响。一方面增加公共服务供给的多样性和多

---

① 例如,总统选举中的一张选票需要选出候选人来,候选人在众多的政策领域都有一套政策主张,但通常的情况是公民并不都完全同意候选人的所有政策主张,或许在这个政策领域他同意 A 候选人的政策主张,在那个政策领域他又同意 B 候选人的政策主张,可能他最中意的,也最能反映他偏好的是两个或者三个候选人在不同的政策领域的政策主张的某种组合。但是公民只有一张选票,所以这一张选票很难对其众多的偏好进行有效的表达。所以,他选择的候选人其实并不是他最中意的。

② 民营化这一概念可以追溯到著名管理学家彼得·杜拉克(Peter Drucker),早在1969年,〔美〕彼得·杜拉克在其名著《断裂年代》(*The Age of Discontinuity*:*guidelines to our changing society*)中预言伴随工业时代向信息时代的深刻的、转折性的变革的重要变化之一就是再私营化(Reprivatize),即政府最终将会把国家所有的产业私有化,重新回到市场之中去。20世纪70年代,瑞森基金会(Reason Foundation)的创立者〔美〕罗伯特·普勒(Robert Poole)首次使用民营化(Privatization)这一概念指代私营化现象,从此民营化这一名词便流传开来。

层次性，改进所供给的公共服务与市民的需求和偏好之间的契合性，另一方面通过多元主体的竞争等互动机制提高公共服务供给的效率，从而更好地满足公众对公共服务的需求。

民营化是公共管理运动的核心机制。源起于 20 世纪 80 年代的新公共管理运动席卷全球，对政府部门的各个领域都产生了重要的影响，试图重塑公共事物的治理模式。这一改革的共同内涵主要体现在：（1）企业管理技术的采用；（2）服务及顾客导向的强化；（3）政府体系内部市场机制及竞争机制的引入①。公共管理中民营化的途径种类繁多，公共服务民营化的机制基本上可以分为三大类：委托授权（delegation）、撤资（divestment）和替代（displacement）等②。（1）委托授权也被称为部分民营化（Partial privatization），在委托授权的过程中要求政府继续发挥积极的作用，公共服务供给的职责仍然属于政府职能的范畴之列，而把公共服务实际的生产过程转到私营部门（private sector）进行。委托授权的"治理工具"（tools of governance）③ 通常包括合同外包（outsourcing）、公私竞争（public–private competition）、赋权（franchise）、公私伙伴关系（public–private partnership）以及补贴（例如通过赠送和凭单制等）和托管等。（2）撤资就是政府将公共服务的相关资产等转移给私人机构。如同委托授权一样，在撤资的过程中需要政府的积极作为，和委托授权不一样的是撤资策略政府可以一次性完成。将企业或者资产或者作为正在运作的企业出售或者免费赠送，或者作为关闭停产的资产进行出售或者转让。在国有企业比较多的国家和地区，"非国有化"被用来指称撤资④。撤资可以通过多种具体的途径实现，具体可以分为如下三种：出售、免费转让和资产清算。（3）"替代"往往也被称之为政府职能的"损耗"。替代通常会因政府部门在公共服务领域的功能不足而发生（Default），或者因为政府自身主动的撤离（Withdrawal）发生，或者因为社会志愿部门

---

① OECD（1990、1991）. *Public Management Developments* [M]. Paris：OECD.
② E. S. Savas（2000），*Privatization and Public Partnerships*，Chatham House Publishers.
③ Salamon, Lester M（2002），*The tools of government：a guide to the new governance.* New York：Oxford University Press.
④ E. S. Savas（2000），*Privatization and Public Partnerships*，Chatham House Publishers.

的发展而对政府相应的公共服务职能的顶替（Voluntary Action）而发生，或者是通过政府对某些公共服务领域的解制（Deregulation）而发生。

民营化改革试图通过引入市场规则来改善政府公共产品或者公共服务供给的责任履行。民营化改革主要通过两个方面的机制来促进公共产品或者公共服务供给责任的实现。其一，打破公共产品或者公共服务生产供给的垄断局面，通过委托授权、撤资和替代等途径实现公共产品或者公共服务的多元竞争性生产供给局面。在多个主体之间引入竞争机制，以此来提高公共产品或者公共服务的供给效率，并促进其供给契合公民的需求和偏好。因为在一个充分竞争的市场上，如果不能够生产契合公民需求和偏好的公共产品或者公共服务，那么就会处于劣势，或者最终在市场竞争中被淘汰。竞争机制的引入能够让作为公共产品或者公共服务的提供者的政府"货比三家地自由挑选最有能力和效率的服务生产者，使他们花同样的钱能够得到更大的效益，使他们充分利用服务提供者之间的竞争，使他们保持最大限度的灵活性对变化中的情况做出反应，而且有助于他们坚持要求高质量工作表现的责任制。"[1] 其二，通过民营化赋予公众对公共产品和公共服务的选择评价权，由外部的公民来促成政府对公共产品或者公共服务供给责任的实现。新公共管理主张，政府对待公民要向企业对待顾客一样，以满足顾客的需要为重要的价值取向。英国的"公民宪章"是改革浪潮中最为典型的"以顾客为导向"的改革措施，已经被看作是"成功的案例"和"最佳实践"的典范[2]。

民营化有助于打破政府对公共产品或者公共服务供给的垄断地位，也有助于从外部施加压力而促成政府治理责任的改善，但是只有民营化却是不足的。因为民营化只不过是将公共产品或者公共服务的生产环节转移出政府的范围，改造了政府治理的流程。民营化运动试图利用企业的隐喻来

---

[1] 〔美〕戴维·奥斯本、特德·盖布勒：《改革政府：企业精神如何改革着公共部门》，上海译文出版社，1996年，第124页。

[2] Commonwealth Secretariat (1996), *Current Good Practices and New Developments in Public Service Management: The Commonwealth Portfolion*. London.

重塑政府，但这一努力仍然没有超越传统公共事物治理的窠臼。民营化运动至多也只是变革了传统公共事物治理模式中生产安排的环节，也即打破了公共部门既决策也生产的传统，提出了公共产品或者公共服务生产安排多样化诉求，这就是新公共管理运动的流行口号"掌舵而不划桨"的实质。但从根本上来看，民营化运动并未从实质上改变政府与公民在公共事物治理之中的关系。有学者认为即使新公共管理引入了竞争管理和服务绩效合同政策，但是新公共管理仍然将公众置于政府核心工作之外。虽然新公共管理的确具有参与性或者社会控制的成分在内，但也只是市场化策略的伴生物而已。市场化自身允许市民以退出的形式来表达他们对公共产品或者公共服务供给的意见，但是却阻止了市民对政府活动的任何积极参与的形式[1]。实际上，近来的许多研究表明新公共管理的这些政策甚至还会损害发展中的社会中的社群组织和社会资本[2]。具体看来，民营化改革还会在实践中遭遇到几个方面的问题：（1）导致公共产品或者公共服务的不公平供给，公共服务民营化改革是对市场逻辑的回归，如此一来那些富人能够在这一市场上获得几乎所有其所需要的产品或者服务，而穷人则必然在这一市场上处于劣势地位。（2）民营化改革容易滋生腐败问题。民营化改革的过程如果透明度不够，外界监管不够，作为自利人的政府或者官员容易因自身的利益而被企业所"俘获"，损害公共利益。（3）民营化改革容易导致公共责任的流失，通过民营化之后，政府将公共产品或者公共服务生产的任务转嫁到社会，作为独立实体的私营生产单位或者作为独立实体的其他公共单位都有自身利益的考量，而这些利益同社会公众的利益时有冲突，如何确保公共产品或者公共服务单位忠实地履行服务职责就成了政府治理的一大挑战。

四 独立机构责任机制

促成治理责任的另外一种机制就是独立机构责任制。这只是一种近年

---

[1] John Ackerman (2004), "Co-Governance for Accountability: Beyond 'Exit' and 'Voice'". *World Development* Vol. 32, No. 3, pp. 447–463.

[2] Wallis, J., & Dollery, B. (2001). "Government failure, social capital and the appropriateness of the New Zealand model for public sector reform in developing Countries". *World Development*, 29 (2), pp. 245–263.

流行的问责机制①。独立机构是一种自治的公共机构，这种公共机构的职责就是监督政府在特定的公共产品或者公共服务领域责任的履行情况。比较明显的独立机构包括自治的腐败控制机构、独立的选举监督机构、审计机构、人权问题调查官员以及公共检举人等。这种独立责任机构在最近10年来得到了长足的发展，尤其是在发展中国家和地区②。

独立问责机构的设立主要是依据分权与制衡的原理来形成政府不同机构之间的监督和制衡。和前面介绍的进行垂直问责的官僚制责任机制、民主责任机制不同，独立问责机构属于水平或者说横向问责机制。Guillermo O'Donnell指出，独立机构应当是被充分赋权且具有合法身份的问责机构，这种机构要能够对政府的广泛事务进行监管和问责，必要时可以对相关的政府部门追究法律责任③。独立问责机构发挥效用有两个前提条件：第一，独立问责机构应当是独立的，也就是这类机构是不受政府部门的控制和影响的，独立问责机构具有自己的组织、资源和人员，具有自己的活动领域，而这些领域与其他的机构没有交叉并被其他的机构所知晓且受到他们的尊重；第二，独立问责机构之间应当密切配合与合作，Guillermo O'Donnell认为横向问责机制的效果不是来源于处于分散地位的独立问责机构，而是来源于这些问责机构在保障实施法治时所结成的网络结构④。

然而不幸的是，独立问责机构并不如人们所预料的那样有效。世界银行在进行实证研究之后得出结论认为，独立问责机构在不同的国家其绩效不同，甚至得出结论认为，"那些促进政府改善责任履行的独立机构和帮

---

① Ackerman, John (2003). "Empowered Autonomy: The Politics of Delegation and Accountability in Latin America". Working Paper, FLACSO - Mexico.
② 在拉丁美洲包括伯利兹城、巴西、哥伦比亚、哥斯达黎加、智利、秘鲁和墨西哥新成立或者重新启用了相关的独立问责机构；在亚洲、非洲、澳大利亚和东部欧洲等地区也有类似的趋势。一些最近的例子包括波兰于1987年，菲律宾于1989年，韩国于1994年相继设立的舞弊调查官；澳大利亚新南威尔士于1988年成立反腐独立委员会，南非1994年设立公共保护者，乌干达1996年设立政府大检察官等。最引人注目的例子是泰国，该国1997年宪法通过之后就成立了七个独立问责机构：国家反腐败委员会、独立选举委员会、舞弊调查官、宪法法庭、行政法庭、环境事务评审委员会和消费者评审委员会等。
③ Guillermo O'Donnell (1998), "Horizontal Accountability in New Democracies". Journal of Democracy 9.3 (1998) 112 - 126.
④ Guillermo O'Donnell, "Horizontal Accountability in New Democracies". Journal of Democracy 9.3 (1998) 112 - 126.

助政府逃避责任的独立机构的数量大致相当"[1]。独立问责机构绩效不彰的原因可以从结构和实践两个角度来分析。就结构因素而言，第一，用有限的独立问责机构来监督几乎无法计数的政府机构和公务人员的行为，这本身就是一个非常具有挑战性的任务；第二，独立问责机构因其法定的独立性而难免陷入政治孤立的境地[2]。就实践的因素而言，缺乏经费、有限的执行能力、缺乏自身责任以及缺失整体的法治环境等都是导致独立问责机构绩效不彰的客观原因。

可见独立问责机构或者由于自身的原因或者由于外部环境的原因，其问责绩效并不完全都如人们所期待的那样，经过实证研究人们发现那些绩效明显的独立问责机构大多是那些与政府组织和社会公众有着密切联系的机构。可见独立问责机构并不能完全"独立"，因为社会公众同样是问责的重要主体之一。

五 社会责任机制

社会责任主要是指公民用来促使国家负责的除了投票之外的广泛的行为和机制，同时也包括政府部门、公民社会、媒体以及其他社会行动者所采取的用于促成这一努力的行为[3]。社会责任机制在公民和政府之间建立起了直接的责任关系，并将其操作化、执行化，通过这一机制，公民可以直接地使政府及其工作人员向公民的公共需求负责，并对他们的错误或者不当行为直接施加压力。社会责任机制是对传统的公民或者公民社会参与的进一步拓展。在传统的视野中，公民或者公民社会在促成政府责任履行方面所能采取的行为主要包括公开游行、抗议、倡议、新闻调查以及公共

---

[1] 报告认为在某些国家，成立独立问责机构是其政府应对问题的手法且已经成为长期以来的传统，把政府装饰成致力于问题解决的形象以欺瞒公众，应付社会压力。最终有些国家使用这种手段成功地避开了对政府进行全面改革的压力，而拖延了甚至耽误国家进步的机遇。World Bank (2005), *Social Accountability in the Public Sector: A Conceptual Discussion and Learning Module*. World Bank.

[2] MOSHE MAOR (2004), "Feeling the Heat? Anticorruption Mechanisms in Comparative Perspective". *Governance: An International Journal of Policy, Administration, and Institutions*, Vol. 17, No. 1, January 2004 (pp. 1 – 28).

[3] World Bank (2006), *Social Accountability: What Does it Mean for the World Bank? Social Accountability Sourcebook*, World Bank.

利益诉讼。而社会责任机制的出现则强调公民与政府相关机构更为直接的对话和协商，具体的措施包括参与公共政策制定、参与制订预算案、公共开支追踪以及公共服务的公民监督和评价等。

社会责任机制是对传统的责任机制的改造，其所涉及的行动主体非常广泛，包括公民、公民社会组织、社区、政府机构、议会和媒体等；其所采取的途径非常多样化，包括研究、监督、计划、公民教育、媒体报道以及建立社团等；其所使用的方法也很多，主要可以分为正式和非正式的问责机制。社会责任机制主要通过参与公共政策制定和规划、预算社会问责、公共产品或者服务的监督和评价以及公共监督等四个途径实现[①]。详细情况参见表4-1，此表主要展示了社会责任机制的实施过程、途径和工具。

表4-1 社会责任的实现

政府职能	社会责任实现过程	社会责任实施机制和工具
政策和规划	参与性政策制定和规划	-地方议题论坛 -研究环 -审议性民意调查 -多数意见会议 -公开听证 -公民评审团
预算和支出	和预算相关的社会责任工作	-参与性预算制定 -可选择性预算 -独立预算分析 -绩效预算 -提高知识的公民教育 -追踪公共开支的社会审计 -公开的信息入口（预算网站）
产品与服务的提供	公共产品和服务监督和评价中的社会责任	-公开听证 -公民报告卡 -社区评分卡 -公共意见调查 -公民宪章

---

① World Bank (2006), *Social Accountability: What Does it Mean for the World Bank?* Social Accountability Sourcebook, World Bank.

续表

政府职能	社会责任实现过程	社会责任实施机制和工具
公共监督	社会责任与公共监督	－公民社会组织监督委员会 －地方监督委员会 －舞弊情况调查官

资料来源：World Bank（2006），Social Accountability：*What Does it Mean for the World Bank*? Social Accountability Sourcebook, World Bank。

社会责任机制主要通过四个过程得以实施。第一，是公民和公民社会参与政策制定和规划的制订。许多国家的公民或者公民社会参与政策和规划的制定过程之中，对政策和规划进行评论和批评，并唤起了社会公众对政府在一些关键领域的政策和规划的注意。第二，公民和社会公众参与公共预算的准备和分析。社会公众会分析预算分配方案的含义及其影响，熟练掌握预算知识，对政府的预算执行、资源分配及公共政策优先次序等问题予以关注，追踪政府的公共开支，从而防止公共资金的滥用和浪费。第四，公民参与公共产品或者公共服务的监督和评价。民意调查、公开听证、公民报告卡等都是政府用来征集公民关于公共产品或者公共服务的意见，也是公民参与公共产品或者公共服务提供过程的重要方式。第五，公民参与对政府治理的公开监督。公民通过建立独立的公民监督委员会、充当监察人员以及各种各样的公众参与以提高对公共权力运行的监督。

政府治理责任的实现是达到善治、保证民主的基石，而社会责任这种外部责任机制则是弥补政府责任机制之不足、促成政府治理责任实现的强有力工具。社会责任机制将会改善政府的治理，提高公共政策和服务质量，也会实现对公民以及社会的授权。（1）社会责任机制有助于改善政府治理。因为社会责任机制通过将公民引入政府绩效监督中，有助于提升政府治理透明度以及发现政府治理的失败或者错误，社会责任机制是克服公共部门腐败，破解委托—代理难题的得力工具。（2）社会责任机制有助于提高公共政策与服务质量。因为社会责任机制引入公民对公共政策制定和公共服务提供的参与，有助于形成"客户"与供给者之间的短线责任机制①，公民因而在政策制定和服务提供中具有更多的发言权，也有利益需求与偏好的表达，有利于供给者与需求者之间的有效沟通，最终提升公共政策和服务的质量。（3）社会责任机制有助于向公民和社会赋权。通过向公民提供有关政府治理过程的信息，提供关于其权利的信息以及引入用来增强公众在政府政策制定中发言权的机制，都将会有助于增强对公民和社会赋权，并最终推动社会公众的权利行使。其间的关系可以用图4-3表示。

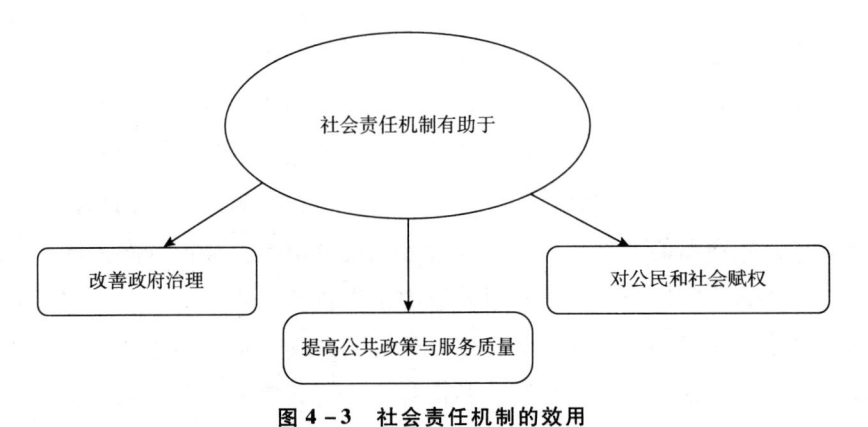

图 4-3 社会责任机制的效用

资料来源：World Bank（2006），Social Accountability：What Does it Mean for the World Bank? Social Accountability Sourcebook, World Bank。

第四节 业主选择——整合应用的逻辑基础

集体行动和治理责任是公共事物治理过程中的两个重大课题。就社区公共事物的治理而言，集体行动主要是在业主之间就社区中具有外部性的公共事物治理组织集体消费单位，就社区内部的公共产品或者公共服务的需求与偏好进行集体选择，并按照集体意见对产品或者服务的生产进行制度安排。治理责任主要是在业主和业主组织之间、业主和业主组织与社区

---

① 2004年世界银行发展报告指出，成功的服务提供需要在公民和政治家/政策制定者、官僚之间形成直接的短线责任关系，从而在关于公共服务的政策制定过程中拥有发言权，提升公共服务的提供者和生产者与公民之间的互动，提高公共政策和公共服务与公民的需求和偏好之间的契合性。

公共产品或者服务的生产组织者之间形成负责任的关系，使后者忠实地代表前者的利益，有效地满足前者对公共产品或者服务的需求。业主的集体行动是社区公共事物治理的逻辑起点，而治理责任则是社区公共事物治理能否得以持续的关键因素。从本质上看，社区治理就是业主如何有效地形成集体行动并确保治理责任的落实，社区治理中所遭遇到的各种问题也都和这两个方面有着密切的关系。因此对社区治理的研究既要探讨集体行动问题，又要探讨治理责任问题。如果忽视任何一个方面都不能合乎逻辑地推导出影响社区治理绩效的普遍因素。因此如何将二者纳入一个分析框架来探讨影响社区治理的关键变量就成为一个挑战。

本节主要论述用"业主选择理论"来整合集体行动和治理责任问题的逻辑基础，在新的理论框架下探讨影响社区治理的关键变量。对社区公共事物而言，集体行动和治理责任是社区治理过程中前后两个重要的环节，二者所要解决的问题也不完全相同。之所以要用"业主选择"这样一个理论框架来整合两个方面的问题，主要有下面两个方面的原因。

第一，用业主选择理论进行整合既是社区治理实践的需要，也是进行理论推演的逻辑要求。从实践的角度来看，社区治理就是要就社区内部具有公共性的产品和服务达成集体选择，安排相应的提供生产的结构，并确保产品和服务的持续提供的过程。集体行动和治理责任问题是影响社区治理绩效的紧密相关的两个因素，任何一个方面出现了问题都会影响到社区中公共产品和服务能否供给及保持持续性。从理论研究的角度来看，社区治理绩效既受到集体行动的影响，也受到治理责任的影响，而集体行动和治理责任的实现同时又都受到了某些相同变量的影响，因此将这两个问题整合在一个框架下进行探讨既是对社区治理实践的现实反映，也是理论推演逻辑的必然要求。

第二，"业主选择"反映了集体行动理论和治理责任理论发展演化的趋势，二者共同的走向都是更加注重利益相关者的互动和能动性。就集体行动理论而言，个体在第一代集体行动理论中是缺乏互动和能动性的，主要表现在两个方面：其一，个体行动者之间在博弈的过程中没有信息的交流和沟通，这在囚徒困境模型中得到了充分的体现；其二，个体行动者在博弈的过程中是在既定的规则和制度结构下进行的，而不能够对制度规则和博弈结构进行修正。而到了第二代集体行动理论，研究者认识到在现实世界的博弈中，个体之间不仅可以进行信息的交流沟通，而且还可以达成协议；个体之间不仅可以就共同遵守既定规则达成共识，而且还可以就制度规则的修正和新的制度的设计达成共识，从而变更博弈的结构。就治理责任理论而言，我们可以看到"官僚机构—民主选举—民营化—独立机构—社会责任"的发展脉络，这反映了在促成责任实现方面，人们逐渐地从依靠内部的、官方的力量向依靠社会力量的方向前进，最终认定要促成政府治理责任的实现，必须要让公众参与政策和规划的制定、参与预算和支出的制定、参与公共产品和服务的监督与评价，参与到对政府的监督之中去。这充分反映了公共产品和服务供给责任的实现由"权力机制"向"公民选择机制"的转移。

在这一研究中笔者用"业主选择理论"来整合集体行动和治理责任问题，在新的理论框架下探讨影响社区治理的关键变量。业主选择理论将业主的选择作为解释社区治理绩效的核心变量。在业主选择理论看来，不同社区治理绩效差异的原因主要在于不同社区中的业主形成集体行动的能力不同，实现治理责任的能力不同。而集体行动和治理责任能否实现的关键取决于业主选择能力。业主选择就是业主做出自主的决策过程，这一过程是连接个体业主和社区群体的桥梁，也是连接个体业主和社区中的公共产品和服务的治理者和生产者的桥梁。业主选择是否具有包容性和独立性是影响业主选择质量的关键因素，只有高质量的业主选择才会对社区治理中的集体行动和治理责任问题产生积极的影响。当然，说业主选择是影响社区治理绩效的关键变量并不等于其为唯一变量，因为业主选择不是在真空中发生，社区物理环境、社区中业主群体的经济社会状况等因素也是影响社区中业主选择难度和社区治理绩效的变量。之所以将这一分析称作"业主选择理论"，是因为在笔者看来业主是否进行选择、能否进行选择才是影响社区治理绩效的核心变量，其他的环境变量属于外因，不具有决定性作用。完整的变量示意图将会在下一章"业主选择模型"中做出详细的分析。

本章小结

在这一章,笔者从社区治理面临的两大难题"集体行动"和"治理责任"出发,试图透过对已有的理论成果的阐述和分析,寻找影响两大问题解决的关键因素,从而为后面的业主选择分析框架和路径模型找到理论的根基。具体来看,本章从实践中社区治理面临的两大难题出发,分别从集体行动理论和治理责任理论两个方面入手,追踪学者们对这两大问题的解释和分析。梳理出了影响集体行动问题和治理责任问题解决的普遍变量因素或者说普遍的解决机制。在对已有理论归纳、梳理和分析的基础上,最后提出了用业主选择模型来整合"集体行动"和"治理责任"问题的努力方向。

在后面的研究中,将转向开发整合集体行动和治理责任问题的业主选择分析框架和模型。这些分析框架和模型是"集体行动"和"治理责任"问题相关理论在社区公共事物治理中的具体应用。

第五章 城市社区分类治理的研究框架和政策选择

城市社区是公共事物（commons）治理中一个亟须改善的领域，尤其是那些建设年代早、产权复杂、涉及面广、管理混乱的老旧社区。北京市的部分老旧住宅区在 2008 年奥运会前进行了集中整改，政府投入了大量财力、人力和物力，社区面貌焕然一新。如何让这些整改的成果得到很好的维护，发挥其最大价值，避免再次陷入脏、乱、差的境地，促使老旧社区走上可持续发展的道路，就成为当下亟须研究的问题。这些老旧社区是否能够按照新型商品住宅社区的物业管理模式进行治理？新旧社区间有没有什么实质性的差异？是否能够按照一个模式进行治理？这些都是社区治理实践向我们提出的课题。对这些问题进行探讨和分析，不仅有助于从思想上厘清社区治理的思路，而且对于社区治理实践的推进也不无指导意义。

从实践的角度来看，城市社区治理可持续发展的本质，就是如何从制度上确保城市居民生活必需的水、电、气、热等公用产品和其他社区共用服务的供给得以完善和持续的问题。如果说对城市社区进行物理设施的投资改造尚属于技术性问题的话，那么城市社区共用产品/服务的持续供给则更多地属于制度问题；如果说前者属于建设问题的话，后者则更多地属于治理问题。前者可以在短期内取得明显效果，后者则需长期培育。本书探索的重点不是改造的问题，而是社区治理的制度改革或治理变革的问题。在笔者看来，无论新旧社区，其治理的逻辑在本质上都是一致的，影响其治理绩效的变量是相同的，那就是社区的产权结构、产品属性和社群特性，因为这是任何一个社区得以存在的必然基础。因此，本书将新、旧社区纳入一个分析框架，从产权结构、产品属性和社群属性这三个变量探讨城市社区分类治理的逻辑基础和治理政策选择。

从产权结构、产品属性和社群属性角度探讨城市社区治理的分析思想，来源于美国印第安纳大学政治理论与政策分析研究中心（The Workshop in Political Theory and Policy Analysis）著名公共事物治理学者埃莉诺·奥斯特罗姆（Elinor Ostrom）与其同事开发的制度分析与发展分析框架（Institutional Analysis and Development，IAD）。本书是在借鉴制度分析与发展分析框架的基础上针对中国城市社区治理实践进行本土化设计的结果。制度分析与发展分析框架是一个博大的分析工具，可以运用到对不同层次的公共事物的研究之中，小到村庄的池塘、林地等公共池塘资源（common pool resource），大到环境污染、气候变化等全人类共同面临的全球问题。奥斯特罗姆正因为运用这一分析框架对公共池塘资源进行了卓越的研究，而与奥利弗·威廉姆森（Oliver Williamson）一起分享了2009年诺贝尔经济学奖。

第一节 奥斯特罗姆的制度分析与发展分析框架

在诺贝尔评奖委员会对这两位诺贝尔经济学奖获奖者的贡献评论中，是这样评价奥斯特罗姆的，"因为她的经济治理分析，尤其是公共事物方面"[1]，即她主要是因为对公共事物治理的卓越贡献而获奖的。但在笔者看来，与人们对其关于公共事物治理理论研究的高度关注相比较，他们开发的制度分析与发展分析框架尚未得到足够的重视。奥斯特罗姆的贡献不仅仅局限于公共事物治理领域，她更为突出的贡献是提出了制度分析与发展分析框架，这一分析框架是她研究公共事物的一个基本分析工具，也成为其他学者进行研究的重要分析工具。

---

[1] 英文原文是"for her analysis of economic governance, especially the commons"。

制度分析与发展分析框架的思想来源于托克维尔（Tocqueville）的著作《论美国的民主》（Democracy in America）。托克维尔在分析何种原因有助于美国维护民主共和制度时，曾经提到了三个方面：一个是上帝为美国人安排了独特的、幸运的地理环境；一个是法制；还有一个就是生活习惯和民情（托克维尔，1988：320~332）。奥斯特罗姆夫妇在借鉴托克维尔研究的基础上提出了制度分析与发展分析框架。最早的努力可以追溯到20世纪70年代中期，《行动的三个世界：制度路径的元理论集成》（Kiser & Ostrom，1982）代表最初的公开尝试。这个尝试的目的是提出一个普遍性的框架，以便能把所有对制度如何影响个人面临的诸多激励及其采取相应的行为这个问题感兴趣的政治学家、经济学家、人类学家、律师、社会心理学家和其他学者的努力结合起来（奥斯特罗姆，2004：45-91）。同时，这一分析框架也是透析规范市场、官僚制、家庭、立法、选举以及其他场合中复杂多样的社会互动的共同基础的尝试的结果（Ostrom，2005：5-6）。制度分析与发展分析框架及其构成要素具体如图5-1所示。

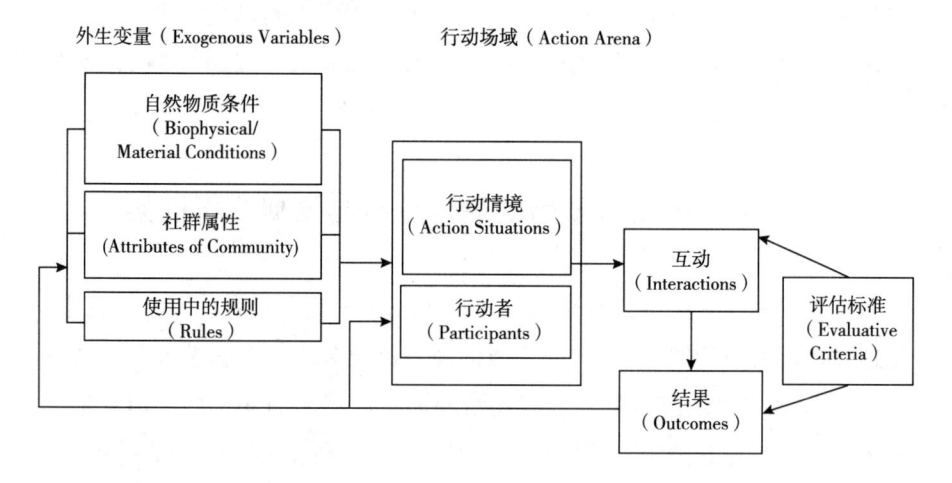

图5-1 制度分析与发展分析框架

（一）分析的焦点：行动场域

行动场域（action arena）是我们分析问题时必须首先确认的一个概念，也是我们做研究时必须分析的焦点，它可以用来分析、预测和解释制度安排下的行为。行动场域包括行动情境和该情境下的行动者。行动场域这一术语指的是个体间相互作用、交换商品和服务、解决问题（在于个体于行动场域上所做的很多事情中）相互支配或斗争的社会空间（奥斯特罗姆，2004）。

1. 行动情境

行动情境的构成要素和分析焦点与博弈论的构成要素和分析焦点有着高度相似的地方[①]。奥斯特罗姆（Kiser & Ostrom, 1982）认为行动情境的特征可以通过七组变量来刻画：（1）参与者；（2）职位；（3）容许的行为集合及其与产出的关联；（4）与个体行动相关的潜在的产出；（5）每个参与者对决策的控制层次；（6）参与者可以得到的关于行动情境结构的信息；（7）成本和收益——它们是行动和结果的激励因子或阻碍因子。

2. 行动者

奥斯特罗姆认为情境中的行动者可以是一个单一的个体或者群体。在制度分析学者看来，有关个体的模型是从新古典经济学和博弈论发展而来的经济人模型。另一个假设是计较成本与收益的个体是可以通过试错过程进行学习的。

3. 评估标准

对结果的评估有很多标准，制度分析学者主要集中于如下几个方面：（1）经济效率；（2）财政平衡；（3）再分配的公平；（4）责任；（5）与普遍道德的一致性；（6）适应性。

（二）解释变量

1. 制度规则（尤其是使用中的制度规则）

制度是制度分析与发展分析框架中的核心概念，制度分析学者认为所谓的制度就是对参与者之间共同认可的一些强制性的描述，这些描述是关于哪些行为或者结果是必须的（required）、禁止的（prohibited）或者允许的（permitted）（Ostrom, 2005）。具体而言这些规则包括进入和退出的规则、职位规则、范围规则、权威规则、聚合规则、信息规则以及报酬规则等，它们都是影响行动情境中的行动者行为的因素。

[①] 博弈论的基本概念包括：参与人、行动、信息、战略、支付函数、结果和均衡，详细内容参见张维迎（1996：7）。通过比较我们可以发现行动情境的七组变量与博弈论的基本概念之间存在高度一致性。

2. 自然和物质特性

制度分析学者认为尽管规则架构影响行动情景的所有要素，但行动情景的一些变量也受到自然和物质世界属性的影响。例如事物的排他性、竞争性、资源的流动性、衰减性、资源是否可再生等，都会影响行动者行为策略的选择。

3. 社群属性

社群的属性是影响社群中参与者行动策略的重要因素之一。制度分析者认为社群普遍认可的行为价值、社群成员对行动结构的共同理解、生活在同一个社群中人们偏好的异质性、相关社群的大小及构成成分、社群中基本财产占有的平等程度等都是反映社群属性的重要变量。

（三）多层面的动态分析

制度分析与发展分析框架还是一个多层面的动态分析框架。奥斯特罗姆之所以能够超越集体行动的困境和公地悲剧的宿命，提出公共事物自主治理理论的一个很重要的原因在于她对行动情景多层面的考察。在理性个体假设中的第一代集体行动理论（the first generation of collective action theory）那里，分析者认定个体之间之所以不能实现合作治理并超越公地悲剧的一个非常重要的原因，是他们的模型仅局限于单一层面的静态分析。他们模型中行动者的选择行为是在给定的制度规则的约束下进行的，已有的关于公共事物治理的分析，往往假定行动者只能在既定的制度规则下活动。然而，在现实的情境中，具有自组织和自主治理能力的行动者不仅在操作层面进行着关于公共事物的生产、分配、消费等选择活动，而且还就其治理的模式、集体决策的规则等进行自主的选择；同时行动者的选择还可以扩展到谁有资格参与公共事物的治理决策等的宪政层面。

制度分析学者认为人类的博弈不仅发生在单一的行动场域，而且涉及操作层次、集体选择层次、宪政层次以及元宪政层次等多层次的行动场域。人类的能动性存在于所有的行动场域之中，人类可以根据在行动中所遭遇到的困境而向更高层次场域求救，从而改变不利的行动结构，促成事务治理向合作共益的方向发展。

制度分析与发展分析框架是一个关于规则、生物物理属性以及社群属性如何影响行动情境的结构、个体所面临的激励机制以及其结果产出的普适性的分析工具。20世纪70年代早期，当IAD刚发展起来的时候，奥斯特罗姆夫妇就将其用于公共管理和大都市的治理实践研究之中。从20世纪80年代后期开始，这一分析框架又被运用到公共池塘资源理论以及关于个体之间合作关系的实验室研究等领域之中。本书就是在介绍制度分析与发展分析框架的基础上，归纳和整合出一个可以用于分析中国城市社区治理实践的分析框架。

第二节 产权结构、产品属性和社群特性：城市社区分类治理的分析框架

城市社区治理的本质是及时、有效的供给与社区居民/业主的需求或者偏好相契合的公共产品/服务的活动。社区公共产品/服务供给过程的绩效取决于社区治理流程中如下几个环节是否能够有效地得到组织：(1) 社区居民/业主对社区公共产品/服务的需求/偏好的有效表达；(2) 社区居民/业主安排提供的过程，也就是社区居民进行关于社区公共产品或者服务生产安排的集体决策的过程；(3) 社区公共产品或者服务生产的过程，也就是实现这些产品或者服务的物理生产的过程；(4) 社区居民/业主产品/服务绩效的评价反馈，也就是实现社区居民或者业主对城市社区公共产品或者服务进行评价的过程，这一过程能够确保生产单位生产的产品或者服务与社区居民或者业主的需求与偏好相一致；(5) 社区治理过程中的契约监管及纠纷处理活动，就是对社区治理过程中的契约或者说合同活动进行监管处理的行为。这五个环节是任何一个社区进行治理都必须要进行的活动，无论是城市老旧社区还是新建的商品社区无不如此。

社区治理的五个环节是否能够成功得以组织取决于这五种活动的承担者之间的权利义务关系是否能够有效地建立，取决于这些权利义务关系是否明确。权利义务关系的建立和明确化是确保有效的激励的重要前提。因此，在社区治理过程中就会涉及不同的行动者，这些行动者在社区治理的过程中具有不同的地位和作用，分属于不同的社会部门，其在社区治理的过程中所应承担的权利义务也具有不同的根据。

具体来看,在社区治理的过程中涉及如下几个方面的行动者:(1)社区公共产品/服务的消费者——社区居民/业主;(2)社区公共产品服务的提供者——社区居民/业主组织;(3)社区公共产品服务的生产者——各类服务组织;(4)社区公共产品/服务绩效评价者——社区居民/业主;(5)社区治理过程中的契约监管者及纠纷处理者——相关政府部门。无论是消费者、提供者还是评价者地位的取得都是和社区中的房屋产权以及房屋产权结构密切相关的;同时,他们行使权利、承担义务的能力与社群本身的属性密切相关。因此,社区产权结构和社区社群属性是我们在分析社区治理活动时必须考虑的重要因素。此外,社区公共产品或者服务自身的属性也会对其提供、生产过程产生重要的影响,例如,出于规模经济的考虑,具有自然垄断属性的产品与非自然垄断属性的产品的生产安排必然不一样。所以,我们在探讨社区治理体制的过程中,也很有必要将相应的产品或者服务的属性纳入考量之列。

综上所述,本书的基本假设是城市社区中不同的产权结构、社群特性以及产品/服务特性等都会影响和塑造不同的制度,也会产生不同的生产绩效。因为不同的产权构成形成对各方利益主体的激励程度是不同的。同时,内部形成的关于公共产品/服务的治理安排结构与产权结构密切相关。所以,社区的治理结构和治理政策的选择应当根据产权结构、社群特性和产品/服务特性等分别对待。具体参看图5-2。

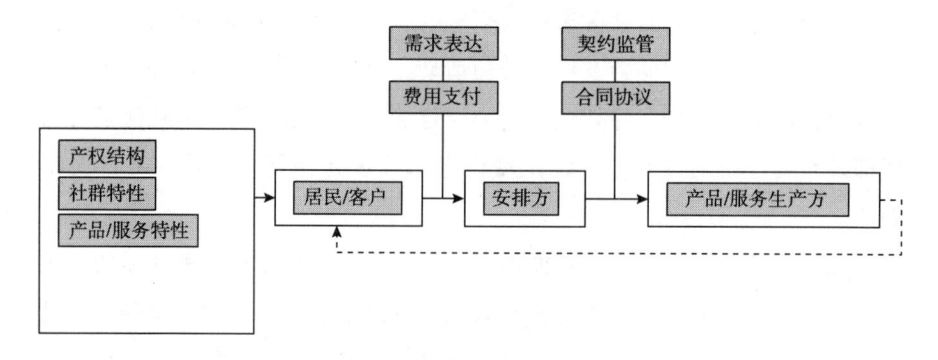

图5-2 城市社区分类治理分析框架

消费者的需求表达、提供者的集体决策以及生产者的物理生产过程是社区治理有效进行的必不可少的三个环节,缺少任一环节,有效的社区治理都难以进行。具体到某种类型的社区而言，所不同的只是这三个环节活动的具体承担者有所不同。至于在实践中，究竟是哪些组织分别承担着这三个环节的活动，我们认为很有必要对不同的社区的产权结构、社群特性和产品/服务的属性进行具体的分类研究。根据社区产权结构与社区社群属性交叉分析的结果和社区公共产品/服务属性与社区社群属性交叉分析结果来研究社区治理分类改革的政策选择。

第三节 城市社区公共产品分类研究

所谓的社区公共产品是在社区这一局部区域范围内满足居民生活需求的具有共用性的产品或者服务。社区公共产品是一种局部性的具有较低排他性的产品或者服务。这种产品或者服务针对社区这样一个地理区域范围的居民而言是共用的，是较难排他的。也就是说，只要某一种特定的公共产品或者服务得以组织供给，那么就很难将社区中的某个或者某些居民排除在受益范围之外。

一 社区公共产品的特性分析

社区公共产品区别于其他公共产品最大的一个特性就是区域性。也有人将其称为社区性，主要是指"在其受益范围内——社区内，具有非排他性，但是只要超出这个范围就具有排他性了"[①]。虽然说公共产品都具有公共性，但公共性的程度又是各不相同的，具体到某一种公共产品其公共性有所差异。公共产品的层次性就涉及公共产品所覆盖的范围，或者从另一个方面说，就是公共产品的外溢效应的范围。有些公共产品是覆盖全球或者全人类的公共产品，这些公共产品具有很高的公共性，例如 SARS 疫苗的研制、全球气候变暖的防治等；有些公共产品则是覆盖区域性的，例如欧洲共同体内的劳工关系管理等；有些公共产品是覆盖国家，例如国防和天气预报；有些公共产品覆盖的是某个省……有些公共产品则仅仅覆盖一个村庄或者社区，例如村庄自发组织的治安

---

① 陈伟东、李雪萍：《社区治理与公民社会的发育》，《华中师范大学学报》2003 年第 1 期。

巡逻等。

从外延的角度来看，社区公共产品包括三类形态：（1）实物形式的共有物。从形态的角度来看包括实物形式的住宅共用部位、公用设备设施。1998年11月9日建设部、财政部印发的《住宅共用部位共用设施设备维修基金管理办法》规定：共用部位是指住宅主体承重结构部位（包括基础、内外承重墙体、柱、梁、楼板、屋顶等）、户外墙面、门厅、楼梯间、走廊通道等。共用设施设备是指住宅社区或单幢住宅内，建设费用已分摊进入住房销售价格的共用的上下水管道、落水管、水箱、加压水泵、电梯、天线、供电线路、照明、锅炉、暖气线路、煤气线路、消防设施、绿地、道路、路灯、沟渠、池、井、非经营性车场车库、公益性文体设施和共用设施设备使用的房屋等。（2）货币形式的公共事物。这一部分主要是指社区中用于维修共用部位和共用设施设备的维修资金。社区公共维修资金又称为住宅共用部分、共用设施设备维修基金（简称为维修基金），是指由法律规定的专项用于住宅共用部位、共用设施设备保修期后的大修、更新、改建的基金。（3）服务形式的社区公共事务。社区内业主（作为集体消费单位）集体购买的、相应的服务组织提供的保安、保洁、维修、绿化维护等服务。（4）能源形式的公共事物。例如，自来水、民用电等。

二 社区公共产品的类型分析

社区公共产品的分类标准有很多种，例如可以根据排他性程度的高低分类，可以根据供给主体进行分类，可以根据受益对象进行分类等不一而足。在我们看来，社区公共产品的属性是影响其治理安排的重要因素之一。也就是从逻辑上讲，对社区公共产品属性的分析是先于对社区治理结构的分析，因为是前者决定后者而非后者决定前者。因此，我们不认为根据供给主体或者受益对象进行分类是科学的。为了更好地分析社区公共产品的特性与社区公共产品治理结构之间的关系，我们在这里将主要根据两个标准对社区公共产品进行分类，一个是社区公共产品的可分割性；另一个是社区公共产品的资本密集/劳动密集程度。前者和社区公共产品供给中能否利用市场机制相关，后者和社区公共产品供给中居民参与或者说以劳代资的可能性相关。

1. **分割性**

所谓的分割性就是指社区公共产品进行分别消费的程度，是否能够进行打包量化处理，是否能够实现某些个体进行单独消费和使用，而不会存在成本或者收益的外溢。就社区来看，具体而言就是在社区公共产品的消费过程中是否可以实现消费的家庭化，实现以家庭为基本的消费和成本承担单位。具有高度分割性的社区公共产品可以实现以家庭为单位的成本支付与消费。如果某个家庭不支付成本就不能消费此类产品，如果某个家庭消费了此类产品，那就必须自己支付成本。

具有高度分割性的产品或者服务可以实现成本和收益的内部化，因而就可以实现产品的打包购买和消费。因此，具有高度分割性的产品或者服务比较适于利用市场机制来进行运作。对此类社区公共产品而言，家庭是基本的消费单位，也是此类产品的提供单位，这二者是重合的。生产单位却是相应的公司。

2. **资本/劳动密集程度高低**

所谓的资本密集程度就是指某类社区公共产品耗费的资本的多少，与其相对应的另一个概念是劳务密集程度，两者之间成反比例关系，资本密集程度高的产品，劳动密集程度就低，反之亦然。区分社区公共产品的资本密集程度高低的一个重要作用就是分析其所具有的规模经济。资本密集型的产品如供水和排水系统更体现了"规模经济"（economies of scale）的特征，即随着生产规模的扩大，生产的平均单位成本呈下降趋势。劳动密集型的服务如治安保卫和教育则与此不同，他们潜在的规模经济可能很快地失去，这部分是因为这些服务更依赖于具体的时空下的信息[1]。

结合社区中具体的公共产品，我们把分割性和资本/劳动密集性作为两个分类标准，将社区中具体的公共产品归纳到四个不同的象限之中。具体参看图 5-3。

---

[1] 〔美〕罗纳德·奥克森：《治理地方公共经济》，万鹏飞译，北京大学出版社，2005，第 20 页。

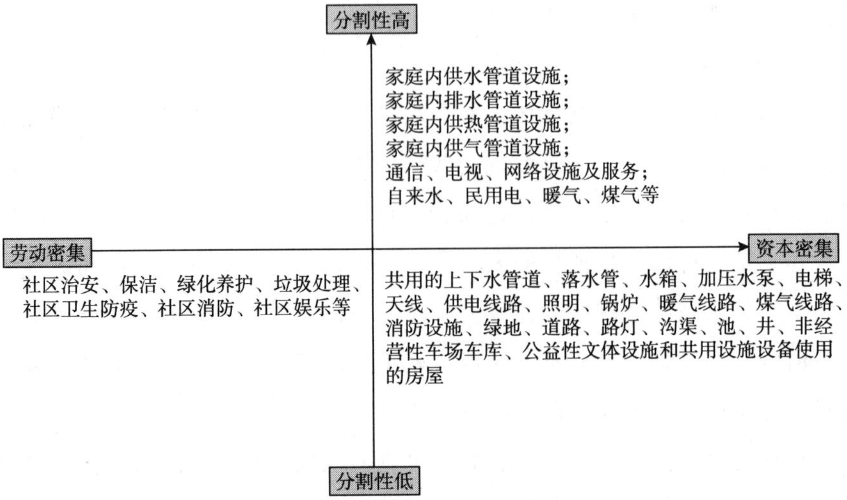

```
                          ↑ 分割性高
                          │  家庭内供水管道设施；
                          │  家庭内排水管道设施；
                          │  家庭内供热管道设施；
                          │  家庭内供气管道设施；
                          │  通信、电视、网络设施及服务；
                          │  自来水、民用电、暖气、煤气等
  劳动密集                │                                    资本密集
  社区治安、保洁、绿化养护、垃圾处理、  共用的上下水管道、落水管、水箱、加压水泵、电梯、
  社区卫生防疫、社区消防、社区娱乐等    天线、供电线路、照明、锅炉、暖气线路、煤气线路、
                          │  消防设施、绿地、道路、路灯、沟渠、池、井、非经
                          │  营性车场车库、公益性文体设施和共用设施设备使用
                          │  的房屋
                          │
                          ↓ 分割性低
```

图 5-3　社区公共产品的类型分析

第四节　城市社区产权结构分类研究

社区公共产品的属性会直接影响到其供给的组织，这是因为不同性质的社区公共产品本身具有不同的规模效应，具有不同的分割性，因此，其组织者、消费者在面临不同性质的社区公共产品时往往会因自身成本收益的考虑而面临不同的激励，因此，就会选择不同的策略行为。除了社区公共产品属性之外，社区产权结构是影响社区治理机制的另一个重要因素。社区产权结构是如何处理社区中各种利益关系的根据，因为产权结构明确了社区中各种公共产品、部位、设施等的进入（Access）、提取（Withdrawal）、管理（Management）、排他（Exclusion）以及转让（Alienation）等权利的分配使用[1]。

一　产权结构何以重要

很多关于社区治理的研究根本不涉及产权结构，但是在我们这里，产

---

[1] Elinor Ostrom（2009）. "Design principles of robust property‐rights institutions: What have we learned?" May, *in Property Rights and Land Policies*, ed. K. Gregory Ingram and Yu‐Hung Hong（Cambridge, MA: Lincoln Institute of Land Policy）.

权结构却是分析社区治理机制的一个重要影响因素。对社区产权结构的探讨,既能让我们清楚地认识现在社区治理实践中出现混乱和无序的深层原因,又能为我们寻找社区良性治理的对策指明方向。这是因为产权明确了不同的行为主体在对一定的标的物进行占有、使用、收益和处分的权利。

同时,社区中的产权和成员权、管理权是由产权衍生出来的,而成员权、管理权毫无疑问是我们探讨社区治理机制时必须考虑的核心要素。

产权在社区中的表现就是建筑物区分所有权,所谓建筑物区分所有权是指多所有人,甚至上百个所有人,共同拥有一栋高层建筑物时,各个所有人对其在构造上和使用上具有独立性的建筑物所有部分(专有部分)所享有的所有权和对供全体或部分所有人共同使用的建筑部分(共有部分)所享有的共有权以及基于建筑物的管理、维护和修缮等共同事物而产生的成员权的总称[1]。当出现了区分所有,产权归众多的业主所有的时候,业主们如何管理归他们所有的共有财产,就必须要从法律上加以考虑。"在一栋建筑物,特别是一个社区内,区分所有人人数众多,甚至可能是成千上万的人生活在一起,因此,区分所有人因区分所有而产生了共同生活关系,在这种共同生活关系中大家必然要管理大家的共同事物,因此区分所有必然产生对共同事物的管理,这种管理就是区分所有制度的特点,可以说,任何区分所有都包括了这种管理的固有内容,但这种管理又不是对自己的事物的管理,而是对共同财产、共同事物的管理,因此,它无法在产权中包含,必然要在区分所有制度中表现出来。"[2] 从权利的顺序源来看,成员权来源于专属所有权。由于居住的相邻关系形成的新的社区公共事物的治理需要相应的制度安排,而无论是社区公共事物治理的制度安排的形成还是治理活动的进行都无法离开行动者,城市社区治理中最基本的行动者应该是,也必然是社区中对建筑物的专有部分拥有专有权、对共有部分拥有部分所有权的以及基于专有和共有所有权而对社区公共事物的治理拥有成员权的业主。

---

[1] 陈亚平:《建筑物区分所有权制度中若干基本问题之研究》,《华侨大学学报》(哲学社会科学版)1998年第1期。

[2] 王利明:《论业主的建筑物区分所有权的概念》,《当代法学》2006年第5期。

二 社区产权结构类型分析

由于我国住房制度形成的历史原因和城市住房私有化程度的不同,现实中我国城市社区的产权结构比较复杂。根据实际情况来看,社区的产权结构在专有权、共有权以及专有权和共有权的关系方面由于相互的组合方式不同,形成了共有根据专有按比例配置与共有和专有分离两种极端形态,我们将前者称之为复合性的产权结构,将后者称之为复杂性的产权结构。当然在这两种极端形态之间由于共有和专有的组合结构不同,还具有许多的中间状态。基本上呈现出以共有根据专有按比例配置与共有和专有分离两种状态为两个端点的波谱状态。

1. **复合性的产权结构**(compound property structure)

共有根据专有按比例配置这种形式就形成了当前比较流行的商品住宅社区的产权结构形态,在这种社区中个体业主享有专有权,根据专有部分按比例享有共有产权。这就形成了一种复合性的产权结构(compound property structure)。业主因专有权而享有部分共有权,因共有权而享有成员权,因成员权而享有治理权。在这里所有权、使用权、管理权等成本收益的权利义务关系实现了统一。由于这种产权结构比较明晰,因而各方利益主体之间的权利义务关系也是比较清楚的。治理实践中出现的问题往往是和相应的制度执行绩效不彰有关。

2. **复杂性的产权结构**(complicated property structure)

共有和专有分离的形式就出现了业主享有专有权而没有共有权,共有权由某一个单位所有或者多个单位分享,这种分享可能是按照某些单位对某个社区内部的住宅楼的拥有量来配置的。在共有和专有分离的情况下,根据共有部分所有权者数量的多少,又可以将这种社区分为不同的形态。最简单的是没有共有权单位,而仅存在于某个业主享有专有权的一间房屋或者一个楼栋,或者是某一个单位独享共有权,众多业主分别享有专有权的形态;最复杂的是 n 个单位享有共有权,业主享有专有权,在这种形式下也会存在多种产权结构,共有单位因 n 的大小而定。

在这里专有权、共有权是相互分离的,因而成员权、治理权也是相互分离的。这就形成了一种复杂性的产权结构(complicated property structure）。复杂性的产权结构（complicated property structure）社区的出现是和我国住房制度改革密切相关。在住房制度改革不彻底的地方往往就会出现共有权与专有权相分离的形态，这种共有权和专有权相分离的状态产权结构又会造成传统的社区公共事物治理结构。传统住房制度下的社区公共产品的治理结构可以参看表 5-1。

表 5-1 传统社区公共事物治理结构

	直管房	自管房
所有者	国家	国家
管理者	房管局	单位房管部门
使用者	居民	单位员工
维修者	房管局	单位房管部门
保安、保洁、卫生等服务者	公安、房管、商业、水电及环卫等政府部门	单位相关后勤部门

第五节 城市社区社群特性分类研究

我们在研究社区公共产品治理时，除了以上对公共产品、社区产权结构进行分类研究外，还需将社区的社群特性作为主要考量因素之一。社群特性通常包括一定区域内社会群体的年龄、性别、民族、受教育程度、职业分布状况、收入情况等一系列现状特点，但本书探讨的社区公共产品/服务的提供是在合理满足社区居民的需求以及适当考虑居民的经济支付能力范围内进行的，因此本书只选取与研究主题紧密相关的几项社群特性加以分析，分别是有关居民个体的理性假设、社区居民的经济支付能力及其对社区公共产品的需求程度。

一 个体理性假设的分析

本书的一个基本假设是社区公共产品/服务的消费者是"理性经济人"，有着自利倾向，追求个人利益的最大化。这意味着每个社区公共服务的消费者都会试图在给定的约束条件下以最少的成本争取最大的收益。

自利的取向使居民总以自己的利益作为行为决策的首要考虑因素，因此在对社区公共服务产品的需求表达上，往往会掩饰其真实意图，在不需要个人支付费用的产品上，倾向于夸大个人的需求偏好，而对于需要社区居民共同支付费用购买的公共产品/服务上，也倾向于扭曲自己的真实需求，以期通过"搭便车"①的方式获取服务。

社区公共服务消费者在自利性的假定下总是有意发出误导他人的信息，扭曲真实的需求偏好，往往还会见机行事，使事态向着有利于自己的方向发展，从而增加了公共服务提供的信息搜集成本。这种公共服务消费者的个人需求表达与实际需求之间的偏差则在一定程度上会导致某些社区公共服务消费不足或消费过度，从而造成社会效率的损失。因此，在面对居民个体自利性的现实中应采取合理方法促使高类型业主显示其真实的业主类型，对于低类型业主关键在于使其显示真实的需求偏好。

二 社区居民的经济支付能力高低分析

经济支付能力是指社区居民由于自己的社会地位、职业特征和收入水平等客观条件决定的对公共产品/服务的购买能力。对社区居民购买能力的分析在安排社区公共产品模式上具有重要意义，因为不同的支付能力可能意味着不同的消费意愿（这将在下一部分论述），从而会选择不同的产品和服务的提供模式。

1. 高支付能力的社区居民/业主

高支付能力的社区居民包括两部分，一部分是由于一些历史遗留下来的比较优势，比如产权属于中直机关的原机关家属社区，或者由于地段优势、政策倾斜等原因而跃升的新贵社区，这些社区居民整体处于较高的社会阶层，其对公共产品/服务的经济支付能力普遍较高；另一部分高支付能力的居民可能来自居民普遍收入较低的社区，他们虽然与其他居民生活在同一个需要变革公共产品/服务提供模式的老旧住宅区，但他们的支付

---

① 美国著名经济学家曼瑟尔·奥尔森指出，如果集体行动所产生的利益具有公共物品的性质（集体中的所有人都能自动分享集体所获得的利益，不管他是否为获得这种利益做出过贡献），那么，理性的个人会尽量逃避集体的利益效力，而力图不花费任何成本地享受集体的福利，即"搭便车"。

意愿与其他居民有某种自然而然的分层。由于在某一社区中的消费分层会催生心理满足和示范效应，故而在老旧住宅区治理结构的变革中，寻求某种契合高支付能力居民心理期待的社区公共产品/服务组合是恰当的。而在上文的分析中，我们认为高支付能力的居民（高类型）其实有很大的冲动满足自己的真实类型，所以如果将所有的社区公共产品/服务不加分割，一概由公共财政买单提供给社区，则一方面在第一次投入和后续的维护中增加公共财政的负担，另一方面在动态和长期的社区治理中，也容易激励更多的高类型居民隐藏自己的需求加入免费消费者的行列。这种既拔高成本，又可能导致低效率的提供模式已经与社区治理的应有之义相违背了。所以基于这一层担忧，政策制定应该尽量将高类型居民区别出来，一方面由政府相关部门或者共有产权机构提供基本的共有社区公共产品/服务，另一方面对易于分割的甚至具有私人物品性质的某些社区公共产品/服务可以采用谁使用、谁付费的制度安排。

2. 低支付能力的社区居民/业主

低支付能力的居民也包括两个部分，一部分来自典型的老旧住宅区，比如崇文区的某些老旧住宅区属于以房改房形式安置原住民形成的。这些社区的居民在社区建成之前属于当地的村民，职业技能和获取就业机会的能力相对较低。在迁入社区之后，这些社群特征并没有根本的改变，这导致了这些社区成为典型的公共资金和私人资金都较为缺乏，需要公共财政全力支持的治理对象。另一部分的低支付能力社区居民，是来自富裕社区低收入人群，比如租住在社区中的外来人口，他们对社区公共产品/服务可能仅停留在最基本、最迫切的层面上，比如对水、煤、电、气、热的需求。对低支付能力的社区居民需要用较为精确的方式刻画出其基本的公共产品/服务需求，从而用公共财政在投入端予以保证。这也是对低收入居民参与的满足，因为对最基本需求的满足是关涉最基本的生存尊严。但同时，基于上文对理性的假设，低支付能力的社区居民在需求表达上有伪装成高类型居民的冲动，这一命题可能涉及社会心理学中的示范效应。所以低类型居民也倾向于拔高自己对社区公共产品/服务的基本需求，但同时并不承担额外需求所引致的成本。所以政策制定者不仅要分别出真正的低收入能力的社区居民，而且还要分别出真正的低收入居民的真正基本需求,如此才能在社区公共产品/服务的提供模式和社区结构的安排上寻求到一种既满足低支付能力居民参与约束,又满足高支付能力居民激励约束的制度安排。

第六节 城市社区分类治理的政策选择

社区公共产品治理的政策研究必须要同时考虑社区的产权结构、社区公共产品的分割性和资本/劳动密集性以及社区中社群的支付能力等社群特性。因为这三个部分对社区治理过程中的社区居民/业主对社区公共产品/服务的需求/偏好的有效表达、社区居民/业主安排提供的过程、社区公共产品或者服务生产的过程、社区居民/业主产品/服务绩效的评价反馈、社区治理过程中的契约监管及纠纷处理活动等五个环节产生直接的影响。而这五个环节构成了社区治理流程的全部内容,社区治理绩效在很大程度上取决于这五个环节有效组织的程度。

所以,我们在进行社区公共产品治理的政策研究时,需要提防寻求万应灵药的奢望,企图使用一套政策就有效治理所有时空之下各类特性的公共产品,这只会反映出研究者的无能。这正如医生总是用一副药方来治疗各种病人的各种疾病一样愚蠢[1]。因此,在进行社区治理的政策研究时,我们的核心思想就是"分类研究,分类治理",就是将具有某种特性的社区公共产品放在某类具体的时空和社群环境中探讨其可行的治理机制。

根据前面的分析,我们知道社区产权结构、社区公共产品特性以及社区社群特性是影响社区治理机制选择的三组核心变量。因此,我们将社区产权结构、社区公共产品特性以及社区社群特性进行交叉分析,可以形成一个三维空间分析图景,最终形成八类不同社区治理情形,每一类社区治

---

[1] 开出"万应灵药"(panaceas)是学者们易犯的一个通病,试图通过一剂良药救治诸种疑难杂症。然而从实际情况来看,这种理想只是一种奢望。可持续发展学者试图寻找出通向可持续治理的康庄大道,诸如推行政府化、市场化、地方化以及社区化等都是流行的"处方",但在多年的努力之后人们终于认识到自己所最需要做的就是超越万应灵药(going beyond panaceas)。

理情形具有其特定的时空、社群和产品特性，然后才能在每一类的社区治理情形中探讨社区治理流程五个环节的具体组织政策。具体情况如表5-2所示。

表5-2 三维视野下的社区治理情形分析

产权结构	社区产品特性	社群特性	治理情形
复合性产权结构	高分割	高支付能力	1. 富有商品社区的私人产品
复合性产权结构	高分割	低支付能力	2. 贫穷商品社区的私人产品
复合性产权结构	低分割	高支付能力	3. 富有商品社区的共用产品
复合性产权结构	低分割	低支付能力	4. 贫穷商品社区的共用产品
复杂性产权结构	高分割	高支付能力	5. 富有老旧住宅区的私人产品
复杂性产权结构	高分割	低支付能力	6. 贫穷老旧住宅区的私人产品
复杂性产权结构	低分割	高支付能力	7. 富有老旧住宅区的共用产品
复杂性产权结构	低分割	低支付能力	8. 贫穷老旧住宅区的共用产品

根据表5-2的分析，我们可以看到社区中的产品可以根据分割性的程度大体上划分为两类，一类是高度分割性的社区产品，另一类是共用性的社区产品。这两类产品由于分割性的不同，造成了其可打包消费的程度不同，其消费过程中的覆盖范围不同，因此其收益分享和成本分担的机制也是不同的。故而，在需求偏好表达、安排提供、产品生产、绩效评价反馈以及契约/冲突监管等环节的组织也应该是不同的。

一 高度分割性的社区产品的治理政策选择

高度分割性的社区产品的治理基本上可以用表5-3表示如下。

表5-3 高度分割性的社区产品的治理政策选择

治理情形	需求偏好表达	安排提供	产品生产	绩效评价反馈	契约/冲突监管
1. 富有商品社区的私人产品	个体	个体	公司	个体	政府
2. 贫穷商品社区的私人产品	个体	个体	公司	个体	政府
5. 富有老旧住宅区的私人产品	个体	个体	公司	个体	政府
6. 贫穷老旧住宅区的私人产品	个体	个体	公司	个体	政府

1. 高度分割性社区产品遵照市场机制进行治理

高度分割性的社区产品基本上可以看作是个体需求，因此其成本分担和收益分享可以分割到个人或者是家庭。因此，这一类产品可以按照市场机制运作。在这一类社区产品的供给过程中，个体是基本的消费单位，个体在市场上进行选择消费，个体与相应的生产者就产品的数量、质量、规格、价格等进行相互的谈判和博弈。个体对产品的绩效进行评价反馈，政府只需要对在这一类的产品选择过程中出现的契约关系以及冲突进行监督和处理，这是政府的市场监管职能的具体体现，也是市场经济良性运转所必须的条件。

2. 特许经营的社区产品的治理中，政府必须以中立立场进行价格和质量监管

如城市供水、供电、排水产品对于社区而言具有共享性，但随着技术的发展，对个体而言却可以进行打包量化处理，进行分割消费，因此他们的运作可以采用市场机制的手段。同时，由于具有自然垄断性或者说具有规模经济的特性，这一类产品往往是进行特许经营的。

特许经营者往往是自利者，他们追求的是经济利益，而政府往往会被利益集团俘获。因此在这一类产品的治理过程中，要特别注意确保政府在进行价格管制的过程中处于中立地位，为民谋益，而非为个别利益集团牟利。

二 共用性社区产品的治理政策选择

共用性社区产品的治理，根据产权结构的不同，我们可以分为复合性产权结构的社区和复杂性产权结构的社区，前者基本上与商品社区对应，后者基本上与老旧住宅区对应。因此，这二者由于产权结构的不同，形成的消费者、所有者和生产者之间的权利义务关系也是不同的。在这里有必要对二者进行分类研究。详细情况参看表5-4。

1. 新建商品房小区的共用产品的治理政策选择

新建商品房小区在产权结构上属于复合型的产权结构，基本上实现了使用权、所有权和管理权的复合统一，因此可以按照《物权法》和《物业管理条例》的规定进行治理。具体而言，凡是购买了房屋的人都属于

表 5-4　共用性社区产品的治理政策选择

治理情形	需求偏好表达	安排提供	产品生产	绩效评价反馈	契约/冲突监管
3. 富有商品社区的共用产品	全体业主/居民	全体业主/居民组织	自我/政府/公司/NGO/社区组织	全体业主/居民	政府
4. 贫穷商品社区的共用产品	全体业主/居民	全体业主/居民组织	自我/政府/公司/NGO/社区组织	全体业主/居民	政府
7. 富有老旧住宅区的共用产品	全体业主/居民	共有产权单位/全体业主/居民组织	自我/政府/公司/NGO/社区组织	全体业主/居民	政府
8. 贫穷老旧住宅区的共用产品	全体业主/居民	共有产权单位/全体业主/居民组织	自我/政府/公司/NGO/社区组织	全体业主/居民	政府

业主，他们应当是小区的主人，由他们组成业主组织做出集体选择，安排小区的共用产品的治理模式。具体而言，小区业主可以委托综合性物业服务公司提供有偿的物业服务，物业公司负责组织管理各项服务活动，这其实是一种民营化的模式；业主组织负责决策环节，物业公司负责生产环节；小区业主也可以和各个专门的服务公司签订合同，由业主组织对各个专门服务公司进行组织管理，这也是一种民营化的模式。当然，小区业主组织也可以自己招聘相关服务人员组织生产小区所需的各种共用产品和服务，这是一种自我服务的模式。

2. 老旧住宅区的共用产品的治理政策选择

老旧住宅区由于产权结构的复杂性以及社区社群支付能力的差别等因素，其共用产品的治理选择还需要分别对待。老旧住宅区共用产品的治理政策选择具体如表 5-5 所示。

表 5-5　老旧住宅区共用产品的治理政策选择

治理情形	需求偏好表达	安排提供	产品生产	绩效评价反馈	契约/冲突监管
7. 富有老旧住宅区的共用产品	全体业主/居民	共有产权单位/全体业主/居民组织	自我/政府/公司/NGO/社区组织	全体业主/居民	政府
8. 贫穷老旧住宅区的共用产品	全体业主/居民	共有产权单位/全体业主/居民组织	自我/政府/公司/NGO/社区组织	全体业主/居民	政府

(1) 富有老旧住宅区的共用产品的治理应当通过共有产权单位和业主/居民的选择，逐步走上物业治理的模式。

由于这些老旧住宅区社群具有较高的支付能力，对社区共用产品也具有较高的需求。因此，这一类社区中的共用产品可以采用类似商品社区的运作模式进行共用产品的治理。但是其治理过程需要注意如下几个关键环节的组织。

一是共用产品需求偏好的表达。这就需要在包括共有产权单位、社区业主/居民在内的所有利益相关者之间开展集体选择活动，通过民主等机制实现他们对社区共用产品的需求和偏好的转换输入。

二是安排提供。需要在包括共有产权单位、社区业主/居民在内的所有利益相关者之间开展集体决策活动，就社区内部共用产品的内容、数量、质量和价格等达成一致意见，并就社区共用产品的融资和生产做出安排，社区共用产品的生产安排可以是多种多样的，总体来看包括内部自我生产和外包生产两种形式，而外包生产可以通过合同/契约的形式在政府、公司、NGO等众多具有生产能力的单位中选择适合自身社区需要的生产者。

三是产品生产。产品生产是一个简单的物理过程，本身并非社区治理的应有之义，但是由于我国的法制建设还不完善，存在社区产品生产市场有效竞争缺失等现实原因。所以产品的生产过程还需要政府进行一定程度的监管。

四是绩效评价。可以通过投票、调查、评优等方式反映社区居民/业主对社区共用产品生产的绩效进行评估和反馈。

五是契约/冲突监管。当社区和相应的生产单位之间对社区共用产品达成了生产合同和契约关系之后，政府需要对契约的执行程度进行监管，对于违背企业规定内容的任何一方都必须要根据合同的约定进行监管、实施处罚。同时，当合同双方因合同内容或者合同实施过程中出现争议和冲突时，相关的政府单位也必须对相关的冲突和纠纷通过多种多样的形式进行解决。

(2) 贫穷老旧住宅区共用产品的治理应根据社区共用产品资本/劳动密集程度的不同在共有产权单位/全体业主/居民组织与共有产权单位/政

府保障之间进行选择。

贫穷老旧住宅区的共用产品的治理从理论上来讲和其他社区共用产品的治理没有什么本质的区别。但由于贫穷老旧住宅区社群的支付能力比较低，他们不可能大规模地采用付费外包的形式进行治理。现实中这类社区中的居民或者业主往往有一些没有固定工作的人员。因此，对于这一类社区中的共用产品的治理需要根据资本密集型和劳动密集型两个特征区别对待，分类治理。大体情况可以参看表5-6。

表5-6 贫穷老旧住宅区共用产品的治理政策选择

治理情形	共用产品类型	需求偏好表达	安排提供	产品生产	绩效评价反馈	契约/冲突监管
8. 贫穷老旧住宅区的共用产品	劳动密集型	全体业主/居民	共有产权单位/全体业主/居民组织	自我/政府/公司/NGO/社区组织	全体业主/居民	政府
8. 贫穷老旧住宅区的共用产品	资本密集型	全体业主/居民	共有产权单位/政府保障	自我/政府/公司/NGO/社区组织	全体业主/居民	政府

贫穷老旧住宅区劳动密集型的共用产品治理政策的选择。劳动密集型的社区共用产品主要是一些社区中的服务，包括社区治安、社区保洁、社区绿化养护等。这一类产品对资本的要求不是很高，但对劳动力的需求比较高。而且，这一类产品对于社区中的业主/居民而言是具有共享性的，不易将不付出成本的社区成员排除在外。同时，由于贫穷的社区中劳动力比较充裕，而资金不足，因此可以通过自组织实现自我提供。

劳动密集型的社区共用产品的治理在需求偏好的表达、安排提供、绩效评价和契约/冲突监管等方面与其他社区的治理政策没有明显区别。关键在于生产安排方面，贫穷老旧住宅区中劳动密集型的共用产品宜采用居民/业主自我组织等内部生产的形式，而不宜采用付费外包的形式。在自我组织等内部生产的形式中，根据有钱出钱、无钱出力的原则组织社区共用产品的融资和成本分配活动。那些贫穷的业主或者居民可以采取"以劳代资"或者"以劳赚资"的形式参与到社区公共产品的供给过程中。

这样一方面能够保证社区公共产品治理中的成本分担的公平性，另一方面也可以减轻困难户的生活负担，还可以实现社区劳动力的充分利用。

贫穷老旧住宅区资本密集性的共用产品治理政策选择。资本密集性的社区共用产品主要是一些社区内的共用设施，诸如道路、供水排水、供电、供气、供热、通信、有线电视等管线设施等。这些设施本身与其他社区的设施在性质、功能上没有任何区别，唯一特殊的是使用这些设施的人没有相应的支付能力。因此，对于贫穷老旧住宅区中诸如供水排水、供电、供气、供热、通信、有线电视等管线设施这些资本密集性的共用产品适宜采用政府保障的形式进行供给。

本章小结

城市社区是一个亟须改善的治理领域，也是一个受到多方面因素影响的复杂治理区域。社区的产权结构、产品特性和社群特性等都是影响社区治理政策选择的重要变量。具体的社区治理政策应当根据社区的产权结构、产品特性和社群特性的不同而在市场机制、自组织机制、非营利机制以及政府保障机制等众多的治理策略中进行选择。只有这样，才能够避免在不同的治理情境开出万应灵药，也才能避免在市场化运作和政府大包大揽两者之间来回摇摆。

第六章　城市存量公房改革和老旧住宅区的治理政策选择

存量公房是住房制度改革不彻底的历史遗留物，根据住房作为私人物品的属性和住房市场化的发展路径来看，存量公房改革的方向就是私有化。但是这一改革方向遭遇社会低收入群体和政策转向时，就会出现"乱花渐欲迷人眼"的情况。在当前房价偏高，中低收入群体支付能力有限，政府住房政策转向大量建设保障性住房的背景之下，存量公房的改革就面临着一系列的问题，当前应明确存量公房进一步改革的政策选择。

这些问题包括：存量公房是否需要继续推行私有化改革？如果继续推进改革的话，如何面对承租户购买能力低下的问题？如果不推行私有化，继续坚持产权公有使用权出租的模式，租金是否需要和现行的公租房或者廉租房的租金机制对接？如果对接的话，同样面临如何处理承租户支付能力低下的问题？如果不对接的话，如何处理存量公房脏、乱、差和基本设施维修无着落的问题？

本章旨在回答这些问题。为此，第一节从源头上明确存量公房的性质、类型、涉及的利益相关者的属性以及产权者、管理者和承租者之间的权利义务关系，从而能够为我们分析存量公房的改革政策选择提供一个分析框架。第二节，我们将回到北京市存量公房的现状，对北京市存量公房的产权、社群属性进行具体的分析。第三节归纳总结北京市存量公房面临的问题。第四节将会在分析框架的指引、北京市的现状和问题分析以及外地经验借鉴的基础上，提出北京市存量公房改革的具体政策选择。

第一节 存量公房分类改革的逻辑框架

存量公房改革的最终目标是要在各利益相关方之间实现利益平衡，所以存量公房改革的本质是价值配置的问题而不是价值创造的问题。对这一问题的认识需要建立在与存量公房相关的几个元素清晰认知的基础上，这些元素包括存量公房的属性，也就是要明确存量公房是什么性质的物品；明确存量公房住户的属性，这些人与一般的商品房的住户有什么不一样之处；存量公房配置的机制是什么，要采取市场公平交换的机制，还是政府福利分配的机制？背后的原因是什么。只有对这些问题有了明确的答案之后，我们才能够明确存量公房的改革方向究竟是什么。面对不同的住户群体，存量公房改革的具体政策是什么。同时，也才能够明确不同的政策选择，以及相应的政策工具或者说实施方案的选择。因此，为了对存量公房改革的逻辑有一个清晰的认识，我们需要将上述的因素纳入分析框架之内。具体的因素包括存量公房的物品属性，存量公房的产权属性，存量公房住户的社群属性，存量公房的配置机制及政策选择。具体的逻辑框架见图6-1所示。

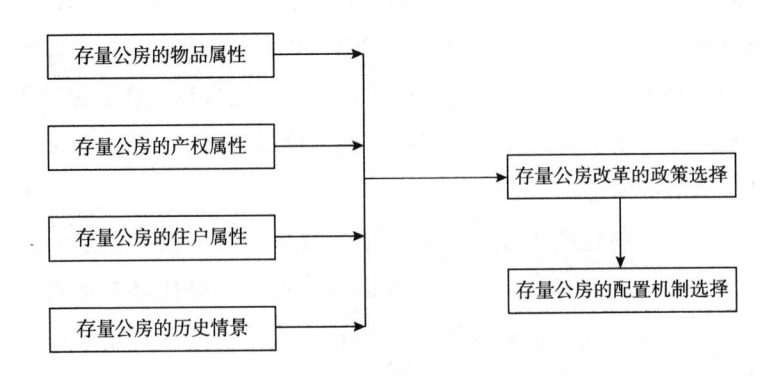

图6-1 存量公房分类改革的逻辑框架

存量公房的产权属性分析。存量公房的产权属性分析就是要厘清存量公房的产权状态，明确现实中存量公房的产权形态。产权分析首先要明确的是存量公房有没有产权的问题，从实际情况来看，有的存量公房的产权是明确的，但有些存量公房的产权是不明确的。从政策的角度而言，对产权明确和产权不明确的存量公房不能采用同一政策。如果有产权，且产权明确的话，那就要分析某一存量公房属于什么性质的产权，是国有的，还是集体所有的，还是其他的。从现实的情况来看，存量公房包括自管公房和直管公房两种类型。自管公房是指由各机关、团体、企事业单位自行经营的国有或集体所有的房产。直管公房是指由国家各级房地产管理部门直接经营管理的国有房产。无论是自管公房还是直管公房都属于公共产权，而非私人产权。对存量公房进行产权分析是前提性的，因为产权是市场交易的前提，在产权不明确的情况下，很难明确谁拥有收益权，谁拥有使用权，谁要付出成本等。

存量公房的物品属性分析。存量公房的物品属性分析和产权分析是有区别的。公房的物品属性分析是分析房屋本身所具有的特质，这种特质是蕴含在房屋中的一种属性，而不是人为赋予它的特质；产权不是房屋自身的特质，是人们通过制度设计赋予房屋的属性，同样一套住房，我们可以通过制度的形式规定它为公共住房，也可以规定它为私人住房，还可以规定它为小产权住房，但是这一套住房自身的物品属性并不会随着产权的变化而变化。存量公房顾名思义就是还存在着的公共房屋，虽然我们称这些房屋为公房，这也不过是人为赋予他们的一种性质，从房屋自身的属性而言，它应当属于个人物品，因为房屋的收益是具有排他性和竞争性的，也就是说房屋的收益和成本是可以实现一体化的。不付出相应的成本，人们就不能拥有或者使用某套住房，不能获得收益。对存量公房进行物品属性分析也是很重要的，因为只有在明确了物品属性的情况下，才能够清楚我们可以选择什么样的机制来配置这种资源。房屋作为私人物品，不存在外部性，那么在产权明确的情况下，就当然地可以进入市场进行交易，通过价格机制来调节住房资源的配置，实现相关行动者之间的利益平衡。所以，进入市场交易是房屋自身属性决定的，无论在什么样的历史情境和社会结构状态下，住宅市场化应当是主流，其他的配置方式只能作为辅助手段，通过再分配的形式进行。

存量公房的住户属性分析。存量公房住户分析是对当前仍然住在存量公房中住户的社群属性的分析。就是要搞清楚这些住户的社会经济状况。对这些住户进行人口社会学分析，调查清楚他们的职业、年龄以及经济支付能力等。存量公房改革不仅仅是房屋自身的问题，往往还会和社会稳定联系在一起，也就说存量公房的改革要在保障社会和谐稳定的前提下稳步推进。这就需要将存量公房改革的政策选择与当前仍然居住在这些房屋中的住户人群的特性联系起来，把他们的社会经济状况，尤其是对存量公房出售、出租的价格承受能力联系起来进行综合分析判断。如果当前存量公房的住户群体经济支付能力高，那么我们就可以根据房屋属性和产权以及中国房地产市场的主流继续推进存量公房的市场化改革；如果当前存量公房的住户群体的经济支付能力低①，那么我们就需要考虑将存量公房纳入保障房的系列之中。当然，住户群体的属性是千差万别的，还需要具体分类判断，从而与存量公房改革的政策选择对接，不能搞一刀切式的政策设计。

存量公房的历史情景分析。存量公房是住房制度改革不彻底的历史遗留物，所以当我们在设计存量公房改革的政策选择时，还必须要进行历史情景分析。在住房制度改革之前，所有的房屋都是公有的，个人劳动收入——工资中没有包括住房的报酬，因而住房作为劳动报酬的一部分是按照福利分房的形式存在着，这就是实物分房的阶段。在进行住房制度改革之后，住房被确定为商品可以进入市场进行交易，公有的住房以较低的价格卖给个人，从而公有的住房就成为个人的私有住宅。公房低价出售的形式可以看作是在当时的历史条件下，对以前劳动工资收入不足的变相补偿，也可看作是将房屋价值的一部分折抵了个人工资收入低于劳动价值的部分。如果当时所有的公房都出售完毕，那么就不存在存量公房的问题。麻烦的是当时一部分人或者是因为购买能力低，或者是因为购买意愿不足而没有购买公房，是选择以租赁的形式继续使用公房。这部分遗留的公房

---

① "这里所有的困难是难在穷人怎么办，现在住这样房子的人低保的很多，确实买不起。"北京市住房和城乡建设委员会的王玉明处长深有体会地总结道。详见《住建委住房课题座谈会记录》。

就是当前的存量公房，就是我们需要改革的对象。从历史情景的角度而言，当前仍然居住在存量公房中的人没有买房，也就等于他们过去的劳动价值没有以购买房屋的形式得到补偿，但是他们却以低价租赁的形式在一定程度上得到了补偿，同时我们也需要看到另一面，那就是在市场上作为具有自主选择权的个体需要对自己的行为承担责任。所以，我们今天再来考虑存量公房改革时，就需要综合考虑他们的承受能力和历史情景中他们自己做出的选择。既不能不顾他们的承受能力，将存量公房按照市场价销售给他们，因为毕竟从历史上来看他们的劳动在当时没有得到充分的补偿；也不能不考虑他们当时在房改时是因为自身的行为造成了错失良机，将存量公房按照历史价格或者成本价格或者超低价格销售给他们，毕竟当时房改时给过他们自由选择的机会。

根据上述的分析，从整体上来看，存量公房改革的政策选择应当坚持住房作为商品属性，在继续推进市场化改革的大方向下，根据存量公房的产权属性，根据当前住户的社群特性，尤其是经济支付能力，并综合考虑存量公房改革的历史情景，进行分类改革。存量公房改革，应当坚持能出售则出售，不能出售则按市价出租；不能按市价出租的纳入公租房和廉租房体系出租；不能纳入公租房和廉租房体系的，对低保户按设计特定的出租标准进行保障的原则进行。

第二节　存量公房和老旧住宅区现状分析：以北京市为例

存量公房是指还没有销售掉的公房。存量公房在产权结构、住户状况、租售政策、管理维护等方面都不同于其他类型的房屋。我们将分别从这几个方面对北京市的存量公房的现状进行分析。

一　老旧住宅区存量公房产权类型复杂多样

我国 1949 年以后实行的是福利性分房政策，房屋为公有财产，个人只有承租权和居住权，与这种所有权结构相适应，其社区的公共事务主要由政府或者单位统一管理。而这其中又分为直管房，即由房管所管理的房子和自管房，即一些大中型企业通过自行投资建设、购买或者由政府划拨等途径获得的房子。这两部分房子在当前基本上都具有本书所定义的老旧小区的特点。而如果从建成时间上去考察北京市的老旧小区，容易发现其中比重最大的是20世纪80年代建造的房子。由于在此期间，北京的房地产市场并不完善，同时对房屋的管理依然遵循的是"计划管理模式"[①] 或者准计划管理模式。这种管理模式的房子在20世纪90年代中期转为小区物业的管理模式之后，在财力、物力和权力分配上都出现了比较严重的问题。北京市老旧小区的基本情况参见表6-1所示。

表6-1 北京市老旧小区基本情况

建成年限	建筑项目数（个）	建筑面积（平方米）	占老旧小区比重（%）	占总建筑面积比重（%）
1969年以前	222	975	14.30	16.67
1970~1979年	313	1060	19.79	18.12
1980~1989年	1047	3814	66.18	65.27

资料来源：李健：《北京亟待更新改造老旧小区的现状及评估》，《城市》2007年第3期。

从产权的角度来看，北京市的存量公房都属于公有，但是按照产权类型来划分又可以分为市属直管公房、区属直管公房和统管公房、企业自管房等几类。北京的直管公房又可以分为市属直管公房和区属直管公房两种类型。两者性质上是相同的，只是所有权归属不同。市属直管公房是由北京市政府接管、收购、新建并委托专业的房屋管理单位直接管理、出租、维修的房屋。这些房屋大部分始建于20世纪50~70年代，产权归属北京市房地集团，产权性质为市级公产。全市目前直管公房已售75%以上，全市直管公房总面积为1052万平方米，占全市房屋总量的3.5%，现有承租户约23.2万户。从分布上看，主城八区面积为926万平方米，占全市直管公房总量的88%，承租户21.6万户，占全市总量的93%。从房屋用途来看，全市直管公房以住宅为主，占67.7%，办公、商业及公益用房合计占8.5%，其他用房占23.9%[②]。全市的直管公房中北京市房地集

[①] 居民住房只需缴纳少量租金，具有福利性质，政府和企业承担了管房、修房的责任。参见陈建国《业主选择与城市小区治理》，中国人民大学博士学位论文，2009。

[②] 北京市房地集团有限公司：《关于北京房地集团旧住宅区管理现状及存在问题的情况介绍》（2009年6月13日）。

团管理的公房建筑面积 120 万平方米,其中天岳恒公司管理 93 万平方米,首华公司管理 27 万平方米。主要有楼房 235 栋,建筑面积 117 万平方米;平房 3 万平方米。自管公房(非统管公房),指由政府房产管理部门直接管理的公房,或者由机关事业单位、社会团体、国有企业单位自行管理的公房。

二 存量公房住户有少量低保户

从住户的情况来看,北京市社区中的公房承租户的比例不尽一致,社区的低保户的数量也比较少。在 22 个社区中,公房承租户所占比例为 3%~80%,其中平均数为 39%。在我们调查的 22 个社区中,低保户最少的社区中没有一家为低保户,最多的社区中低保人员占到社区住户的 30% 左右。根据数据,在这些老旧住宅区中,低保户的比例从 0~10% 之间,平均值为 1.9%。详细情况参见表 6-2 所示。

表 6-2 北京市 22 个老旧住宅区承租户和低保户的比例

小区名称	小区户数(户)	低保户(户)	拆迁户(户)	小区中长期租住公房的住户(户)	长期租户的比例(%)	人在户在占总户数(%)	人在户不在占总户数(%)	户在人不在占总户数(%)	外来(含外籍)人口占总户数(%)	其他(含单位集体户口)(户)
丰台街道	2208	17		1	30	75	15	5	5	
海淀区紫竹院三虎桥社区	1200	20				97	1	1	1	
朝阳区柳芳南里社区	2617	12		1	40	64	33	3	0.26	
海淀区紫竹院街道厂洼社区	1128									
清华大学西楼社区	1006	10		1	30	50	23	27%		
清华大学东楼社区	843	15		1		74	13	4		1

续表

小区名称	小区户数（户）	低保户（户）	拆迁户（户）	小区中长期租住公房的住户（户）	长期租户的比例(%)	人在户占总户数(%)	人在户不在占总户数(%)	户在人不在占总户数(%)	外来(含外籍)人口占总户数(%)	其他(含单位集体户口)（户）
东四五条	1911	75		1	80	70	15	30	1	
东城区东四街道六条社区	2348	79				85	15	20	18	
水利局宿舍	128	3				60	20	10	10	
北城根小区	1387	6	166			80	5	5	10	
红莲南里社区	4872	36		1	3	40	20	20	20	
罗庄东里小区	2045	2		1	15	30	20	20	20	
海淀区塔院晴冬园社区	1471	6	369	1	15	60	25	15	10	
护国寺社区	1987	30	100	1	80	60	1	39	15	
西四北社区	2118	40		1	70	66		33	11	
通州区司空社区	1843	43		1	20	41	22	16	21	
如意社区（如意园、吉祥园）	2029	52	963			60	30	5	5	
石景山区古城街道南路西社区	1221	52	212			89	7	4	10	
石景山区古城路社区	916	75		1	20	75	20	5	20	
朝阳区小关街道小关社区小关北里45号院	335	3		1		65	20	8	4	
甘露家园	1001	8		1	70	57	22	21	26	

资料来源：北京海淀和谐社区发展中心：《北京市城市老旧住宅区建筑物及附属设施治理体制研究》。

三 存量公房租售政策梳理

根据北京市《关于2002年向职工出售公有住房价格及政策的通知》（京国土房管方字〔2002〕89号），2002年单位出售公有住房的成本价及有关折扣政策按 2001 年出售公有住房价格及有关政策执行。

北京市存量公房售房价格：2002 年北京市东城、西城、崇文、宣武、朝阳、海淀、丰台、石景山等近郊八区新建公有住房成本价仍为每建筑平方米 1560 元。远郊区县新建公有住房成本价由区县房改办会同区县有关部门按规定测定。

售房的实际房价 = ［成本价 - 标准价高限 × 年工龄折扣率 × 夫妇工龄之和 × （1 + 调节因素之和）× （本套住房建筑面积 + 阳台面积 × 系数 + 装修设备价）］× （1 - 已竣工年限 × 年折旧率）。

从实际售改情况来看，截至 2007 年，北京市房地集团已经出售房屋 11502 套，建筑面积 67 万平方米，未售房屋 50 万平方米。已售房屋占全部可售房屋总面积的 72%。从 1997 年到 2007 年，通过出售房屋共收取房款 15996 万元。归集住房公共设备设施维修基金共 7903 万元，其中个人缴存 1735 万元。

《北京市房改扩大试点实施方案》中规定：执行市房管局"57"私房租金标准的私人出租住房，参照所在区县直管公房租金的提租幅度调整租金，最高不超过每平方米使用面积月租金标准 0.76 元。

《北京市政府房改办、市房管局关于印发〈北京市住房制度改革住宅租金暂行标准〉的通知》（市房改字〔1991〕第 425 号），给出了北京市公房出租租金的计算公式：

月租金 = 各房间租金之和 + 附属项目租金之和 + 设备租金之和
房间租金 = （租金基数 + 调剂因素）× 房间使用面积
附属项目租金 = 附属项目单位租金 × 附属项目使用面积

从目前来看，北京市的市属直管公房未售房屋租金标准为 3.05 元/月每平方米，平房为 2.30 元/月每平方米。2007 年全年民用租金收入共 344 万元。同时，从 2000 年开始，政府实施城市低收入家庭租金减免政策，市属直管公房共有 3799 户享受减免政策，平均每年减免租金 28 万元，截至 2008 年二季度累计减免共计 260.46 万元。

四 存量公房的管理维护现状

《北京市物业服务收费管理办法》（京价房字〔1997〕第 196 号）第

十条规定，物业服务费用由业主交纳，但按房改政策出售公有住宅的单位和购买安居（康居）住宅的职工所在单位，应按有关规定承担综合管理、共用部位共用设施设备日常运行维护、绿化养护、电梯、水泵运行维护等费用。按房改政策出售公有住宅的单位和购买安居（康居）住宅的职工所在单位，就物业管理服务费用承担问题与购房人另有约定的，从其约定。1996年北京市物价局和房屋土地管理局出台的《关于转发〈北京市普通居住社区物业管理服务收费暂行办法〉的通知》（京价房字〔1997〕第196号）第五条规定，"按房改规定出售公有住宅楼房的单位和购买安居楼房的职工所在的单位，应按有关规定负担产权人缴费项目"。根据《北京市普通居住社区物业管理服务收费标准》，我们可以看到北京市的公房社区管理维护的费用在住户个人和产权单位之间进行了划分，其中住户个人只需要缴纳装修房屋垃圾外运费、保洁费、保安费、各项费用统收服务费、车辆存车费（自行车、三轮车、两轮摩托车、三轮摩托车）和机动车存车费等部分费用，而产权单位则需要缴纳绿化费、化粪池清淘费、管理费、小修费、中修费、社区共用设施维修费、电梯费、高压水泵费、共用电视天线费等费用。

在现实中，老旧住宅区公共事物的管理或者是由街道或乡镇的房管所承担，或者是部分由专业职能部门承担，部分由物业服务单位管理。

（一）房管单位管理老旧住宅区公共事物的情况

老旧住宅区户外的道路、路灯、绿化、清洁卫生、安全巡视、化粪池清淘和机动车车位由街道办事处或乡镇的房管所管理，而住户对这些社区公共事物的管理主体地位缺位，管理责任缺失，也不承担其相应的成本，这基本上还是延续了社区管理福利化的做法。其成本由街道办事处筹集，实际上是由政府财政支付。北京市昌平区基本上采取的是这种管理模式。具体参见表6-3所示。

例如北京市昌平区沙河镇沙阳路18号院就是按照这种模式管理的。沙阳路18号院共有6幢楼，285户，建筑面积16330.00平方米，居民不需要缴纳公共区域的管理维护费用，房管所每年为该小区承担178000元的管理维护成本。其管理的具体情况参见表6-4所示。

表 6-3 昌平区老旧住宅区公共事物管理模式

序号	老旧住宅区名称	建筑面积（平方米）	楼幢数（栋）	户数（户）	管理现状
1	南环里小区	138601.32	34	1964	昌平房管所
2	北城根小区	76380.56	17	841	昌平房管所
3	瑞光小区	9338.90	6	163	昌平房管所
4	灰厂路小区	4401.90	5	97	昌平房管所
5	西环里小区	103677.18	35	1769	昌平房管所
6	北环里小区	28717.62	10	474	昌平房管所
7	展思门路 6 号院	18506.00	4	176	沙河房管所
8	沙阳路 18 号院	16330.00	6	285	沙河房管所
合 计		395953.48	117	5769	

资料来源：北京海淀和谐社区发展中心：《北京市城市老旧住宅区建筑物及附属设施治理体制研究》。

表 6-4 沙阳路 18 号院管理维护状况

楼外公共区域的管理事项	数量（个）	管理主体	年度总成本（元）	年度总收费（元）
道路（平方米）	5012	沙河房管所	8000	无
路灯（个）	32	沙河房管所	16000	无
绿化（平方米）	3585	沙河房管所	5000	无
清洁卫生（平方米）	25527	沙河房管所	98000	无
安全巡视（人）	2	沙河房管所	36000	无
化粪池清淘（个）	3	沙河房管所	15000	无
机动车车位（个）	10	沙河房管所	—	无
合 计	—	—	178000	无

资料来源：北京海淀和谐社区发展中心：《北京市城市老旧住宅区建筑物及附属设施治理体制研究》。

（二）专业职能部门和物业公司及居委会共同管理老旧住宅区公共事物的状况

例如北京市石景山区八角北路小区采用的就是这种管理模式，该小区有 20 幢楼，共有建筑面积 76367 平方米，共有住户 1464 户。其具体管理状况如表 6 - 5 所示。

表 6 - 5　石景山区八角北路小区公共事物管理状况

楼外公共区域的管理事项	数量（个）	管理主体	年度总成本（万元）	年度总收费（元）
道路（平方米）	10870	修缮所	30.0	无
路灯（个）	100	供电局		无
绿化（平方米）	6138	办事处		无
清洁卫生（平方米）	—	居委会		无
安全巡视（人）	—	居委会		无
化粪池清淘（个）	18	修缮所	3.5	无
机动车车位（个）	—			无
合　计	76367	—	33.5	无

资料来源：北京海淀和谐社区发展中心：《北京市城市老旧住宅区建筑物及附属设施治理体制研究》。

第三节　城市存量公房面临的问题：以北京市为例

从目前的管理实践来看，北京市存量公房的管理中面临着权利义务关系不清晰、管理责任主体缺失、房屋设施管理维修资金缺乏、社区治理缺乏长效机制等问题。

一　产权结构复杂导致管理责任不清

随着直管公房出售政策的实施，直管公房的产权结构发生了变化，已经出售房屋的购房人成为业主，未出售房屋的产权人仍然是房管部门。目前北京市直管公房房屋产权归属不明晰，单栋楼房有多家产权单位的状况大量存在，无法统一归集售房款和公共维修资金，并导致在房屋大中修、动用售房款时容易出现意见不统一、相互扯皮的现象，不利于公房的管理维护。

在我们调查的北京市 22 个社区中，不仅社区内部各种类型的共用部位和设施的产权性质错综复杂，例如社区内部的锅炉房、停车场、草坪、运动健身场所器械等，与商品房社区全然不同的是，住房专有部分本身的产权性质也很复杂，即使一个楼门里面，住房单元的权属性质也不一致，某些住户以标准价或者成本价购买了产权，另外一些住户可能是公房承租户，无论产权如何，住户分属不同的单位，权属与费用情况差异甚至比产权差异还要大。这种复杂的产权格局必然带来复杂的权利义务责任关系，导致谁也不愿承担责任、义务，也很难让谁来承担责任、义务。详细情况参见表6-6所示。

表6-6 北京市22个城市社区的产权状况

序号	小区名称	规划性质	原产权单位	产权与管理体制类型	是否存在共有产权	共有财产举例及共有类型
1	丰台街道	单位自建房	10个产权单位	直管	是	草坪（小区和产权单位共有）
2	紫竹院三虎桥社区	单位自建房	首创集团、市检察院、市电车公司	自管	是	锅炉房（不同的产权单位共有）
3	柳芳南里社区	拆迁房	朝开、服装学院、民航、水利规划设计院、中央歌剧院、区委、水利水电学校等	直管、自管	是	停车场、草坪（小区和产权单位共有）
4	紫竹院街道厂洼社区	单位自建房	国家设计院、武警总部、海淀区第二建筑公司、惠普公司、北京电视台	直管	是	共有部分分属单位和小区，比较明确
5	清华大学西楼社区	经济适用房、单位自建房	清华大学	自管	是	健身器材、停车场、草坪（小区和产权单位共有）
6	清华大学东楼社区	单位自建房	清华大学	自管	是	健身器材、停车场、草坪（小区和产权单位共有）
7	东四五条	其他	—	自管、其他	是	锅炉房（小区和产权单位共有）
8	东四街道六条社区	其他	私产	直管、其他	是	六条路北（不同的产权单位共有）
9	水利局宿舍	单位自建房		自管	没有	—

续表

序号	小区名称	规划性质	原产权单位	产权与管理体制类型	是否存在共有产权	共有财产举例及共有类型
10	北城根小区	商品房	北京衡器厂、东四服装厂、药材公司、供销公司等	直管、自管	是	商用房（不同的产权单位共有）
11	红莲南里社区	商品房、单位自建房		直管	是	草坪、锅炉房（不同的产权单位共有）；停车场（小区和产权单位共有）
12	罗庄东里小区	其他	财政局、物业、农业银行、安全局	自管	是	草坪、停车场（小区和产权单位共有）
13	塔院晴冬园社区	拆迁房、单位自建房	城开集团、中经委、统战部	直管、自管	是	锅炉房、草坪、停车场（小区和产权单位共有）
14	护国寺社区	商品房、单位自建房	房管局	直管、自管	无	—
15	西四北社区	经济适用房、单位自建房	中央单位、部队、房管所等	直管	是	锅炉房（小区和产权单位共有）
16	司空社区	拆迁房	十多家单位购买居住权	直管	是	锅炉房（产权单位）
17	如意社区（如意园、吉祥园）	商品房、拆迁房、单位自建房	东化工厂等	直管、自管	是	锅炉房（不同的产权单位共有）
18	古城街道南路西社区	拆迁房、单位自建	首钢集团、石景山开发公司	直管、自管	是	停车场（不同的产权单位共有）；草坪（小区和产权单位共有）
19	石景山区古城路社区	商品房、单位自建房	首钢集团	自管	是	停车场、草坪（小区和产权单位共有）
20	小关街道小关北里45号院	单位自建房	北京计量仪表厂	自管	是	—
21	甘露家园	单位自建房	北京市农房公司	自管	是	—
22	李村小区	房改房	北京市崇文区城建开发公司	直管	是	锅炉房（产权单位）

资料来源：北京海淀和谐社区发展中心：《北京市城市老旧住宅区建筑物及附属设施治理体制研究》。

二 公房租售收入过少导致养护资金缺乏

根据《关于转发〈北京市普通居住社区物业管理服务收费暂行办法〉的通知》(京价房字〔1997〕第 196 号)第五条规定,对已售和未售的公房,产权单位都需要承担相应的费用。公有住房出售后,产权人只需承担卫生、保洁等费用,电梯、高压水泵的管理及运行、维护和更新费用,以及其他维修费用仍由原产权单位负担。随着时间的推移,老旧住宅的原售房单位不断改制或重组,有的已经破产,收费主体日趋复杂化。同时,随着公房逐年出售,收缴的租金逐年下降,房屋设备设施日渐老化。因此,除了实施物业管理的社区之外,电梯、水泵的维护运行费用基本上由房管单位负担。北京市财政自 1992 年起对直管公房管理单位每年给予专项补贴,但还是不够用。自 1991 年开始,政府每年补贴高层楼房供水和电梯运行费 319 万元,其中天岳恒公司 292 万元,首华公司 27 万元。例如,北京市天岳恒房屋经营管理有限公司经营管理的北京直管公房中,共有电梯 99 部,每年运行维护费用为 638.68 万元;共有水泵 64 台,水箱 11 个,消防泵 15 台,每年运行维护费用为 15.09 万元,共计运行成本为 653.77 万元。而自 1992 年开始,市财政每年仅补贴 292 万元,每年亏损 361.77 万元。

对于单位自管公房而言,许多原产权单位不愿再对社区公共设施进行管理与投入,原因之一是,许多原职工将房售卖或出租,享受社区公共服务的已非原单位职工。例如,宣武区虎坊路社区 2008 年在社区公共设施上投入 479000 元,但是收费仅有 21000 元,严重入不敷出,难以为继,详细情况参看表 6-7 所示。

表 6-7 宣武区虎坊路社区公共区域管理成本情况

楼外公共区域的管理事项	数量(个)	管理主体	年度总成本(元)	年度总收费(元)
道路(米)	1400	宣武区市路管委	0	0
路灯(个)	6	北京市路灯管理处	0	0
绿化(平方米)	19800	天桥绿化站	300000	0
清洁卫生(平方米)	15000	天桥环卫所	120000	15000

续表

楼外公共区域的管理事项	数量（个）	管理主体	年度总成本（元）	年度总收费（元）
安全巡视（人次）	5	街道社区中心	54000	0
化粪池清淘（个）	2	天桥环卫所	5000	6000
机动车车位（个）	0	无	0	0
合　计	21700	2017	479000	21000

资料来源：北京海淀和谐社区发展中心：《北京市城市老旧住宅区建筑物及附属设施治理体制研究》。

三　有些房屋得不到及时维修存在安全隐患

2009年11月到2010年2月，北京市对城镇房屋进行了安全检查和调查，调查全市直管公房1956万平方米。调查发现有27.92%的直管公房属于破损状态，没有得到及时的修缮。具体参看图6-2所示。

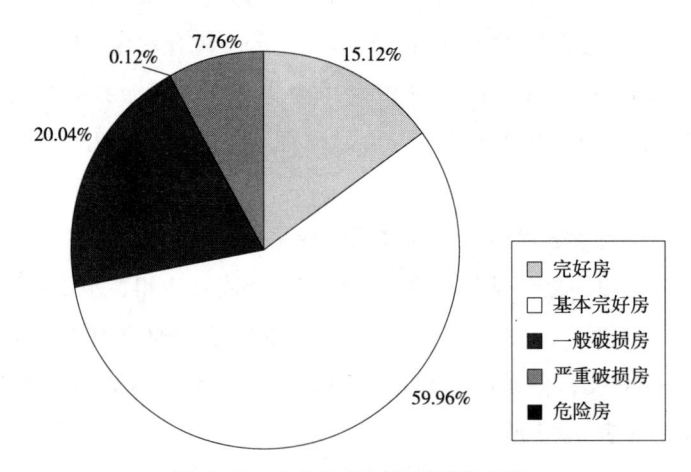

图6-2　北京市房屋完损等级比例

数据来源：2010年度城镇房屋安全检查汇总分析。

其中完好房占15.12%；基本完好房占56.96%；一般破损房占20.04%；严重破损房占7.76%；危险房占0.12%。实查直管房屋中有严重破损和危险房154.21万平方米，其中平房103.02万平方米，非平房51.19万平方米。

四 注重公房的整治改造，忽视长效机制建设

北京市的部分老旧住宅区在奥运会前进行了集中整改，政府投入了大量财力、人力和物力，社区面貌焕然一新。市区两级政府投入专项资金对旧住宅区在环境、道路、楼梯外观等方面进行改造，但是缺乏相应的治理机制建设。如何让这些整改的成果得到很好的维护，发挥其最大价值，避免再次陷入脏、乱、差的境地，促使老旧社区走上社区治理的永续发展成为当下亟须研究的问题。其实公房的管理更难的是治理机制的建设和治理意识的培育。旧住宅区整治改造、增加功能性设施等阶段性目标任务，是比较容易实现的，难的是如何建立与落实整治改造后的旧住宅区治理体制等长效机制，实现真正意义上的旧住宅区管理的持续发展。从实践的角度看，如果说对城市社区进行物理设施的投资改造尚属于技术性问题的话，那么城市社区共用产品/服务的永续供给则更多地属于制度问题；如果前者属于建设问题的话，后者则更多地属于治理的问题；前者可以在短期内取得明显效果，后者则需长期培育。

五 居民业主的治理主体缺位导致服务不满意

按照我国宪法规定，城市社区是自主治理的领域，居民或者业主应当参与社区的治理。但是从存量公房的管理维护实践来看，很多老旧住宅区并没有形成适宜的治理体制，业主和居民缺乏参与意识，并且长期以来没有对公房社区的共用设施设备的维护改造负担过缴费的义务，所以也没有形成相应的治理组织。

有些老旧住宅区虽然名义上在向物业公司管理模式转变，但原有实质未变。无业委会和无专业的物业管理公司，目前执行物业管理的几家单位其实是社区楼栋的产权单位，原来都是各单位的物业行政科进行管理，后来转成了目前的公司形式管理，但实质上就是产权单位自管，它们与居民的关系完全不同于商品社区里居民与物业公司的关系，不是收物业费提供服务的模式，因此物业服务质量远不能让人满意，如社区虽请了保安，但完全没有履行职责，没有监督机制与渠道。

第四节　城市存量公房改革和老旧住宅区治理的政策选择

根据上述的分析，北京市的存量公房改革应当坚持如下几个原则。1. 存量公房改革应当坚持市场化大方向的原则，因为房屋自身是个体消费的物品；2. 存量公房改革应当坚持按住户群体情况分类改革的原则，进行分类政策设计，尽可能使得每一类群体都能够获得利益；3. 存量公房改革应当坚持尊重历史兼顾现实的原则，既要考虑住房制度改革历史上不同人群的利益获取情况，又要照顾当前他们的实际社会经济状况。

具体而言，北京市存量公房改革的政策建议如下。

1. 对产权不清的公房首先明晰和确定产权

（1）可以设定期限（例如 6 个月）进行产权界定，有人主张产权的，经过主管部门对证据审查，办理产权证，纳入公房租售改革范围。

（2）在规定时间内，无人主张产权的，无条件收归为市级公产，明确产权，办理产权证，纳入公房租售改革范围。

（3）无论住宅、非住宅公房，直管或者自管公房产权不清的都应当进行产权界定，界定清楚产权的公房均属于改革的对象。

2. 适时出台新的公房租售管理办法，继续推进公房出售

在规定时间内（例如 1 年）继续按照既有的政策，按照成本价进行出售，超过时限的剩余公房纳入租售改革范围，按照新出台的租售办法进行租售和管理。

（1）存量公房出售按照专有共有权一体出售的方式进行，原单位不再享有大产权或者共有产权，出售之后的公房与商品住宅没有差别，可以上市二次出售。售后房屋即为个人财产，个人负有完全的权利义务。

（2）在规定时间（例如 1 年）结束时，由市政府出台相关的存量公房租售改革办法，取代原有的相关政策法规和标准。自新办法出台之日起，原有相关法规政策废止失效。

3. 售后余房与现行公租房、廉租房体系对接

经过两轮出售之后余下的存量公房，统一纳入公租房和廉租房体系，分别按照公租房和廉租房管理机制进行运作管理，对承租户进行动态管理，引入退出机制。

（1）没有购买能力，但又不符合廉租房标准，愿意继续承租存量公房的住户，按照公租房的程序申请承租，按照公租房的租金标准进行出租和管理。

（2）没有能力按照公租房标准承租，符合城镇居民最低生活保障标准且住房困难的住户，按照廉租房的承租程序申请承租，按照廉租房的租金标准进行出租和管理。

（3）无论是享受公租房优惠或者廉租房优惠的人群必须按照公租房和廉租房的相关标准和程序进行申请和资格认证，相关管理单位负责资质审查与审核。

（4）相关主管单位对公租房和廉租房进行统一的动态管理，按照相关规定，对于经济收入情况不再符合标准的住户按照退出机制进行清退。

建议北京市住房与城乡建设委员会出台《北京市余量公房与保障住房管理模式对接的办法》，通过这一办法将出售余下的公房通过一定的申请审批程序和步骤转换，按照类似于现行的公租房和廉租房的模式进行管理。

4. 售后公房因地制宜地按照物业管理模式进行治理

凡出售之后的公房即为私房，买房人即为业主，按照《北京市物业管理办法》规定，按照物业管理的模式进行治理，业主对其财产享有完全的权利和义务，可以成立业主组织实行自主治理。

5. 按照产权区分和使用者付费的原则对供方实施物业管理

对于没有出售而是按照公租房和廉租房模式出租的公房，也按照物业管理模式进行治理。

按照区分产权和使用的原则，对产权人和使用人的权利义务进行细分，产权人和使用人对物业管理服务负有不同的权利和义务。对于共用的部位和设施设备，产权人负有义务；对于保安、保洁、室内维修等个体性消费的服务项目，承租人负有义务。两者分别向业主组织或者服务提供者交纳相应费用。

建议北京市住房与城乡建设委员会出台《公房社区物业管理办法》，在该办法中对产权人和使用人的权利义务关系进行明确划分，确定公房社区的产权人和使用人,及其在社区治理中的地位和作用。对公房社区的专有和共有产权进一步区分,能够划分到楼层的共用部分划分到楼层,能划分到单元的划分到单元,由楼层、单元和楼栋进行共同治理,社区只对不能划分的部分进行共同治理,这一部分收取共同的物业费用。

6. 对低保户及丧失劳动能力的租户实行差别对待

(1) 对于具有劳动能力的承租户,应当鼓励他们优先从事本区域内的物业服务,解决他们的就业问题,获取工资收入,折抵或者交纳物业费用。

(2) 对于确因老弱病残等原因丧失劳动能力,不能劳动,也没有收入来源的承租户,建议在低保补贴中列出专项,用于交纳相应的物业服务费用。

本章小结

存量公房是住房制度改革不彻底的遗留物,这导致了城市老旧住宅区复杂的产权结构,因此也带来了复杂的权利义务关系,导致社区居民、原单位及相关的产权单位对围绕着社区公共事物产生了复杂的治理责任关系。导致了老旧住宅区出现了一系列问题,这些问题的根源在于产权结构不清晰,因而要想解决这些问题,就要继续推进住房制度改革,同时要相应地培育改革后的老旧住宅区居民的自主治理能力,适时地推动他们的物业自主治理。

第七章　新建商品房小区治理的业主选择分析框架

社区治理的研究长期以来备受关注，不同学科的学者从国家与社会关系、社区组织、社区服务以及社区公共产品供给等多个角度对社区的治理进行了探讨，见仁见智。人们对社区治理的影响要素进行了大量的研究，特别是从社会学出发的研究者对社区的个案研究付出了大量的努力。但是，对新型住宅社区，尤其是以物业管理为模式的社区治理形态，学者们的关注比较少，尤其是政治学、公共管理学等专业的学者关注得更少。对社区治理的研究缺乏系统的分析框架。

前面第五章提出了用于分析城市老旧小区和商品房小区的框架，但是商品房小区毕竟和老旧小区有不同之处，为此本章主要探讨社区治理的业主选择模型，主要从外部环境和内部行动两个层面分析影响社区治理绩效的关键变量，提出一个综合的分析框架。第一节，根据以往多学科研究的启发，提出社区治理业主选择分析框架和业主选择路径模型；第二节，界定社区公共事物治理绩效的测量指标体系；第三节，分析社区物理属性、社区社群属性以及社区外部社会资本等外生变量在社区治理中的作用；第四节，分析业主选择在社区治理中的作用；第五节为小结，对本章内容进行简单的回顾和总结，对此后的研究做出展望。

第一节 业主选择分析框架和模型

已有的从不同学科对社区治理进行的研究往往强调了个人、地理区域、社区组织，以及社区的人群等因素对社区治理绩效的影响。例如，社会生态学者从生态学的角度强调了环境状况对社区治理绩效的影响；社会学和公共行政学者从组织、制度的角度阐述了在特定的环境下组织结构等对社区治理绩效的影响；政治学者则从民主参与和代表机制等角度探讨了民主参与机制对如何将公众的需求和偏好输入转换成社区治理的产出。这些研究从一个或者几个方面反映了影响城市社区治理的因素，但是不够系统。根据已有的研究，本书提出用于研究社区治理的比较普遍的分析框架。具体如图7-1所示。

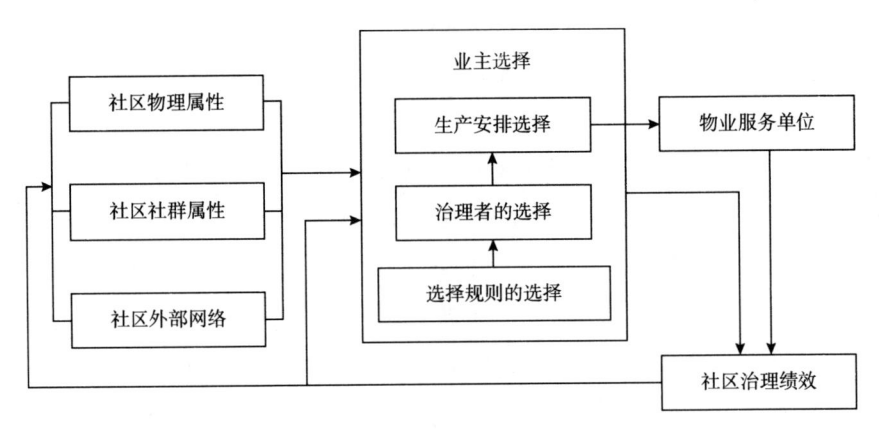

图7-1 社区业主选择分析框架

资料来源：笔者根据对现实的观察和相关理论研究自制。

业主选择分析框架主要由左侧的外生变量、中间的业主选择领域以及右侧的治理绩效三组变量组成。外生变量是社区业主选择行为发生的外在变量，会对业主选择产生影响，但这些变量不能直接决定社区的治理绩效。业主从生产选择、治理选择、规则选择三个层面所做的选择会直接影响到社区的治理绩效。社区治理绩效作为业主治理努力的结果具体表现为社区公共产品和服务与社区环境等社区因素的变化。客观环境的变化又会进一步地作用于业主的选择过程，这样左侧的外生变量、中间的业主选择以及右侧的治理绩效这三者构成了一个环形的循环作用过程。

业主选择分析框架是一个关于社区治理的抽象模型，由这一模型可以推导出若干关于社区治理的因果关系。具体来看，影响社区治理绩效的因素主要可以分为两个层面：第一个层面相对于业主选择的外生变量，主要包括社区物理属性、社群属性和制度属性等反映了社区的地理、人群等环境因素，这些因素塑造社区的特性，但不会决定社区治理的绩效。业主选择属于业主在既定的环境中进行的关于社区治理的行动，这些行动既包括对社区中的公共产品或者公共服务生产的安排、消费的安排以及付费行为等日常操作层次的选择行为；也包括选举产生社区的业主组织，安排业主的决策机构和执行机构等集体选择层次的行为；还包括制定社区公约、制定社区治理组织的议事规则、社区服务机构产生规则等关于制度规则的宪政层面的行为。这三个层面的业主选择行为会直接决定社区的公共产品和公共服务的具体生产效果，会直接影响社区的治理绩效。

上述分析框架中的社区物理属性、社区社群属性及业主选择等都是多维度的变量。例如社区物理属性包括社区的地理位置、规模大小、居住面积大小、公共面积大小、社区的存在时间等；社区社群属性则包括社区业主的异质性程度、社区业主的年龄、受教育程度、社区户数等；社区外部网络主要是指城市社区可资利用的外部社会资本，包括与政府的联系互动、与专家学者的联系互动、与其他社区的联系互动等；业主选择包括对社区公共事物生产的安排选择、对社区公共事物治理者的选择、对社区公共事物的选择规则的选择等。这个分析框架揭示了从多个角度理解社区治理绩效差异的路径，这一分析框架以及由此而发展出的分析模型将为研究提供明确的路线图。社区物理属性、社群属性及社会资源都会影响社区治理中的业主选择，这些因素或者促进业主的治理行动或者抑制社区业主的治理行动。社区业主能否就社区公共事物的治理做出选择以及能做出什么样的选择会直接影响到社区公共事物的治理绩效。如果社区业主能够就社区的公共事务治理完成具有独立性、包容性的多层次选择，那么社区公共事物的治理绩效就会得到极大的改善。

社区业主选择分析框架同时反映了在社区治理中集体行动和治理责任的实现过程。社区业主进行三个层次选择的过程其实也是形成集体行动和责任机制的过程。其中左侧的物理属性、社群属性及外部网络等都属于影响集体行动的情景变量和社会网络，这些变量在不同社区中的具体取值不同。根据第二代集体行动理论，情景环境是重要的客观变量，社会网络是重要的社会资本，二者都会对公共事物治理中集体行动的形成产生重要的影响。社区公共事物生产安排的选择、治理者的选择以及选择规则的选择都是具有共同利益的社区业主们形成集体选择的过程，这三个选择过程的共同特征都需要业主进行集体决策，或者就公共事物的生产安排揭示自己的需求和偏好，或者选择代理组织执行业主的决策，或者就社区中公共事物的生产安排和集体选择过程的制度规则达成集体共识。

同时，三个层次的选择过程也是实现治理责任的过程。治理责任也主要是通过具有包容性和独立性特征的选择过程实现的。所谓包容性，就是说社区公共事物的治理的选择过程要尽可能地将所有的利益相关者都纳入决策选择的过程中。包容性在社区治理实践中的表现就是每一次业主集体决策的参与人数、决策通过的投票率等。所谓独立性，就是说社区的三个层次的选择过程应当是社区业主自主决策的过程，是不受他人操纵的过程。独立性在社区治理实践中的表现就是业主们能够按照自己的意愿挑选、招聘或者解聘物业服务公司，能够按照自己的意愿选举产生自己的治理组织和领导者，而不受来自房地产商、物业服务公司或者政府的干扰。根据前面的研究我们知道民主投票选举和利益相关者的广泛参与是实现治理责任的有效保障。在社区治理中，业主就社区公共事物治理进行的三个层次集体选择的过程既是民主投票选举的过程，也是业主广泛参与的过程。因此，根据已有的研究，笔者认为业主进行的三个层次的集体选择过程同时也是实现治理责任的过程。

社区业主选择分析框架力图将集体行动和治理责任的实现整合进一个分析框架，因而这个分析框架必然包含众多的变量，也会产生很多的因果关系。图7-2向我们展示了对社区业主选择分析框架进行操作化的结果，这个业主选择路径模型显示出了客观环境变量组、业主选择变量组和社区治理绩效变量组之间的因果关系。

在本章的后续部分，笔者将致力于对业主选择路径模型的操作化做探讨。业主选择路径模型是根据既有的研究成果以及笔者对现实的观察而总

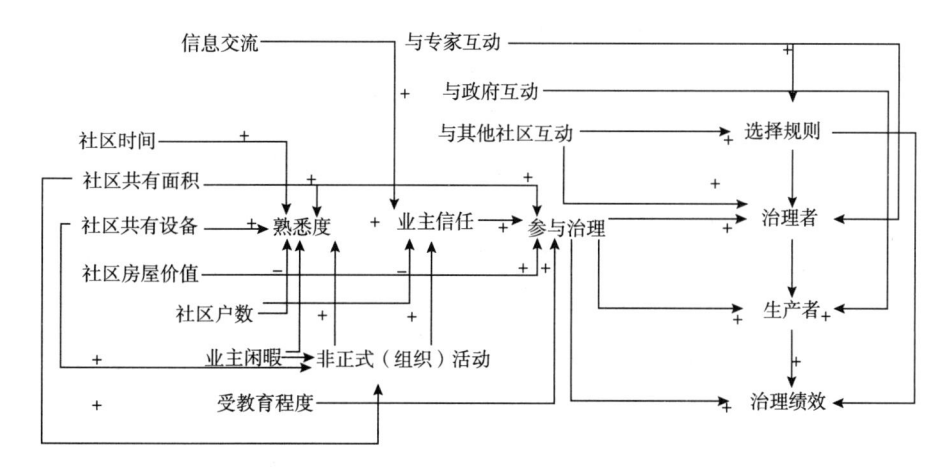

图 7-2　业主选择路径模型

结出来的。在后续部分，笔者将会分别界定每一个变量，并推导出一系列关于社区治理的外生变量、业主选择变量和社区治理绩效等之间的因果假设关系。此外，还将指出如何对每一个变量进行操作，如何进行测量。在对自变量体系进行分析之前，首先要讨论社区治理绩效的指标以及如何通过一系列的指标对社区治理绩效进行测量。

第二节　界定社区治理绩效指标体系

本节力图回答究竟是哪些因素导致了不同的社区治理绩效迥异这一个广泛的问题。要对这个问题做出解答，首先需要做的是对社区治理绩效做出界定，并将社区治理绩效具体化，设计成用于表达社区治理绩效的具体指标，以方便于操作和测评。

由于对社区治理绩效的研究目前尚处于起步阶段，因此不难发现对社区治理绩效进行系统测评的研究少之又少。少数已有的相关研究主要集中在对社区中物业服务的测评，具体的做法主要是通过问卷调查等方法对社区物业服务的顾客满意度做出测评。当然，物业服务的确是社区治理的重要内容之一，因为它关系社区中的公共产品或者公共服务的生产提供，但是社区治理并不等于物业服务，社区治理绩效也不能简化为物业服务绩效，因为社区中除了类似于物业服务公司所能生产的公共产品或者公共服务之外，还包括共用部位、公共维修资金等社区共有资源，这些部位、资源的治理状况也是社区治理绩效的重要判断指标。

在本节中，笔者认为社区治理绩效主要是社区中以业主及业主组织等主体通过集体行为对社区物理环境、产品及服务供给等所带来的变化加以评价。社区治理绩效的衡量主要根据三条原则：第一，业主满意原则。社区治理绩效测评以业主满意为核心，如果社区业主对业主组织及相关的服务组织所进行的努力的结果满意，就认为这些组织所进行的治理是有效的；如果社区业主对其努力的结果不满意，那么就可以判定他们的努力是失败的。之所以要遵循业主满意为核心的原则，主要是因为社区是业主的社区，社区治理的一切工作都应当围绕满足社区业主需要展开，社区治理的一切努力都应当以保护社区业主利益为出发点。第二，目标实现原则。社区治理绩效测评主要看社区业主组织目标是否实现，如果社区业主组织的既定目标实现了，我们就可以判定其治理绩效明显；如果社区业主组织的既定目标没有实现，就可以判定其努力是失败的。之所以要从组织目标实现与否来判定社区治理绩效，主要是因为组织目标是任何组织存在的唯一合法性基础，如果一个组织不能实现其目标，那么就应当对这个组织进行改造或者用其他的组织替代之。第三，结果导向原则。社区治理绩效要以公共事物治理结果加以衡量，社区治理的过程虽然也很重要，但是社区治理的一切行动都应当以社区公共产品和服务的供给、社区共用部位的管理和维护、社区公共维修资金的管理和使用等为导向，没有这些公共产品和服务、共用部位和资金的改善，那么进行再多的努力也没有助益，同时其绩效也是难以衡量的，因为日常活动过程的治理主体的言行很难追踪，也很难有效地判定其是否会导致对社区有利的结果，此外，即使作出了判断，也难免产生主观主义的弊端。因此，社区治理绩效的衡量应当坚持结果导向的原则。

社区治理的内容是丰富多样的，既涉及共同利益的维护，也涉及对个体行为的规制，笔者认为社区治理最核心的内容是对社区中公共事物的治理，因此对社区治理绩效的衡量主要应集中在对公共事物的测评上。根据社区治理的实际内容，社区治理绩效主要可以从三个方面进行测评：第一，社区公共产品及服务供给绩效。这一点基本上可以看作是物业服务绩效，但不能等同，因为社区公共产品及服务的供给模式不仅局限于物业服务模式，而且还可以采用业主自我组织等其他多种组合形式，因此在这里采用了社区公共产品及服务供给绩效这个名称，其内容主要包括供水、供电、供暖、保洁绿化、维修、秩序与安全等。由于社区中的公共产品及公共服务和社区业主、居民日常生活息息相关，也是社区业主组织的重要目标之一，因而社区中的垃圾清理、安全维护、环境绿化、房屋设备维修等日常所需公共产品或者服务是否得到了及时有效且价格合理的供给应当成为判断社区治理绩效的重要指标之一。第二，社区中共用部位、公共维修资金的管理及运营状况。由于社区中的共用部位（公共维修资金）的产权属于社区所有业主共有，因而也是最容易被业主忽视的方面。从社区治理的实际状况来看，共用部位和公共资金是开发商和物业公司最容易滥用的部分，同时也是业主个体容易占用的部分。共用部位的产权状况是否明晰，是否进行了开发运营，是否有相关的制度规则来规范其运营及所得收益分配使用等都应作为测评的重要内容。由于共用部位属于共有产权，其治理状况能够更为直接地反映出社区中业主集体行动的有效性，因而是对社区治理绩效测评的有效指标之一。

社区公共产品及服务供给绩效测量指标主要分为基本要求、房屋管理维修、共用设施设备维修养护、公共秩序协助维护、保洁服务、绿化养护服务及服务付费状况七个方面。

基本要求主要包括服务合同和服务接待两方面。（1）服务合同主要是指在社区业主及其组织与社区公共产品和服务供给者之间是否存在关于服务项目、形式、标准及价格等内容的书面合同。因为双方之间就社区的公共产品和公共服务的供给与消费达成了契约关系，因而书面合同是双方建立买卖关系的基本凭证，尤其是对社区公共事物这一复杂的现象，详细明确的书面合同就更为重要。形成双方自愿选择的书面合同是社区业主集体选择结果的重要表现，同时也是实现消费者促成生产者履行公共产品和公共服务生产责任的重要手段，因此是否存在由业主经过广泛参与投票达成的需供双方之间的契约合同是衡量社区公共事物治理绩效的重要指标之一。（2）服务接待主要是衡量社区服务供给方是否设有专门接待社区业主的维修和服务接待中心。服务接待中心是业主表达服务及维修需求的重要途径，也是实现社区内部公共产品和服务按照业主需求和偏好进行供给的基本条件。对于公共产品和服务生产者而言，服务接待中心及相应的通信设备是其收集客户需求信息的重要条件，也是其有效地生产相应产品和服务的前提条件。因而，公共产品和服务生产方是否设有固定的服务接待中心应当是衡量社区公共事物治理绩效的重要指标之一。

房屋管理与维修主要是指对社区内房屋共用部位的日常管理、维修和定期的检查维修。共用部位是指住宅主体承重结构部位（包括基础、内外承重墙体、柱、梁、楼板、屋顶等）、户外墙面、门厅、楼梯间、走廊通道等。共用部位是社区中私人空间之外的部分，属于社区公共事物的重要组成部分。房屋管理与维修主要是从三个方面来测评：（1）房屋共用部位的日常与定期管理和维修养护；（2）单元门、楼梯通道共用部位的门窗、玻璃等附属部分的维修养护；（3）社区平面示意图，栋、单元、户及公共配套设施、场地标志等的设置。社区共用部位是社区公共事物的重要组成部分，是个体业主难以维护的部分，因而对这些部位及其附属部分的管理、维修和养护是社区公共产品和服务生产者的重要职责，对这些部位的维修养护状况理应成为衡量社区公共事物治理绩效的重要指标。

共用设施设备的维修养护。共用设施设备是指在住宅社区或单幢住宅内，建设费用已分摊进入住房销售价格的共用的上下水管道、落水管、水箱、加压水泵、电梯、天线、供电线路、照明、锅炉、暖气线路、煤气线路、消防设施、绿地、道路、路灯、沟渠、池、井、非经营性车场车库、公益性文体设施和共用设施设备使用的房屋等。其维修养护的绩效衡量主要包括如下几个方面：（1）共用设施设备日常管理与维修养护；（2）共用设施设备的档案记录；（3）共用设施设备的定期检查；（4）电梯的运行状况；（5）消防设备的准备情况；（6）设备房的维护情况；（7）社区道路的维护状况；（8）路灯、楼道灯的维护状况；（9）容易危及人身安全的设施设备的警示标志状况等。这些设施设备是社区业主和居民生活中不可缺少的重要组成部分，而且属于共同享用的部分。对这些共用设施设备进行维修和养护是社区公共服务生产组织的重要职责，也是维持社区居民生活正常进行的重要前提。因此共用设施设备的维修养护应当成为衡量社区公共事物治理绩效指标的重要内容之一。

社区公共秩序维护。社区公共秩序绩效的衡量指标主要包括：（1）社区入口的执勤站岗；（2）重点区域的巡查情况；（3）安全监控设施的设置及运作情况；（4）社区车辆进出及停放管理；（5）社区治理中是否制定火灾、治安及公共卫生等突发事件的应急预案。社区公共秩序涉及社区业主和居民的财产及生命安全，是社区治理的重要内容，也是社区公共服务生产者的重要职责之一。所以，社区公共秩序维护应当作为衡量社区公共事物治理绩效的重要内容之一。

保洁服务。保洁服务主要是指对社区共用部位、设施设备的清洁卫生维护情况，以及垃圾的清理运输状况。保洁服务的衡量主要涉及以下五个方面的内容：（1）垃圾桶的设置及清理状况；（2）道路、广场、停车场、绿地、电梯厅、楼道、一层共用大厅、楼梯、路灯及楼道灯的清洁状况；（3）共用雨、污水管道的疏通清理状况；（4）二次供水箱的清洗维护状况；（5）相应区域的消毒及灭虫情况。环境卫生的维护是社区业主和居民正常生活得以进行的重要前提，也是社区公共服务生产组织的重要职责之一。因此，应当将其作为衡量社区公共事物治理绩效的重要组成部分。

绿化养护服务。绿化养护服务主要是指对社区的草坪、花卉及树木的管理和养护活动。绿化养护服务的衡量主要涉及三个方面的内容：（1）是否配备专人负责绿化养护；（2）草坪、花卉、树木的修剪整形；（3）草坪、花卉及树木的药物喷洒及病虫预防状况。草坪、花卉和树木等通常是现代社区环境的重要组成部分，也是现代城市环境绿化的重要构成部分，能否对这些草坪、花卉和树木进行有效的养护关系重大。因此，绿化养护服务的评价应当作为衡量社区公共事物治理绩效的重要组成部分。

服务付费状况。服务付费机制是社区公共产品和服务得以有效供给的重要前提，是否存在有效的服务付费机制关系社区公共产品及服务能否得到持续有效的生产。对服务付费状况的衡量主要集中在三个方面：（1）社区业主对服务的性价比的评价；（2）服务费用收缴比例；（3）服务费用争议程度。这三个方面从社区业主、服务生产者以及双方关系的角度反映社区公共服务的付费状况。

共用部位和公共维修资金是社区公共事物的重要组成部分，因此对这两部分内容的治理状况的衡量也应当成为社区公共事物治理绩效测评的重要组成部分。共用部位和公共维修资金分别是社区共有产权部分的重要内容，对这两者的治理状况反映了社区业主集体行动的效果。

共用部位是指住宅主体承重结构部位（包括基础、内外承重墙体、柱、梁、楼板、屋顶等）、户外墙面、门厅、楼梯间、走廊通道等。共用部位治理绩效的测量主要集中在下面四个方面：（1）共用部位的产权界定情况，由于共用部位往往容易被开发商或者物业公司滥用，因此其产权的明晰界定需要业主付出一定的努力才能完成；（2）共用部位的开发使用状况，主要用于衡量社区的共用部位是否被业主集体正确有效的开发利用；（3）收益分配状况，共用部位的开发利用会产生相应的经营收益，这些收益也属于社区的公共财产，对这部分财产的管理、分配、使用状况的测量也是社区公共事物治理的重要组成部分；（4）业主对共用部位的使用状况，共用部位属于公共部位，按照传统的集体行动理论，这部分最容易被业主滥用，而有效的集体行动应当能够克服业主个人搭便车的行为。因此，业主对共用部位的使用状况也能反映社区业主通过集体行动对社区公共事物治理的效果。

公共维修资金又称住宅共用部分、共用设施设备维修基金（简称维修基金），是指由法律规定的专项用于住宅共用部位、共用设施设备保修期后的大修、更新、改建的基金。对这部分资金的管理状况从一个方面反映了社区业主集体行动的效果。对公共维修资金管理状况的衡量主要集中在如下四个方面：（1）业主对社区公共维修资金的知情状况，主要测评社区业主是否知晓他们缴纳的公共维修资金，是否注意这部分资金的管理和使用；（2）社区公共维修资金的收缴状况，主要测评社区业主或者开发商缴纳社区公共维修资金的比例；（3）社区公共维修资金的管理状况，主要衡量哪方主体在管理社区公共维修资金，是否存在贪污、挪用等问题；（4）社区公共维修资金的使用状况，主要衡量社区公共维修资金是否有效、及时地被用于社区共用部位和公用设施设备的维修。公共维修资金属于社区的共有财产，能否对其进行有效的管理会影响到社区日后的维修和养护，属于社区公共事物治理的重要内容之一，因此很有必要将其纳入社区治理绩效衡量的范围之列。

社区治理的核心内容包括社区内部的公共产品和服务的供给；社区内

部共用部位和公共维修资金的治理。社区治理绩效指标主要由公共产品及服务指标和共用部位、资金及设施等组成，每一个部分又可以进一步分解出相应的二级指标及三级指标。具体情况如表7-1所示。

表7-1 社区公共事物治理绩效指标体系

一级指标	二级指标	三级指标
社区公共产品及服务	基本要求	服务合同
		服务接待
	房屋管理维修	房屋共用部位的管理和维修养护（日常与定期）
		单元门、楼梯通道共用部位的门窗、玻璃的维修养护
		社区平面示意图、栋、单元、户及公共配套设施、场地标志
	共用设施设备维修养护	共用设施设备日常管理与维修养护
		共用设施设备的档案记录
		共用设施设备的定期检查
		电梯运行
		消防设备
		设备房的整洁
		社区道路
		路灯、楼道灯
		容易危及人身安全设施设备的警示牌
	公共秩序协助维护	社区入口的执勤站岗
		重点区域巡查
		安全监控设施
		社区车辆进出、停放管理
		火灾、治安及公共卫生等突发事件的应急预案
	保洁服务	垃圾桶的设置及清理
		道路、广场、停车场、绿地、电梯厅、楼道、一层共用大厅、楼梯、路灯及楼道灯的清洁
		共用雨、污水管道的疏通清理
		二次供水箱的清洗及水质
		消毒及灭虫

续表

一级指标	二级指标	三级指标
社区公共产品及服务	绿化养护服务	绿化养护专人负责
		草坪、花卉、树木的修剪整形
		药物喷洒及病虫预防
	服务付费	服务性价比
		服务费用收缴比例
		服务费用争议程度
共用部位、资金及设施	共用部位	产权界定
		开发使用
		收益分配
		业主使用
	公共维修资金	业主知情情况
		收缴情况
		管理情况
		使用情况

社区公共事物治理绩效涉及众多的内容，对其进行测量也是一项复杂的任务，上述表格给出了三级指标体系。三级指标体系对有些社区公共事物而言足够了，而对有些社区公共事物则可能还不够，还有进一步细化的必要。

第三节 外生变量在社区治理中的作用

根据前述建立的分析框架，社区治理绩效是业主评判的结果。但是，业主评判是要受到来自社区物理环境、社区社群属性、社区外部的社会资本等因素的影响。换言之，社区治理绩效取决于在特定的外生因素影响下的社区业主的选择行为。在本节，主要是界定影响社区业主关于社区公共事物的评判和选择行为的外生变量。从社会生态学的研究来看，社区业主及其组织的行为受到了其所存在的社会生态情境因素的影响，这些因素主要集中在社区社群的人口学特征和社区外部网络。根据前面的业主选择分析框架及分析路径模型，主要通过对外生变量与业主选择间的因果假设关系的检验，而论证社区业主选择时外生变量对社区公共事物治理的作用。

一 物理特性与社区治理

社区时间是影响社区公共事物治理绩效的重要外生变量之一。社区时间是指业主共同居住在一个社区持续的时间的长短。其实共同居住时间对社区公共事物治理绩效判断的作用的逻辑是简单明了的。（1）社区居住的时间越长，那么社区的建筑、环境、设施及设备等遭遇的问题就越多，因而社区业主们面临的共同威胁和问题也越多，需要他们协同行动的机会也越多。（2）社区持续时间越长，社区业主之间交往也会越多，随着社区业主之间交往的增加，人们之间的熟悉程度和信任程度会随之增加，而人际信任是人际合作的前提条件。其实人们关于时间对集体行动以及公共池塘资源治理绩效的影响早有研究，例如埃莉诺·奥斯特罗姆就曾指出，"当人们在较小的公共池塘资源环境中居住了相当长时间之后，有了共同的行为准则和互惠的处事模式，他们就拥有了为解决公共池塘资源使用中的困境而建立制度安排的社会资本"[1]。根据前面第三章的研究我们知道，社会资本是促成集体行动的重要资源。较长时间的共同生活有助于业主们就社区公共事物的治理达成有效的集体行动，也有助于对社区公共事物治理绩效的提升。

社区共用面积的大小和共用设施设备的多少是影响社区业主参加集体选择行为的两个重要的外生因素。这里的一个基本假设是社区的共用面积越大（共用设施设备越多），那么业主参与社区公共事物治理的集体选择行为的积极性就越高，做出有效的集体决策和社区公共事物治理安排的机会就越大。社区共用面积（共用设施设备）和社区治理绩效之间的逻辑关系主要可以归结为下面两点：（1）社区共用面积的大小（共用设施设备的多少）与业主的共同利益的大小密切相关，同时也与社区业主的个

---

[1] 〔美〕埃莉诺·奥斯特罗姆：《公共事物的治理之道》，余逊达、陈旭译，生活·读书·新知三联书店，2000，第275页。

体利益密切相关。我们知道购房时所付的房款不仅包括专有空间，而且还包括共有部分的分摊。因此，社区共用面积越大（共用设施设备越多）就意味着个体业主所担负的分摊成本越大，因此他们与社区共用部分的利益关系也越紧密，他们参与集体行动维护共同利益的动机也就会越明显。（2）社区共用面积的大小（共用设施设备的多少）与业主之间交流互动机会的多少密切相关。社区共用面积越大（共用设施设备越多）意味着可供社区业主进行共同活动的空间越多，因而业主们交流、互动的机会也越多，从而人们的熟悉程度和信任程度也会随之增加，这些都为业主之间的合作和集体行动提供了坚实的基础。

房屋价值也是影响社区业主选择及对社区公共事物治理绩效评价的重要外生因素之一。社区房屋价值可以从两个方面进行衡量，一是房屋购买时的均价，二是房屋当前的市场均价。关于房屋价值与社区公共事物治理绩效间关系的基本假设是社区房屋价值越高则业主越会积极参与业主集体行动，达成社区集体行动可资利用的资源也越丰富，因而社区业主治理行为的绩效也会越明显。这一假设关系主要建立在两个基础之上：（1）房屋价值大小与业主个体利益和社区集体利益间的密切程度相关。社区环境的好坏会直接影响社区业主的生活质量，而高价值的房屋对社区环境质量更为敏感。社区房屋价值越高，社区业主就越会在意社区的环境。社区治理环境往往成为人们在买房屋估价时的重要参考变量之一。（2）房屋价值高低与社区业主的经济社会地位密切相关，而业主经济社会地位的高低则和社区治理所能调动的资源的多少密切相关。社区业主及其组织进行治理所能调动的资源（包括资金和社会资本）取决于社区中存在的资源量的大小。换言之，社区业主及其组织要调动资源解决社区中的集体性问题，取决于社区中是否存在相应的资源。通常情况下，这种资源可以用家庭收入和业主的社会关系来衡量。在其他的一些关于社区治理的研究中，往往将财力作为业主或者居民的经济社会地位的重要内容之一。在许多研究中，个体业主或者居民的参与被看作是其可选择参与谱系中可选择的一个点。这些研究通过大量的实证研究发现就个体层面而言，处于较高社会经济地位的个人要比处于较低社会经济地位群体中的个体参与集体行动的几率更大。而且由于教育、财富及职业的差异，他们参与活动时的政策观点也和处于较低社会经济地位的个体的观点大不相同①。

社区户数也是影响社区公共事物治理绩效的重要因素之一。社区户数就是指社区的居住户数。社区治理最基本的单位是家庭，无论投票决策还是对公共事物的消费基本上都是以户为单位的，所以在这里我不用人口而用户数作为衡量社区群体规模的指标。在这里的一个基本假设是社区户数与社区集体行动达成的难易程度密切相关，因而也与社区公共事物的治理绩效密切相关，一个基本判断是随着社区户数的增加，社区业主的集体行动难度增大，搭便车的业主增多，对社区公共事物的治理绩效产生负面影响。其实关于群体规模对群体集体行动的影响早就被人们所关注。奥尔森在其著作《集体行动的逻辑》中提出随着群体规模的增大，群体实现共同利益的可能性就会降低，而非优选择的可能性就会增大。这主要是由于两个方面的原因。（1）随着群体规模的增大，个体对实现群体共同利益努力的贡献的显著性就会降低。在大规模群体中，个体更容易认为他们的搭便车行为不容易被发觉，因而此时个体采取合作性的可能就大大降低，集体行动达成的难度就大大增加。（2）在一个大规模的群体中形成内部关于合作策略的一致同意需要相当高的交易成本。因此，奥尔森的一个基本理论假设是参与人数的增加会降低群体达成集体行动的可能性，或者至少会减少原本能够实现的共同利益。其实关于群体规模和群体集体行动之间关系的研究还有很多，有些研究者得出的结论与奥尔森正好相反。群体规模的作用是一个相当富有争议的学术话题②，从本质上来看群体规模自

---

① 参看：Milbraith, L. And Goel, M. (1977). *Political participation: How and why do people get involved in politics?* Chicago: Rand McNally College Publishing Company; Nagen, J. (1987). *Participation.* Englewood Cliffs, New Jersey: Prentice Hall, Inc; Verba, S., and Nie, N. (1972). *Participation in America.* New York: Harper and Row; Verba, S., Schlozman, K., Brady, H., and Nie, N. (1993). "Citizen activity: Who participate? What do they say?" *American Political Science Review*, 87. (2), pp. 303 – 318。

② 相关研究参看 John Esteban and Debraj Ray (2001). "Collective Action and the Group Size Paradox," *American Political Science Review*, Vol. 95, No. 3 September 2001; Arun Agrawal and Sanjeev Goyal (2001). "Group Size and Collective Action: Third – party Monitoring in Common – pool Resources," *Comparative Political Studies* 2001; 34; 63; R. Mark Isaac and James M. Walker (1988). "Group Size Effects in Public Goods Provision: The Voluntary Contributions Mechanism," *The Quarterly Journal of Economics*, Vol. 103, No. 1, (Feb., 1988), pp. 179 – 199。

身并不会直接影响群体的治理绩效，而是通过其他的变量间接对群体的治理绩效产生作用，因而究竟群体规模会起到什么样的作用可能还需要考察其对其他的结构变量产生什么样的影响。但在社区治理中，笔者的一个基本的假设是社区户数与社区公共事物的治理绩效之间呈负相关关系，因为户数增多会减弱人们的熟悉和信任程度，从而会降低业主集体行动的可能性。

二 社群属性与社区治理

业主闲暇程度作为社群属性的一个指标是影响社区公共事物治理绩效的重要因素。业主闲暇程度就是指业主拥有的可供自己自由支配的时间的多少。这里的一个基本假设是业主可自由支配的时间越多就越有可能参加社区的集体活动，社区的公共事物的治理绩效也就会越显著。业主闲暇程度与社区公共事物治理绩效之间的关系可以归结为如下两点：（1）从间接的角度来看，社区业主的闲暇时间越多，他们参加社区中非正式组织或者活动的时间就越多，从而与其他业主进行交流沟通的机会也就越多，信息的交流沟通也就越充分，人们之间的熟悉和信任程度也会随之而提高。业主参与的社区内部的非正式组织和非正式活动，以及因闲暇娱乐、共同的兴趣爱好等原因而建立起的人际关系等都属于社区中的社会资本，这种社会资本会促成人际信任关系的形成，从而有助于业主之间合作和互惠关系的建立，间接地有助于促进社区业主关于公共事物治理的集体行动的达成。（2）从直接的角度而言，社区公共事物治理这种集体行动的形成需要业主投入资源，其中非常重要的资源之一就是时间。因此，业主们是否有时间参与投票选举、参与决策讨论、参与检查服务生产者的服务绩效和监督服务治理者的治理行为等都会直接影响到社区公共事物治理中的集体行动是否能够达成，以及社区治理中的治理责任能否实现。

业主受教育程度在某种程度上反映了业主的知识和能力状况，是影响社区公共事物治理绩效的重要因素。这里的一个基本假设是在其他变量一定的情况下，社区业主平均受教育程度越高，参与社区公共事物治理的集体行动的几率也就越高；社区治理组织成员受教育水平越高，社区治理组织的工作能力也就越强，因而社区的公共事物治理绩效也就越明显。业主受教育程度之所以会影响社区公共事物治理绩效，主要有以下两个方面：（1）较多业主接受较高的教育意味着社区治理拥有较多的人力资源可资利用。业主受过较高教育水平意味着业主拥有的知识、技术等人力资本，诸如法律、政治、经济及管理等知识和能力是社区业主及其组织对社区公共事物进行有效治理所必需的。只有社区中拥有大量这些方面的人才，业主们才能够有效地组织自己，监督服务生产者，从而有效地克服集体行动的困境，促成治理责任的实现。（2）较多业主接受较高的教育也会促成更多的民主参与。民主与教育总是相伴而行[1]，因为接受教育的过程也是进行社会化的过程，而民主参与是学校教育这种特殊的社会化阶段的重要内容之一。通过参加学校教育，人们能够学会怎样处理个体与集体的关系，学习如何与人合作克服共同面临的难题等，这一切都促成了一个自然人不断地转换成为一个社会人，也就是一个"参与性"的人。有大量的经验研究证明民主与教育之间的密切关系，所以美国公民联盟的执行主任希恩·科绍（Sean Kershaw）认为民主社会中教育的根本目的就是民主，教育就是要塑造能够进行自我治理的公民[2]。因此，业主的教育程度与社区公共事物的治理之间有着密切的关系。

非正式组织或者活动是影响社区公共事物治理绩效的变量之一。非正式的组织和活动是社区中除了业主治理组织和活动之外业主中成立的组织或者开展的活动。这些非正式的组织和活动可能是业主们有目的地建立和进行的，也可能是业主们无目的地建立和进行的。无论是有目的地建立或者进行的还是无目的地建立或者进行的，这里的一个基本的假设是业主间非正式的组织或者活动会促进社区关于公共事物治理的集体行动的形成，从而也有助于社区公共事物治理绩效的提升。这主要是因为：（1）非正

---

[1] 需要指出的是，"教育能够促进民主参与的发展"这个命题只是表明教育是民主参与发展的充分条件，但不是必要条件，因而其否定命题"没有教育就没有民主参与的发展"并不成立。

[2] Sean Kershaw (2006). "The fundamental purpose of education is democracy: Revisiting education's mission serves Minnesota's interest." *Minnesota Journal*, December, 2006.

式组织和活动的增多有利于促使"陌生人"社会向"熟人"社会转变。尤其是新建社区中的业主们彼此之间往往缺乏联系和沟通,属于"陌生人"社会。然而,非正式的组织和活动必然会因为共同的兴趣爱好或者共同地域关系等原因而拉近这些"陌生人"之间的关系,促进他们之间的信息共享,增强他们之间的人际互动,从而有助于促成"陌生人"社会向"熟人"社会转换。在"熟人"社会中,人际间的信任和合作水平将会大大高于"陌生人"社会,人际间互动的交易成本却又会大大低于"陌生人"社会,因而有利于业主间集体行动的形成。(2)非正式组织或者活动是促成业主参与业主组织的重要力量。业主间非正式的组织或者活动反映了业主个体之间的社会联系,这种连带团体(solidarity group)往往可以成为社区业主组织可资利用的社会网络,通过这种社会网络往往能够增加社区业主对公共事物的参与程度,也有助于增强人们对社区公共事物的关注程度。正如辛普森(Sampson)和格洛夫斯(Groves)所言,"社区组织通常是邻里中连带群体的结构性体现"[1]。许多学者通过大量的统计分析证明了连带群体与集体行动成员之间的联系。因此,社区中的非正式组织或者说连带团体的增多、社区中非正式活动的增多,都会对社区公共事物治理的集体行动起到促进作用。

  业主间的交流沟通是影响社区公共事物治理绩效的另外一个因素。交流沟通既包括通过正式渠道进行的信息传递,也包括通过非正式渠道进行的信息传递;既包括间接的交流沟通,更强调面对面的直接交流沟通。这里的一个基本假设是业主间交流沟通的频率和质量对社区业主的行为策略选择以及集体决策都会产生直接的影响,从而会影响社区公共事物的治理绩效。具体来看,人际间的交流沟通,尤其是面对面的交流沟通在促进社区治理绩效改进方面的作用主要通过两个机制完成:(1)交流沟通往往能够对行动个体起到"道德劝诫"(moral suasion)的效果,促成他们超越狭隘的个体私利,追求群体的共同利益。一般而言,交流沟通有助于群体形成一种"连带的"感觉。而面对面的直接交流沟通更能够促使个体

---

[1] Sampson. R, and Groves, B. (1989). "Community structure and crime: Testing social-disorganization theory." *American Journal of Sociology*, 94 (4), pp. 774 – 802.

行动者履行他们做出的合作诺言。因为当你看着对方的眼睛而做出合作的承诺后,在实际行动中你采取背叛或者攫取行为的几率将会大大降低[1]。学者们通过大量的实验研究也证明了交流沟通在促成人的合作和集体行动方面的正面效用[2]。(2) 业主之间的交流沟通,尤其是面对面的交流和信息的分享,也有助于社区中公共舆论的形成。这种公共舆论往往会对个体行为产生很大的影响,尤其是对那些采取不合规范或者损害业主共同利益而谋求个体利益的业主或组织会形成较大的压力。社区中的公共舆论形成了一种社区内部的惩罚机制,这种惩罚往往通过对人的声誉等无形资产的影响而使得个体攫取利益的价值大大贬损,从而会成为人们在选择合作抑或背叛策略时必须要考虑的价值要素之一[3]。因此,业主间信息交流沟通的增多既有利于社区中熟人社会和集体行动形成,也有利于治理责任的实现。

业主之间的熟悉程度不同于交流沟通、非正式组织和活动等,但对社区治理具有更直接的影响因素。这里的基本假设是业主之间的熟悉程度越高,那么人们之间的合作互惠就越有可能,业主间达成集体行动的可能性就越高,因而社区公共事物的治理绩效也就越明显。反之亦然。当然,业主之间的熟识不是凭空而来,而是通过它们之间的交流沟通和在正式与非正式的组织和活动中互动得来的。但是,业主之间的熟悉程度会直接影响他们之间能否采取合作互惠的策略,以及采取合作互惠策略成本的大小。

---

[1] 我们在日常生活中通常用"这是某某亲口答应的"来强调某某应当履行它的诺言,可见人们对直接的交流沟通看得更重要。

[2] 参看:Sally, D. (1995). "Conversation and cooperation in social dilemmas: a meta-analysis of experiments from 1958 – 1992." *Rationality and Society*, 7: 58 – 92; Frohlich, N., and Oppenheimer, J. (1970). "Some consequences of e-mail vs. face-to-face communication in experiment." *Journal of Economic Behavior and Organization*, 35: 389 – 403; Kerr, N. L., and Kaufman-Gilliland, C. (1994). "Communication, commitment and cooperation in Two Dilemmas." *Journal of Personality and Social Psychology*, 66: 513 – 29; Ostrom, E. Gardner, R. and Walker, J. Rules, *Games, and Common-Resources*. Ann Arbor: University of Michigan Press; Valley, K. L., Moga, J., and Bazerman, M. H. (1998). "A matter of trust: Effects of communication on the efficiency and distribution of outcomes." *Journal of Economic Behavior and Organization*, 34 (2): 211 – 38。

[3] 在熟人社会中,当人们采取了损害共同利益或者有伤风化的事情时,他们最先考虑的是个人的面子或者说是声誉。人们的口头语"没脸见人"就表明公共舆论这种非正式惩罚机制的力度。

（1）业主之间越熟悉，那么他们之间交往互动的交易成本就越低。相对于陌生人，熟人之间的交往要简便得多，因为熟悉而了解彼此的性情、经历和可信度，因而他们之间涉价较小的交易往往不需正式文约合同或者说由第三方来监督仲裁，因而业主之间的熟悉将会大大地降低他们之间日常交往的交易成本。（2）业主之间越熟悉，他们之间的信息共享会越广泛，且他们的交流越具有实质性。相对于陌生人而言，熟人之间会有更多的共同语言。因为是熟人，因而可能被看作是自己人或者可靠的人，他们之间会分享一些更能反映他们对社区事物更为真实的看法和意见[①]，因而这种交流会更富有成效。因此，业主之间的熟悉程度会影响到业主之间交流互动的交易成本，也会影响到他们信息沟通的质量。

业主之间的信任程度是更为直接地影响他们能否互惠合作的重要因素。业主之间以及业主与其组织之间是否能够产生信任将会直接决定他们是否会合作，因为信任是合作互惠的前提条件。只有在你相信他人也会采用合作行为而不是背叛或者攫取行为时，且对方也知道你信任他时，也就是说彼此的信任在行动者之间"众所周知"时，合作才会进行。所以，业主间的信任在社区公共事物治理的过程中处于关键地位。其实集体行动理论者早就将"信任"作为解释集体行动能否达成的核心变量。能否达成集体行动的关键取决于参与到集体行动中的行动者之间是否存在信任关系。信任来自人们之间的合作经历，当一个人越是采取互惠合作行动时，就越会获得"可合作"的声誉，也越会被他人看作是"可信赖的"（trustworthy）。当越多的人成为可信赖的人时，群体中的合作互惠就越普遍，群体中的集体行动也就越普遍。信任与集体行动的逻辑关系可用图7-3来表示。

业主对社区公共事物治理的参与程度直接决定了社区治理中集体决策的质量和社区公共事物治理的绩效及治理责任的实现。前面论述的众多因素相对于业主行动而言都是外生变量，而业主的参与行动就是社区治理实践活动的内容，会直接地决定社区集体决策能否进行以及集体决策内容，

[①] 我们在日常生活中通常会说"你和我关系近，我给你讲……但你不要告诉他人"等类似的话，就表明了熟人之间的信息交流更能反映交流者的真实看法和意见。

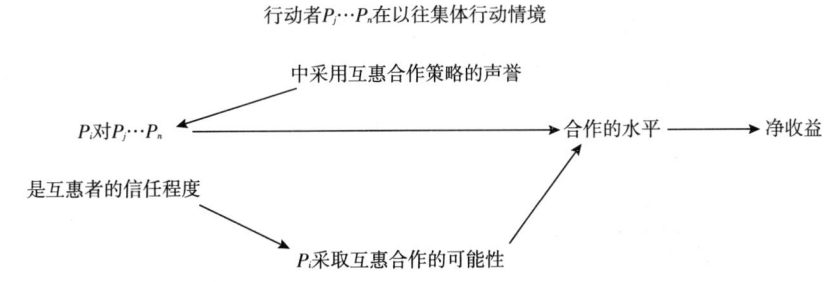

第七章 新建商品房小区治理的业主选择分析框架 169

行动者 $P_j \cdots P_n$ 在以往集体行动情境中采用互惠合作策略的声誉

P_i 对 $P_j \cdots P_n$ 是互惠者的信任程度 → P_i 采取互惠合作的可能性 → 合作的水平 → 净收益

图 7-3 影响集体行动中个体层面合作水平的核心关系

资料来源：Ostrom，Elinor（2007）．*Collective Action Theory*. In Carles Boix and Susan C. Stokes，eds. 2007. The Oxford Handbook of Comparative Politics. Oxford：Oxford University Press，pp. 186 - 208.

也会直接作用于社区公共产品及服务的供给和生产过程。因此业主越是积极地参与社区的公共事物治理活动就越能够促进决策质量，也越能够促进治理组织治理责任的实现和服务生产者的产品服务生产责任的履行。根据社区治理的相关规定，我们可以看到一定数量的业主参与是社区治理组织建立和社区事务决策的必需条件。《物业管理条例》规定业主大会做出的决定，必须经与会业主所持投票权 1/2 以上通过。业主大会做出制定和修改业主公约、业主大会议事规则，选聘和解聘物业管理企业，专项维修资金使用和续筹方案的决定，必须经物业管理区域内全体业主所持投票权 2/3 以上通过。因此，业主的参与是社区集体行动和社区治理得以正常进行的必要条件。没有一定量的社区业主的参与，社区的自主治理难以正常进行，只能够由第三方维持低水平的日常运作。业主参与和社区治理中的集体行动及社区治理绩效之间的关系可以用图 7-4 表示。

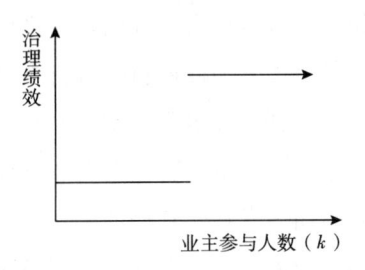

图 7-4 业主参与和社区治理关系

图 7-4 中纵轴表示社区治理中的集体行动效果或者说是社区公共事物治理绩效，横轴表示社区治理活动中的参与人数，其中的 k 或者等于 1/2，或者等于 2/3，根据《物业管理条例》规定 k 的具体值取决于社区治理的具体内容。

三 外部网络关系与社区治理

外部网络关系也是影响社区业主集体行动和治理绩效的重要因素，外部网络关系具体包括社区与政府部门间的互动、社区与专家学者间的互动、社区与其他社区间的互动。这里的基本假设是社区与政府、专家及其他社区的互动程度会影响到社区的集体行动、制度建设和社区公共产品与服务的生产安排，也就是说会影响到社区公共事物的治理绩效。在很多情况下，无论是怎样的组织，都会因与其他组织建立联系而获益匪浅，这主要是因为在与其他组织互动的过程中他们获得了信息、资金、人力资本、专家资本或者权力等众多有益的资源。对于社区而言，无论是政府机构、专家学者还是其他社区等这些外在的组织，代表着除了社区业主这一内在的资源之外的可以利用的宝贵资源。

与政府的互动。这里的"政府"指的是广义上的，既包括主管社区治理的政府机构，也包括对社区纠纷和争议进行裁判的司法机构，还包括与社区同处于一个层次的自治组织，也就是居民委员会。虽然社区公共事物属于自主治理的范畴，但是法治、民主氛围和构造良好的政府对任何社会而言都是宝贵的社会资本。对于社区公共事物治理而言，有许多事务需要和政府部门互动，例如业主组织的成立备案，业主之间、业主及其组织之间以及业主和其组织与服务生产者之间的冲突和纠纷的解决也需要与政府机构的互动。因此，是否能够与政府机构进行良性互动，也会对社区公共事物治理能否顺利实施和持续发展产生重要影响。

与专家的互动。专家就是对某一方面有着非常深入了解的人，他们往往因为在某一方面的专长而被看作是社会的宝贵资源。对社区治理这个复杂的任务而言，有许多的内容超出了常人的认知范围，需要专家的协助。例如社区实际面积的测量、社区纠纷冲突的解决等就需要借助专家的特长。此外，专家学者还具有信息传播的作用，他们会将他们所经历过的社区治理的成功经验或者失败教训传播给一些社区。因此,是否能够与专家学者进行良性互动也会对社区治理产生重要影响。

与其他社区之间的互动。经验的学习是人类社会得以进步的重要推动力。对社区治理而言,他人的经验当然是宝贵的资源。虽说各个社区的具体情况各不相同,但是正如本书前面所指出的它们都面临着具有相同性质的问题,那就是公共事物治理中的集体行动和治理责任难题。因此,其他社区在处理这两个方面的难题时成功的经验抑或失败的教训对社区治理而言都是宝贵的财富。

总之,与外部组织的联系和互动是社区治理走向成功的重要资本,普瑞斯比(Prestby)和万德斯曼(Wandersman)经过研究认为"与其他组织的联系有助于维系组织的成功治理",他们的研究发现,"与其他组织之间强有力的联系纽带为组织提供了额外的用于增强组织权力、信息能力和智识能力以及资本能力等的资源"[1]。因此,在本书将会把社区与其他组织之间的联系纳入考察之列,以便更为全面地理解组织间的联系在提升组织治理绩效中的作用。

本节主要提出了业主选择之外的变量与社区业主选择和社区治理绩效之间的逻辑关系。前面的分析基本上从社区物理属性、社群属性等角度阐述了外在的情景变量与业主选择和社区治理绩效之间的逻辑关系。影响社区治理绩效的因素除了社区物理属性、社群属性等外在的结构性变量之外,业主选择是影响社区治理绩效的更为直接的决定因素。是否对社区的公共产品和服务的生产者进行了自主选择、是否对社区的业主组织等公共事物治理进行了自主选择、是否自主地制定了规范社区治理的相关制度规则等都会直接地塑造社区的治理实践,改变社区中的公共产品或者服务供给、社区的共用部位和设施的运营等。什么是业主选择,业主选择究竟是如何直接地塑造社区治理实践活动的,二者之间究竟有怎样的逻辑关系?下一节将会重点探讨这些问题。

---

[1] Wandersman, A., Florin, P., Friedmann, R., and Meier, R. (1987). "Who participates, who does not, and why? An analysis of voluntary neighborhood organizations in the United States and Israel." *Sociological Forum.* 2 (3), pp. 534–555.

第四节 业主选择在社区治理中的作用

社区治理的外生变量会塑造社区的环境和问题,也会影响社区业主解决这些问题可资利用的资源等,从而间接地影响社区的治理绩效,但没有业主的行动,外生变量本身不会直接地作用于社区公共事物的治理。当面临问题的时候,人们必须要采取行动,因此采取什么样的行动将会直接决定问题解决的效果。社区业主选择就是业主在社区治理过程中所采取的一系列的决策和执行活动。社区治理中的业主选择本身就是社区治理实践的重要内容,社区业主的选择会直接地决定社区的治理绩效。本节将首先对业主选择做出界定,并分析业主在社区公共事物治理中三个层面的选择及其间的逻辑关系;在此基础上引入衡量业主在三个层次进行选择的变量指标,并探讨业主选择和社区公共事物治理绩效之间的关系。

一 社区治理中的业主选择模型

业主选择的过程其实就是业主自组织和业主自治的过程。这一过程是业主自主治理精神的行为体现,其根源来自"人生而自由"的信念,"这种人所共有的自由,乃是人性的产物。人性的首要法则,是维护自身的生存,人性的首要关怀,是对于自身所应有的关怀;而且一个人一旦达到有理智的年龄,可以自行判断维护自己生存的适当方法时,他就从这时候起成为自己的主人"[1]。因此,作为放大了的人,业主群体形成了一个天然的集体消费单位,这一集体消费单位由于利益的连带性而必须进行自组织且通过自组织实现自治。对社区相关公共事物的自主选择是保障业主自由和实现社区自组织的必然途径。因为"任何自由都是选择的自由,自由本身不能与特定的结果相联系,否则就排斥了选择。自由的精髓正是允许人们进行选择,并承担相应选择的后果"[2]。

社区治理中的业主选择其实就是指业主就社区中的公共产品和服务的

---

[1] 〔法〕卢梭:《社会契约论》,何兆武译,商务印书馆,1980,第9页。
[2] 刘军宁:《经济自由:自由之母,宪政之路》,《中国经济时报》1998年1月16日。

生产，社区中的共用部位、设施及资金的管理，治理组织的设立以及治理规则的制定等社区内部的共同事务进行自主决策和选择的过程。在社区的治理中业主不仅需要对具体的日常事务进行决策，而且需要就社区的治理主体进行选择，还需要就社区的治理结构和规则进行选择。社区公共事物的治理过程是一个由业主关于社区公共产品和服务的生产、消费等操作性的选择行为到选举业主组织等集体选择行为以及为社区公共事物的治理制定宪法等更高级更抽象的宪政选择行为等构成的自主选择过程。

首先，业主自主选择公共事物生产安排的过程，也就是社区业主自主选择社区公共事物的物理生产者的过程。与这一生产安排的过程对应的是公共经济治理中的提供（Provision）过程。地方公共经济的概念将服务的提供方和生产方进行了区分，并认为每一方要履行各自不同的职责。一般说来，服务的提供方主要涉及的是公共产品和服务安排的选择行为，他们就以下事项做出决定：（1）要生产什么样的产品、服务（和哪些产品和服务留给私人去解决）；（2）应对什么样的私人活动进行规制，所应用的规制程度和类型；（3）需要筹措的收入数量，如何筹措（是以各种税收形式还是以用户按价付款的形式）；（4）需要生产的产品或服务的数量和质量标准；（5）如何安排产品或服务的生产，即如何将供应和生产连接在一起[1]等。在社区公共事物的治理过程中进行公共产品和服务生产安排的主要是指城市社区中的业主及业主组织，上述五个方面的职责主要由社区中的业主和业主组织履行。这样的过程是社区公共事物治理中具体揭示业主和居民偏好的过程，是就社区中的公共产品和公共服务的需求和生产安排做出决策过程。具体到社区中的公共事物的治理，这样的过程包括对社区中业主关于公共产品和公共服务的偏好的揭示、对社区中公共产品和公共服务的生产方的选择、对社区公共服务的定价安排、对社区的公共服务的付费机制的安排，以及对社区中的公共产品和公共服务生产的实施过程进行监督等活动。

业主自主选择治理者的过程，也就是社区业主自主选择对社区公共事

---

[1] 〔美〕罗纳德·J.奥克森：《治理地方公共经济》，万鹏飞译，北京大学出版社，2005，第9页。

物进行治理的代理机构的过程。从现实的情况来看，这一选择就是选择业主组织的过程。社区公共事物的治理涉及成千上万的业主和居民的利益，但是由于规模原则限制，不可能由每一个业主来行使对社区公共事物的治理。所以选择组建业主的代理组织就成了社区公共事物治理的必然选择，这一过程就是选择出一个组织来对社区中的公共事物的日常管理活动进行决策的过程。选择选择者的过程不同于选择公共事物生产的过程，这一过程不会涉及社区中具体的公共产品或者公共服务的生产的偏好揭示以及实现社区中的公共产品或者公共服务的具体生产安排的过程。选择选择者的过程其实就是社区业主通过一定民主机制选择代理人，选择社区公共事物治理实体的过程，这一选择过程的实施要严格按照社区"选择规则"的要求进行。

业主决定选择规则的过程，也就是业主自主选择社区公共事物治理规则的过程。社区公共事物的自主治理不仅意味着对治理的组织和对生产的安排。因为社区是一个自治的领域，自主治理更为实质性的内容是对治理规则的自主选择。"在最一般的层次上，公共池塘资源占用者所面临的问题是一个组织问题……组织的核心包括活动规则的变迁，以便在同时并进的、非全变的和频次独立的行为占支配地位情况下，引入循序渐进的、权变的和频次依赖的决策。"[1] 正如奥克森所言，"治理既不是供应，也不是生产。治理的前提条件是必须具备为组织地方公共经济而制定规则和实施规则的能力。治理的着眼点是建立一个制度的框架，在这个框架内，提供和生产的模式来源于地方市民和官员的选择"[2]。作为自主治理领域，社区公共事物自主治理最为核心的就是关于治理的制度框架的自主选择，这一自主选择的过程就是由社区业主自主选择社区的公共事物治理架构的过程，也就是选择选择规则的过程。通俗地讲，选择选择规则的过程就是制定社区"宪法"的过程。社区治理的"宪法"是关于社区治理的集体行动和具体的操作规则的最为原则性的规定，也是社区自主治理最为根本性

---

[1] Elinor Ostrom (1990), *Governing the Commons: The Evolution of Institutions for Collective Action*, Cambridge University Press.
[2] 〔美〕罗纳德·J. 奥克森：《治理地方公共经济》，万鹏飞译，北京大学出版社，2005，第23页。

的制度规则。任何一个共同体,都可以通过某种决策程序,就本共同体的治理确定一些基本规则,将其成文表述,这就是宪法、宪章。所谓的"章程",与"宪章"在英文中经常就是一个词。所以,一个钓鱼协会可以有自己的宪章,一个大学可以有自己的宪章,每个社区,也都可以有自己的宪章[1]。这样的宪章主要是围绕着社区公共事物的治理制定相应的规则,其中包括社区决策议事规则、社区治理架构模式确定、社区公共事物治理实体产生的规则和程序以及在社区公共事物治理中的成本收益分配规则等。

三个层面的自主选择过程构成了社区公共事物自主治理活动的主要内容。即选择社区公共事物的生产安排、选择社区公共事物的选择者以及选择选择规则的活动是相互影响的过程。选择选择规则的过程会对社区公共事物治理过程中的一系列决策、选择等行为从制度规范的角度做出规定。例如,其中关于选择社区公共事物治理主体的制度规则就会对业主选举业主组织做出详细规定,因而社区中的治理实体的选择要严格依据选择规则的规定进行。同时,选择规则所制定的关于社区治理架构模式以及社区公共事物治理中的成本收益分配规则就会影响到社区公共事物的生产安排的选择。这三个层面的选择活动是一个由具体到抽象、由直接到间接的过程。这三个层面的选择活动构成了社区业主针对社区公共事物的自主治理活动,三个层次的选择过程分别对应于业主自主安排社区公共事物生产的过程(选择、安排社区的公共产品和公共服务的具体生产单位),业主自主选择社区公共事物治理实体的集体选择的过程,以及业主自主选择社区公共事物治理规则的过程。

社区公共事物自主治理的过程就是在三个层面制度规则的规范下进行相应的自主选择活动的过程。在每一个层面自主选择的活动中能够完成什么样的任务,取决于该层次上的软件(规则)的能力和局限,取决于更高层次上的软件(规则),也取决于硬件(社区公共事物)[2]。因而在社区公共事物的自主治理过程中,每一个层次所能完成的活动既受制于上一个层

---

[1] 秋风:《社区可以自定宪法》,《南方周末》2007 年 8 月 10 日。

[2] Elinor Ostrom (1990), *Governing the Commons: The Evolution of Institutions for Collective Action*, Cambridge University Press, p. 8.

次制定的用于规范本层次活动的制度规则的影响,又受到本层次的活动所面临的公共事物自身性质的影响,还会受到相应层次治理场域的行动者自身属性的影响。社区公共事物自主治理中三个层面的自主选择活动和三个层面的选择规则之间的相关关系可以用图7-5表示。

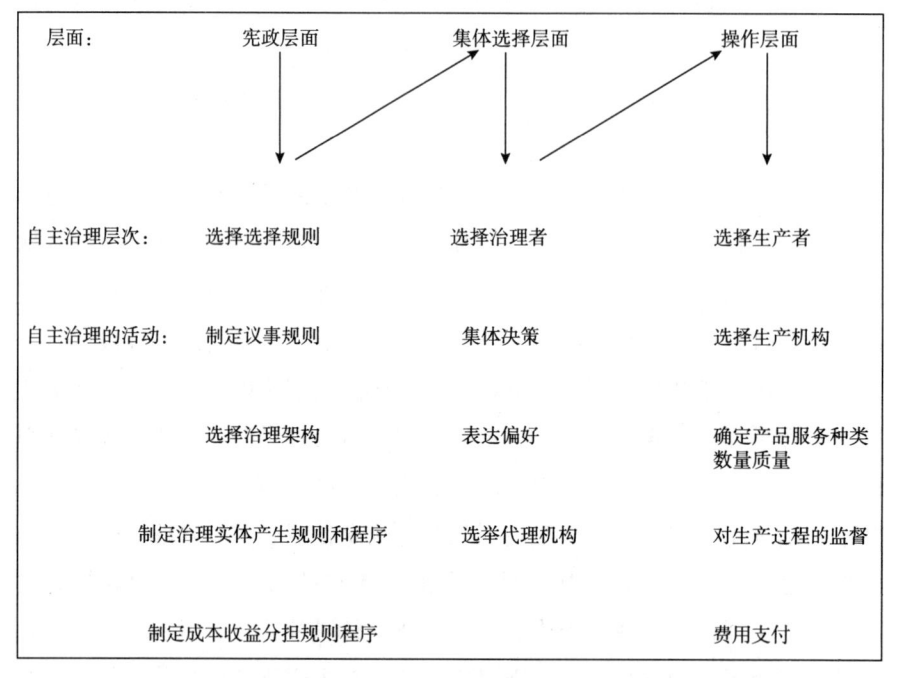

层面:	宪政层面	集体选择层面	操作层面
自主治理层次:	选择选择规则	选择治理者	选择生产者
自主治理的活动:	制定议事规则	集体决策	选择生产机构
	选择治理架构	表达偏好	确定产品服务种类数量质量
	制定治理实体产生规则和程序	选举代理机构	对生产过程的监督
	制定成本收益分担规则程序		费用支付

图7-5　社区公共事物治理活动和规则的三层次相互关系分析

资料来源:笔者根据 IAD 分析框架结合城市社区自主治理实践自制。

三个层次的选择之间从相互作用发生的逻辑来看,对规则的选择处于最高层,其次是对治理者的选择,最后是对生产者的选择。因为制定什么样的规则会影响到治理者的选择和生产者的选择实践,同样选择什么样的治理者又往往会影响到生产者的选择实践。但是如果从三个层次选择在社区治理实践中发生的顺序来看,则它们之间的关系正好倒了过来。首先是生产者的选择和社区公共产品及服务的生产实践出现了问题,业主们才会在集体选择层面进行努力,力图通过选择组建治理组织,以代表业主的共同利益同公共产品和服务的生产者进行博弈,从而促成生产者及时、有效、足额地向社区生产提供公共产品和服务。然而治理组织的成立就意味着在业主和治理组织之间的委托—代理关系的形成,因而,如何促成治理组织忠实于业主的共同利益而不会谋求治理组织或者治理组织中成员的个人私利,防止治理组织被生产者俘获就成了业主们在治理实践中遇到的另外一个难题。因此,制定用于规范社区治理组织的决策、执行等行为的规则,甚至建立专门的监督结构,或者变革社区中公共产品和服务的供给体制等宪政层次的选择就成了业主们所诉求的对象。由生产活动的选择到治理组织的选择,再到治理规则的选择是社区治理实践中业主选择活动发生的先后顺序。

社区公共产品和服务能否得到可持续的供给关键取决于业主是否能够形成具有包容性、独立性的生产安排选择、治理组织选择和宪政规则的选择。当然,社区业主能否顺利地实现上述三个层次的选择则受到社区的物理环境、社区业主群体的属性等因素的影响。社区的物理环境、业主群体属性等因素对社区治理的影响已在上一节中做过分析,在后面的内容中将会集中分析业主选择在社区治理中的地位,阐述其对社区公共事物治理绩效的作用。

二 业主选择指标体系与社区治理

根据上面对业主选择模型的论述,我们知道业主选择其实是业主进行的三组决策选择活动,而每一组选择活动又可以从多个角度衡量,例如业主决策选择过程的独立性、代表性及开放性等都是衡量业主选择质量的重要标准。这些具体的业主决策和选择活动构成了影响社区治理绩效的自变量体系。根据已有的研究成果和对社区治理实践的观察,笔者认为业主选择行为的指标基本上可以用表 7 - 2 表示。表 7 - 2 对业主选择进行了基本的操作化,当然这些指标体系的有效性还需要进一步实证分析的统计检验,这里只是根据社区访谈和专家访谈的意见提出的指标体系。

表 7 - 2 业主选择变量

一级指标	二级指标	三级指标
生产选择 (操作选择)	自选生产者	生产者产生方式
	自主签订服务合同	
	产品服务的日常选择	满意度反馈

续表

一级指标	二级指标	三级指标
治理选择（集体选择）	业主大会	召开频率
		参与人数
		独立程度
	业主委员会	代表性（得票率）
		独立性
		开放性
	自选其他代表机构	代表性（得票率）
		独立性
		开放性
	自选监督机构	代表性（得票率）
		独立性
		开放性
规则选择（宪政选择）	业主公约	代表性（通过率）
	业主大会议事规则	代表性（通过率）
	业主委员会议事规则	代表性（通过率）
	业主委员会规章制度	代表性（通过率）
	成本收益分配规则	代表性（通过率）
	共用部位开发利用规则	代表性（通过率）
	公共维修资金管理规则	代表性（通过率）
	其他规则	数量
		代表性（通过率）

业主选择属于社区治理实践的重要内容，根据上面的论述我们知道业主选择可以从三个层面进行衡量：生产选择、治理选择和规则选择。这三个层面的选择都需要业主进行集体决策，三个层面的集体决策的包容性、独立性及开放性都会影响到业主集体决策的质量和执行的难易程度，因而会直接影响到社区公共事物的治理绩效。

业主选择是业主就社区公共事物的治理活动进行决策或者制定规则的过程，这一过程的效果如何直接决定了社区公共事物的治理绩效。对业主选择的衡量主要可以通过对业主在社区公共产品和服务的生产安排中的选择、在社区治理组织等进行治理结构安排中的选择,以及在社区中进行相关的治理规则的选择等方面来衡量。这些选择是对业主意愿和偏好的反映,也是一个将个体意志输入转换成集体意志的过程,同时,是业主通过自己的行动改进社区公共产品或服务的绩效的过程,也是业主通过自己的行动改善社区的共用部位、设施设备及资金治理的过程。因而,业主的选择行为在社区的治理过程中处于核心地位,对改善社区治理绩效发挥着关键作用。下面将逐一阐述业主选择变量与社区公共事物治理绩效之间的逻辑关系。

第一,自主选择公共产品和服务的生产者是社区业主选择权利的重要内容之一。在这里,一个基本假设是业主越是自主地选择社区公共产品或者服务的生产者,就越能够有效地按照自己的需求和意愿安排社区公共产品或者服务的生产活动,因而社区中的公共产品和服务的生产活动与社区业主的需求和偏好之间的契合度就越高,社区业主对这些产品和服务就会越满意。社区中公共产品和服务的生产安排有多种形式,既包括外包生产,也包括社区内部生产。业主自主选择生产者是意思自治精神在社区治理实践中的行为体现,意思自治就意味着当事人按照自己基于理性认识而产生的判断为自己设定权利、义务,从而展开自我设计的生活,按照自己的意志管理自己的事物[①]。因此,业主只有在拥有对社区的公共产品和服务的生产者进行自主选择的权利且能够保障这种自主选择的权利得以有效实施时,业主对社区公共产品和服务的选择才能是合意的。业主自主选择之所以能够提高社区公共产品和服务生产绩效的原因主要有:(1)自主选择使业主们能够更真实地揭示他们对社区的公共产品和服务的需求与偏好,提升了业主的需求和偏好与公共产品和服务生产者之间的匹配程度。正如个人在市场上通过自主交易可以购买到适合自己需要又符合自己的购买力的商品一样,业主只有通过对社区公共产品和服务的生产者的自主选择才能够找到既适合自己的需求和偏好,又符合自己购买力的社区公共产

---

① 高宇:《理念·功能·技术:意思自治原则的伸展与评鉴》,吉林大学博士学位论文,2007。

品和服务。(2) 自主选择意味着社区公共产品和服务生产的竞争性的进入和退出机制的形成。业主对社区公共产品和服务的生产者的选择有利于打破因开发商和前期物业的时间优势而导致的垄断生产局面。由于很多前期物业公司大多数都是由社区的开发商留下的子公司，所以他们对于社区的地理和设施的信息往往掌握得要比业主和业主委员会更多且因此而垄断社区的产品和服务生产。业主的自主选择就意味着业主能够按照自身的意愿更换生产者，因而打破社区公共产品和服务的垄断局面，形成竞争性的市场机制。在竞争性的市场中，任何生产者获得生存的唯一出路就是想方设法以更低的价格向顾客提供更高质量的产品和服务。这一普遍的市场法则同样适用于社区公共产品和服务的生产这一领域[1]。业主自主选择的程度与社区公共产品和服务生产市场的竞争性呈正相关，而市场的竞争性又与生产者的产品和服务生产绩效呈正相关关系。同时从广义的角度来看，自主选择和"自主决定是调节经济过程的一种高效手段。特别是在一种竞争性经济制度中，自主决定能够将劳动和资本配置到能产生最大效益的地方去。其他调节手段，如国家的调控措施，往往要复杂得多、缓慢得多、昂贵得多，因此总体上产生的效益也要低得多"[2]。

第二，对社区公共产品和服务合同的自主选择是社区业主实现对生产者自主选择的重要途径和方法。这里的一个基本假设是业主越是能够自主地同生产者就社区公共产品和服务的合同内容进行充分博弈选择，就越能够有效地保障社区公共产品和服务的生产。选择性是契约当中的一个初始根源。"这是在一系列行为当中进行某种自由挑选的概念。没有选择，即使有了劳动的专业化和交换，对最简单的契约也没有意义。如果从契约的概念中去掉了选择，那么，世界上最好的契约当事人就不是人类，而是群

---

[1] 我国台湾地区的社区公共产品和服务生产市场竞争性比较强，那里的生产者不仅要负责社区的公共产品和服务的生产供给，而且还要越来越多地向业主们提供更为细致入微的私人服务，例如叫出租车，预订飞机票、电影票和戏票等私人性服务。而且为了提升自身的竞争力，物业服务企业纷纷采用ISO9000标准以及全面质量管理（TQM）等策略。具体参看 Simon, C. Y., Chen. (2001). "The Collective action problem in the Homeowners' association's development in Taiwan." Paper prepared for the mini conference at the Workshop in Political Theory and Policy Analysis.

[2] 〔德〕迪特尔·梅迪库斯：《德国民法总论》，邵建东译，法律出版社，2001，第143页。

居性的昆虫，特别是蚂蚁了。没有意志自由——真实的、想象的或假定的意志自由，契约在概念上就不能与因遗传而定的劳动的专业化和产品交换区别开来。"[1] 社区公共产品和服务合同的自主选择之所以能够提升其生产水平，主要是基于下面两个方面的原因：（1）对合同进行自主选择的过程，其实质是供需双方就社区公共产品和服务生产的相关内容进行协商和议定从而达成"合意"的过程，同时也是就双方之间的交换关系进行"契约化"的过程。"合意"与否是双方之间交易能否顺利进行的关键，因为"合意是构成真正交易的精神事件"[2]。契约化的过程实质上就是在社区公共产品和服务的生产安排过程中的契约自由的体现，而契约自由又是意思自治的核心部分，其实质是契约的成立以当事人的意思表示一致为必要，契约权利义务仅以当事人的意志而成立时，才具有合理性和法律上的效力。（2）供需双方之间进行合同选择的过程是业主和社区公共产品和服务生产者双方之间的权利义务关系"合意"结果的具体化、形式化、制度化和法律化的过程。以合同的形式确立双方在社区公共产品和服务生产方面的权利义务关系的基本功能是维护协约双方之间的合作，确保协约双方在恪守承诺、承担责任的前提下，谋求新的、更为远大的利益[3]。以法律化的合同形式确立业主和生产者双方之间的权利义务关系，有助于将违约成本内部化，从而促使产生有效的履约动机[4]。因此，生产合同的自主选择会对社区公共产品和服务的生产产生直接的影响和作用。

第三，生产及合同选择的包容性和独立性会直接影响到选择的效果，因而也会影响到社区中公共产品和服务的生产绩效。在这里，包容性反映的是选择过程中业主的参与程度，独立性反映的是选择过程不被干扰和操纵的程度。这里的一个基本假设是选择过程的包容性和独立性

---

[1] 〔美〕麦克尼尔：《新社会契约论》，雷喜宁等译，中国政法大学出版社，1994，第3页。转引自李声炜《契约自由研究——一种制度经济学的解释》，吉林大学博士学位论文，2004。

[2] 〔美〕罗伯特·考特、托马斯·尤伦：《法和经济学》，张军等译，上海三联书店、上海人民出版社，1994，第313页。

[3] 高宏德：《契约制度的功能》，《经济研究参考》2005年第95期。

[4] 形式化的合同使得协约方在违约时必须将违约责任考虑在内，当违约责任超过履约成本时，就能够促成合同的有效履行。

程度与生产的公共产品和服务与业主的需求、偏好的契合性程度成正相关。这主要是因为选择过程中的业主参与者越多，选择过程越独立，就越能够真实有效地揭示业主的偏好和需要，因而通过选择在供需双方之间达成的合意的质量也会越高。具有包容性和独立性的选择过程所做出的契约安排也才越具有代表性和执行性。我们知道无论是对社区公共产品和服务生产者的选择，还是对双方合同关系的选择都是社区内自主治理的重要内容，因而是一个独立的自主选择的过程；同时，这一选择过程是业主们的集体选择，而不是某几个人所进行的选择。因而社区公共产品和服务生产选择过程是否具有足够的独立性和包容性关系到社区业主自主治理能否有效落实。

第四，业主大会是否具有包容性和独立性会影响到业主集体决策能否真实地代表业主利益及其执行性。根据《物业管理条例》的规定[①]，业主大会负有制定、修改业主公约和业主大会议事规则；选举、更换业主委员会委员，监督业主委员会的工作；选聘、解聘物业管理企业；决定专项维修资金使用、续筹方案，并监督实施；制定、修改物业管理区域内物业共用部位和共用设施设备的使用、公共秩序和环境卫生的维护等方面的规章制度；法律、法规或者业主大会议事规则规定的其他有关物业管理的职责等多项集体决策的职责。因而业主大会的决策选择过程是否具有足够的包容性和独立性既关系到社区公共产品和服务的生产者的选择质量，也关系到社区中共用部位产权及其治理绩效，还关系到公共维修资金的治理绩效以及业主对业主委员会等治理组织的满意度。因为，业主大会直接就上述领域进行集体选择，而这一选择过程的质量直接决定了选择的结果即集体决策结果，从而也就会影响到上述的领域的绩效。

第五，业主委员会的包容性、独立性和开放性会影响到社区公共事物的治理绩效。这里的一个基本假设是业主委员会的包容性、独立性和开放性与其工作绩效和业主的满意度之间成正比例关系。根据《物业管理条

---

① 在此需要说明的是：对法规等的引用，笔者依照原文进行，因而会有些名词诸如物业管理企业、专项维修资金等名词与本书有出入，但是他们所指代的内容是毫无差别的。

例》的规定，业主委员会是业主大会的执行机构，履行下列职责：召集业主大会会议，报告物业管理的实施情况；代表业主与业主大会选聘的物业管理企业签订物业服务合同；及时了解业主、物业使用人的意见和建议，监督和协助物业管理企业履行物业服务合同；监督业主公约的实施和业主大会赋予的其他职责。根据对现实中社区治理实践的观察，其实业主委员会担负着更多的职责。因此，业主委员会能否有效地展开工作就成为影响社区公共事物治理绩效的关键。业主委员会是业主大会的执行机构，业主们则处于分散的状态，而分散的利益又往往是容易被忽视的利益[①]。因此业主委员会是否有包容性、独立性和开放性就成了决定业主委员会是否能够忠实、广泛地代表业主利益的关键，同时是在业主和业主委员会之间建立起信任关系的关键，也是促成业主委员会治理责任实现的关键。因为只有广泛地包容社区中所有业主的利益和需求，业主委员会才能够克服代表少数人的寡头主义的狭隘性；只有独立于开发商和物业服务企业，业主委员会才能够自主地做出真正反映民意的政策选择；只有向社区中的所有业主开放与社区治理相关的信息和决策，业主委员会才能够取得业主的信任、赢得较高的评价。

第六，是否存在其他的具有包容性和独立性的民意表达机制也会对社区公共事物的治理产生影响。这里的基本假设是，民意表达机制的多少及其包容性和独立性的程度和社区公共事物的治理绩效之间成正相关。社区规模动辄三四千人，在这样大规模的群体中要有效、快速地形成业主就公共产品和服务的偏好选择是一件交易成本很高的事。但是，如果没有业主需求与偏好的有效表达，那么就没有实质性的选择。社区治理也将因失去了意思自治和契约自由等自主治理的灵魂而不称其为自主治理。因此，多层次的、多样化的具有包容性和独立性的民意表达机制就成了业主们进行集体选择的重要工具。有了这些民意表达机制就能够在社区中形成包容性的民主和自由表达的机会，有效地聚合处于分散状态的业主需求和偏好，从而提高业主治理机构决策选择的质量。同时，多种多样的民意表达机制

[①] World Bank (2003), *Sustainable Development in a Dynamic World: Transforming Institutions, Growth, and Quality of Life*. World Development Report, p. 49.

会在业主与治理者之间，业主与公共产品和服务的生产者之间形成直接的交流沟通机制，从而促成治理者和生产者的责任实现。

第七，是否存在业主自选的监督机构及监督机构的开放性、独立性和包容性的程度也会对社区公共事物的治理绩效产生重要影响。这里的基本假设是业主自选监督机构的存在及其开放性、独立性和包容性与社区的治理绩效之间呈正比例关系。监督机构的存在及其开放性、独立性和包容性之所以重要，主要是因为两个方面的原因：（1）委托—代理问题使得监督成为必要。在普遍的社区治理结构中，业主大会—业主委员会—物业公司之间形成了两级委托—代理关系。我们知道，凡是有委托—代理关系的地方，就有可能存在委托代理的问题。当然，我们不能将业主代表大会的成员理所当然地认定为自私自利的人，但毫无疑问的是人有自利的冲动，这样我们在进行制度设计的过程中，就必须对人性的欠缺进行考虑，用制度的作用来弥补人性的欠缺，因为人性是最不可靠的。这也是我们要推行法治，替代人治的根由所在。（2）集体行动的困境使得业主监督机构成为理想选择。阿克顿勋爵有句名言，"权力导致腐败，绝对的权力导致绝对的腐败"。在国家的治理中如此，在社区治理中亦如此，这样监督就成为制度设计的一个必然选择。根据《物业管理条例》，我们知道业主、业主大会负有监督业主委员会和物业公司的职责，然而业主大会就是由全体业主组成的一个松散的议事机构，只有在有重大问题需要讨论时才召开，而在实践中有些社区一年甚至两年都不召开一次业主大会，这样业主大会的监督职能就流于形式。业主也负有监督的职责，然而作为一个理性的有着自我利益的人，有什么动力去监督呢？因为在这里的监督其实是一种"公共物品"，监督惩罚对于监督者、惩罚者几乎都是成本很高的事，而监督和惩罚带来的利益则为会员、物业社区业主广为占有，这就使得个别业主为社区的集体利益付出时间、精力等成本进行监督和实施惩罚，作为一个有理性的人往往是不会如此行为的。如何协调个体的行为，使得监督这种社区治理中的"公共物品"得到有效的供给既是一个实际问题，也是一个理论难题。面对"委托—代理"问题我们引入了监督和惩罚机制，而监督和惩罚机制又面临着"集体行动困境"的困扰，最终导致了业主监督的流产。然而，如果没有监督，就不可能有可信承诺；没有可信承诺，就没有提出新规则的理由①。实践的发展往往会给学者们带来惊喜，随着物业社区治理实践的发展，各种各样的业主监督机构应运而生。这样的一个专门负责监督的专业性组织由少数人员构成，避免了业主大会的松散；而其明确的职责和任务又避免了业主个人监督积极性的缺失，最终成为处理"委托—代理问题"、实施监督惩罚机制的理想选择。

制度规则选择是除了生产选择和治理选择之外，业主进行社区治理的最后一项但也是最为重要的一项权利。制度规则是在参与者中"众所周知"的关于什么样的行为或者结果是必须的、禁止的或者允许的、可执行的描述性规定②。制度在促进人类福祉方面具有"信号捕捉""利益平衡"和"促进政策执行"等方面的作用③。因而业主们能否选择制定系统的、具有代表性和可执行性的制度规则，既会影响到社区中治理组织绩效提升和责任实现，同时也会影响到社区中公共产品和服务的生产者的责任实现。因此，下面笔者将着重从制度规则的选择方面分析其与社区公共事物治理绩效之间的逻辑关系。

第八，社区治理中的决策规则及其代表性和执行性会影响到社区公共事物的治理绩效。这里的基本假设是决策规则的有无及其代表性和执行性的程度，与社区公共产品和服务的生产绩效，社区中共用部位、公共维修资金的治理，以及业主对治理组织的满意度等之间呈正比例关系。决策规则在社区治理实践中主要是指业主大会议事规则、业主委员会议事规则以及其他社区治理组织的议事规则。议事规则之所以重要，主要是因为议事规则是否经过业主选择既会直接影响到议事过程的代表性和有效性，同时也会影响到议事的结果——政策的质量及其可执行性。如果议事规则是通过业主选择产生且能够获得多数业主的认可，那么在议事规则的规范下各种治理组织做作出的决策就会更加忠实地反映大多数业主利益。

第九，社区治理中的预算、成本及收益分配规则的有无及其代表性和

---

① 〔美〕埃莉诺·奥斯特罗姆：《公共事物治理之道》，余逊达、陈旭译，上海三联书店，2000，第74页。

② Elinor Ostrom (2005), *Understanding Institutional Diversity*, Princeton: Princeton University Press, p. 18.

③ World Bank (2003), *Sustainable Development in a Dynamic World: Transforming Institutions, Growth, and Quality of Life.* World Development Report, p. 37.

执行性会直接影响到社区公共事物的治理绩效。社区治理的过程其实是围绕着公共产品和服务进行交易生产的过程，也是对共有资源进行管理的过程。公共产品和服务生产交易以及共有资源管理过程同时也是利益配置的过程。如何在社区业主及生产者、治理者之间进行利益配置，能否平衡各方的利益需求，关系到社区治理中集体行动能否形成，治理责任能否实现。而要达到利益的平衡，制度规则，尤其是社区治理中的预算、成本及收益分配规则处于关键地位。达成利益平衡需要多方面的努力，其中非常重要的是要让各个利益相关方参与到利益平衡的过程中，尤其是参与到规范利益配置的制度规则的制定过程中去。开放和民主程度更高的国家会更加关注分散的利益[1]，同样，在社区治理中更为开放和民主的利益配置规则选择过程将会更为关注分散的利益，更为有效地达成利益平衡。

第十，社区治理中是否存在关于公共产品及服务的监督评价规则，以及这些规则的代表性和执行性会直接影响到社区治理中的产品及服务的生产效果。社区中的公共产品及服务的有效生产需要建立在业主需求和偏好的集体选择的基础上。然而，难以避免的是集体选择难以完美地将个体业主的偏好和需求输入转换成集体决策。因此，业主个体对社区公共产品及服务的监督评价就成了弥补集体选择不足的得力方式。通过业主满意度调查等方式让业主反馈他们关于社区公共产品和服务的生产效果，既能有效提高社区公共产品及服务的生产与业主需求和偏好之间的合意程度，也能有效地促成社区公共产品和服务的生产的生产责任的实现。有效的业主监督评价行为要依靠一套可靠的制度规则来塑造，因而能否在社区中形成被业主们普遍认可的、行之有效的关于公共产品及服务的监督评价规则，就关系到小业主能否顺利有效地进行意见反馈，关系到监督评价能否常态化、持续化。

第十一，社区治理中是否存在关于生产和治理组织的信息公开，以及业主对其参与的相关规则，也会直接影响到社区中公共事物的治理绩效。生产和治理组织的信息公开及业主参与之所以重要，主要是因为信息能够

---

[1] World Bank, (2003) *Sustainable Development in a Dynamic World: Transforming Institutions, Growth, and Quality of Life*. World Development Report, p. 45.

赋予业主参与社区公共产品及服务生产过程的机会，能够促成社区中的治理者和生产者的活动具有更大的透明度，能够更有效地促成生产者和治理者责任的实现。在这种意义上讲，信息就是力量，信息的公开程度与社区治理中利益平衡的实现密切相连。要促成信息公开和业主参与的常态化，那就必须要将其制度化。因为只有制度化才能使得社区中的治理组织的信息公开和业主对相关组织的参与具有可预测性和可持续性。所以，关于社区治理中生产和治理组织的信息公开和业主对其参与的规则会直接影响到社区公共事物的治理绩效和社区的可持续发展。

本章小结

在这一章，主要提出了业主选择分析框架和业主选择路径模型。在分析框架和路径模型的指导下通过逻辑推理论述了社区治理的外生变量和业主选择与社区公共事物治理绩效之间的逻辑关系。这些逻辑关系反映的一个共同的核心主张是，社区公共事物的治理绩效是业主在公共产品和服务的生产、治理组织以及治理规则等三个层面选择的结果，而业主在三个层面的选择行为又受到来自社区的物理属性、社区的社群属性、社区外部的网络等外在与业主行动的外生变量的制约和影响。需要说明的是，本章阐述的这些影响社区治理绩效的变量因素及提出的这些变量与社区治理绩效之间的逻辑关系均是根据理论并结合笔者对社区治理实践的观察进行的逻辑推演，是一种规范性的设想。但理论时常是灰色的，而生命之树长青。因此，上述的理论推理还有待日后实证研究的检验。

第八章 新建商品房小区业主选择和小区治理的案例分析

根据前面的业主选择与社区治理的逻辑框架，我们知道业主在三个层面的选择行为会对社区治理绩效产生直接的影响。那么，现实中社区业主是如何在三个层面进行选择，这些选择导致了什么样的结果，这些选择行为又是如何导致相关的结果呢？基于业主选择的社区自治是否能够持续发展呢？对此人们并不乐观，因为公共选择的逻辑是，个人理性会导致集体的非理性，最终走向共同的悲剧[1]。不过，有很多学者，如埃莉诺·奥斯特罗姆等发现，自主治理是可能的，只要有适当的制度基础。

那么社区如何管理和发展才是可持续的呢？我们认为社区治理制度基础的建设非常重要。在本章，我们试图通过观察和记录北京美丽园小区治理中发生的一系列纠纷及解决过程，以及对北京市上地西里小区中的业主选择行为的研究，探索如何搭建社区治理的制度基础，从而寻找可持续的社区治理和发展之道。

第一节 业主选择和美丽园物业纠纷事件的处理

本节以"美丽园事件"为个案，着眼于冲突解决与可持续发展的制

---

[1] 〔美〕埃莉诺·奥斯特罗姆：《公共事物的治理之道》，余逊达等译，生活·读书·新知三联书店，2000。

度基础,分析社区治理的管理组织和治理结构,以及各种基本的制度构建和社区治理之间的关系,探讨物业公司、业主和业主委员会、政府行政及司法力量等各种行动者在社区治理中的恰当地位。

本节分为五个部分。第一部分为背景介绍,从住房制度改革、社区自治发展和社区治理制度设置等角度介绍"美丽园事件"发生的社会背景。第二部分为美丽园物业纠纷事件的源起及经过,主要介绍美丽园事件的起因、发展和结果,以期为读者呈现一个完整的案例描述。第三部分为美丽园的管理机构和社区治理结构,这一部分对美丽园事件中涉及的各方在美丽园整个事件的过程中所扮演的角色和发挥的作用进行梳理和分析,以求能透过现象,分析其间的利益关系及利益冲突,从而能够从更深层次把握我国物业社区的治理结构。第四部分为美丽园社区物业收费纠纷事件的问题及分析,这一部分重点从提取信号、平衡利益、执行决策、反馈和学习四个方面探讨各物业服务、法院裁判、政府行政和社区民主等机制在社区治理中的优势和劣势,结合案例中出现的问题提出了对策性分析。第五部分为政策建议,针对美丽园事件反映出的社区治理实践中存在的问题,这一部分着重从信号捕捉、社区民主、纠纷解决和监督制裁等方面提出具有建设性的政策建议。最后为结束语,指出了本章的分析路径,并提出了本节的分析对探讨更广泛的社区服务治理具有的指导意义。

建成于2000年的美丽园社区是一个低密度住宅建筑群,坐落在北京海淀区五棵松路20号。占地面积21公顷,总建筑面积238379.26平方米,其中住宅面积为210569.26平方米,共34栋住宅楼,111个住宅单元;配套公共建筑面积为27810平方米。社区建筑为钢筋混凝土全现浇楼板,配钢筋混凝土砌块及内浇外砌结构。社区共有地上车位970个,为收费管理。地下车位455个。现有居民1378户,4800余人。美丽园由北京东方鸿铭房地产开发有限公司开发,"物业费用纠纷"发生前由北京鸿铭物业管理有限公司提供物业服务,被市、区评为"金牌居住区""北京市优秀居住社区""海淀区文明社区",并获得"首都绿化美化优秀工程奖""市物业管理规范服务优秀组织奖"等奖项。

一　美丽园小区物业纠纷事件的源起

（一）物业纠纷促成业主委员会成立

美丽园纠纷事件的起源还得从 2003 年说起。2003 年，美丽园业主委员会的前身——美丽园物业管理委员会在核查社区物业实际情况时发现，社区内的电梯数量、水泵数量等与计算物业费单价时所使用的数量不符，物业费严重虚高。随后，美丽园物业管理委员会与社区的原物业公司——北京鸿铭物业管理有限公司（下简称"鸿铭物业公司"）多次协商，但一直没有结果。在此期间，部分业主因对鸿铭物业公司的乱收费行为不满，未按时交纳有争议部分的物业费，结果被鸿铭物业公司告上法庭。开庭时，成为被告的业主指出了物业公司收费单价虚高的问题，但法院仍判决业主败诉。与此同时，法院的判决书还指明了解决途径："社区公共事务应由业主委员会起诉。"部分业主败诉后，在美丽园社区产生了很大的震动，一些业主认识到：成立业主委员会或许是一条不错的维权途径。2003 年底上届管委会卸任，接着 2004 年大半年时间里美丽园处于无业委会的状态，而数位业主接连败诉令更多业主激愤，倍感唇亡齿寒之危机；加之二期公摊面积的问题长期得不到解决，大家逐渐有了共识，那就是：不靠天，不靠地，也不指望别人大发慈悲给予施舍，必须团结起来自救。于是，2004 年 8 月 19 日，美丽园第一届业主委员会经业主大会选举产生。可以说，成立业委会是群众经历过单打独斗的实践与挫折后找到的唯一自救之路。业主委员会成立后，按照《物业管理条例》的规定，到政府主管部门履行了备案手续。

（二）物业服务及收费纠纷激化，业主委员会终与物业公司对簿公堂

2004 年 10 月 20 日，业主委员会开始与鸿铭物业公司商谈物业费问题，但未能达成一致意见。为此，业主委员会召集了第二次业主大会，以超过全体业主 2/3 的票数通过了 7 项决议，其中包括授权业主委员会与鸿铭物业公司商谈，如协商不成，授权业主委员会代表全体业主提起物业费诉讼。决议形成后，2004 年 12 月 27 日，业主委员会再次向鸿铭物业公司发出会谈邀请函，但商谈仍然没有结果。2005 年 3 月，在与物业公司多次协商未果的情况下，美丽园社区业主委员会向法院递交诉状，提出了

十三项诉讼请求。具体参看表 8 – 1。

表 8 – 1　美丽园社区业主委员会向法院提出的十三项诉讼请求

2005 年 3 月美丽园社区业主委员会向法院提出的十三项诉讼请求：

1. 将保安费变更为按 5 元/户月收取；
2. 将保洁费变更为按 3 元/户月收取；
3. 将垃圾清运费变更为按 2.5 元/户月收取；
4. 将未曾书面特别委托的业主的室内小修费取消；
5. 将未曾书面特别委托的业主的室内中修费取消；
6. 自 2003 年 9 月 1 日起无条件地将各项费用统收服务费取消，并返还已收取的该项费用；
7. 自 2002 年 9 月 3 日起无条件地将共用天线管理费取消，并返还已收取的该项费用；
8. 将电梯维保费变更为按实际电梯规格、数量（111 部）及社区实际住宅建筑面积（210569.26 平方米）计算收取，标准按 0.359 元/平方米月收取；
9. 将电梯运行费变更为按实际电梯规格、数量（111 部）及社区实际住宅建筑面积（210569.26 平方米）计算收取，标准按 0.463 元/平方米月收取（一层业主除外，仍执行原免收约定）；
10. 将高压水泵费变更为按实际可收费高压泵组数（1）及社区实际住宅建筑面积（210569.26 平方米）计算收取，标准按 0.008 元/平方米月收取；
11. 立即中止未经业主同意利用业主共有财产擅自对外签订的《电梯广告位租赁合同》，并将相关收益返还业主；
12. 将已收取但实际未建的公共厕所的物业管理费和采暖费返还业主；
13. 将收取的营业税由 5.5% 变更为 5%。

2005 年 5 月 11 日，海淀区人民法院开庭审理了该案。经过审理，2005 年 9 月 14 日，海淀区人民法院驳回了美丽园业主委员会的全部诉讼请求。美丽园业主委员会不服一审判决，向北京市第一中级人民法院提出上诉。

（三）法院判决下调物业费用，引发各方反应

2005 年 12 月 8 日，北京市第一中级人民法院做出终审判决，撤销了一审法院做出的判决，在核实物业运营成本的基础上下调了物业费用[①]。

---

① 明确了从 2003 年到 2005 年，美丽园社区物业管理费中鸿铭物业公司应收取的保洁费为每户每月 3 元，垃圾清运费为每户每月 2.5 元，高压水泵费为每月每平方米 0.008 元，电梯维保费为每月每平方米 0.045 元，一层住户的电梯运行费免收，其他住户的电梯运行费为每月每平方米 0.0552 元，应加税率为 5%；美丽园社区物业管理费中没有经过业主特别委托的小修费、中修费，鸿铭物业公司不得收取。物业管理费中应收取的各项费用统收服务费在 2003 年为每户每月 1 元，在 2004 年和 2005 年不得收取。鸿铭物业公司将电梯广告位的租赁收益 18 万元、公厕用房供暖费和物业管理费 3533.76 元返还给北京市海淀区美丽园社区业主委员会。

但是，鸿铭物业公司并没有履行法院的终审判决，美丽园业委会只好向原审法院——北京市海淀区人民法院递交了强制执行申请。

随着法院判决的做出，各方利益相关者纷纷就此事件表态，并试图通过一定的言行影响事件的进展。一时间，美丽园事件成为全国新闻媒介关注的焦点。2006年1月，物业公司向市一中院提交再审申请，要求对此案进行重新审理；2006年3月30日，5名法律专家出具《论证意见书》，认为市一中院的判决改变了合同规定的价格条款，是不妥当的；2006年4月13日，北京市物业管理协会向市一中院主管领导发出一封《行业专家对美丽园物业纠纷案给物业管理行业造成严重影响的意见及情况反映》，认为法院的判决会引发北京物业全行业的混乱，要求重审。

2006年5月30日，市一中院发出《民事裁定书》，2006年5月31日，北京市第一中级人民法院裁定再审该案，原判决中止执行。

不久，美丽园社区业主委员会也向法院递交了相应的材料。北京33个社区业主委员会联名支持。与此同时，中国消费者协会公开表示支持美丽园业主委员会的维权。

2006年8月11日，经过再审，北京市第一中级人民法院判决："维持原判"，再次支持了美丽园业主委员会13项诉求中的12项，社区物业费单价由每月每平方米2.72元降为1.58元。

（四）物业公司因费用低而逃离，社区服务缺失、陷入失序状态

2006年8月15日，鸿铭物业公司在社区里张贴了《告美丽园全体业主书》，表示对于再审判决，"不论是从价格上还是从美丽园实际运行成本上，都是不能接受的，将继续申诉"。鸿铭物业公司同时表示将"撤离"美丽园社区。对此，美丽园社区业委会主任雷霞表示，"以每月每平方米1.58元来算，也是有一大笔利润的"。如果物业公司以正常合理的程序撤离，他们将与之进行正常交接，如果物业公司突然撤离，业委会将按业主大会的决议启动社区应急程序。

终于，2006年9月1日上午7时许，美丽园社区1387户居民发现，鸿铭物业公司突然张贴出撤离通告，保安不见了，电梯停电了，家里停水了……整个社区陷入"混乱"之中。美丽园再次成为全国关注的焦点。

(五) 社区生活混乱，业主委员会面临信任危机

随着物业公司的逃离，导致社区基本生活失序，引起了业主之间的意见分歧，业主委员会也因此面临信任危机。业主基本上分成了三个派别，即拥护物业派、中立派和业委会派，详见表8－2。

表8－2 小区业主的分裂情况

拥护物业派
物业公司服务不错，任何一个物业公司都是为了赢利，一部分业主不交物业费，损害了我们广大业主的利益，是业委会在强迫民意
中立派
试图调解，但不成功。认为只要服务到位，物业费可以重新协商。但物业公司在临走前损害业主利益是不对的
业委会派
物业公司应按法院判决收费。少部分人唯恐天下不乱，他们在买房和物业费上都享受优惠，所以会替物业公司说话。美丽园1300多户业主，只有100多户没有交物业费，物业公司却因此采取不负责任的行动给所有的业主带来不便，这不公平

业主之间的争论和分歧主要围绕着两个核心问题展开：1. 要不要罢免社区业委会现任全体委员；2. 要不要留用目前在社区服务的物业公司。一些业主将美丽园社区服务缺失、秩序混乱的原因归咎于业主委员会，认为应当对其进行罢免，从9月2日起，王晓明等人在社区的北门，就3项议题开始征集业主签名：是否罢免业委会；是否续聘鸿铭物业公司；是否采用招投标方式聘用新物业公司，经过整理核实，实际参加签名的共有453户，这份提案被提交到业委会，要求召开业主大会进行表决。①

(六) 政府指令原物业公司接管美丽园

鸿铭物业逃离美丽园社区之后，2006年9月1日上午10点多海淀区社区办公室、美丽园社区所在的八里庄街道及当地派出所立即介入纠纷事件，召开紧急会议，紧急会议一直开到2006年9月2日凌晨4时许才结束。9月9日，海淀区社区办公室下发通知，要求鸿铭物业9月11日之

---

① http://news.xinhuanet.com/house/2006－11/01/content_5274759.htm，2007年6月7日。

前全面恢复社区物业服务，责令业委会45天之内召开业主大会临时会议。9月10日，在政府部门要求下，鸿铭公司回到美丽园，开始为期3个月的过渡期物业管理。

（七）美丽园社区业主大会召开，选聘新物业公司

2006年10月9日下午4：00，美丽园社区开始召开临时业主大会，向业主分发选票，请业主自行实施自己的民主权利对以下三个议题进行投票：1. 美丽园业主大会正式选聘的物业公司是否应以招投标方式产生；2. 是否全面接受北京鸿铭物业管理有限公司提出的条件（包括物业服务标准、公共配套建筑的物业费单价等），是否直接选聘北京鸿铭物业管理有限公司为社区提供正式的物业服务，限定二层以上（含二层）住宅物业费单价为2.04元/建筑平方米/月，一层住宅为1.43元/建筑平方米/月，并由业主委员会与北京鸿铭物业管理有限公司签订正式的物业服务合同；3. 是否应罢免现任业主委员会全体委员。

该次投票选举活动于10月28日结束，整个投票过程均全程录像监控，以保证投票结果的真实有效。最终的投票结果如表8-3所示。

表8-3 美丽园小区业主投票结果

议　题	赞成票（张）	反对票（张）	弃权票（张）
罢免业委会现任全体委员	467	621	5
续聘鸿铭物业	474	609	7
正式选聘的物业公司以招投标方式产生	613	474	3

这一结果表明了业主委员会经受住了民主的考验，重新获得了合法性。在获得业主大会授权之后，美丽园社区业主委员会发布物业公司的招标公告，并于2006年12月经过一周的业主大会投票，在美丽园3家竞标物业中，南京新鸿运公司以628票的绝对优势夺标。中标的新物业公司于2006年12月11日正式进驻美丽园社区。到此为止，美丽园物业纠纷得到妥善解决。

美丽园社区物业纠纷事件前后持续了一年半时间，给广大业主的生活带来了极大的不便，专栏1简要地归纳了事件的发展进程。

专栏 1：美丽园物业纠纷事件始末

第一阶段：物业费用纠纷，业主赢得诉讼

2005 年 3 月业委会起诉鸿铭物业，要求挤掉物业费"水分"，将多收的物业费退还业主。2005 年 9 月海淀法院驳回业委会诉讼。

2005 年 12 月北京市一中院支持了业委会的诉求，将社区 2.72 元每平方米每月的物业费判至 1.58 元，美丽园业委会成为北京首个打赢物业费官司的业委会。

第二阶段：利益难以平衡，物业撤离，社区陷入危机

2006 年 5 月鸿铭物业向一中院申诉，一中院裁定再审。

2006 年 8 月 11 日一中院维持终审判决。

第三阶段：政府介入，强制物业返回，社区进入过渡时期

2006 年 9 月 1 日鸿铭物业突然撤离，美丽园停水停电，海淀区社区办公室等部门紧急到社区处理，当天下午恢复水电供应。

2006 年 9 月 7 日副市长吉林表示，绝对不允许断水断电断电梯等情况发生，对一些物业公司断电断水的恶劣行为将予以严惩。

2006 年 9 月 9 日海淀区社区办公室要求鸿铭物业 9 月 11 日前恢复服务，同时要求业委会 45 天内开业主大会。

美丽园社区纠纷事件的发生是一种偶然现象，还是一种必然现象？这一类的物业服务与收费纠纷事件在社区治理的过程中能够避免吗？要对这些问题进行回答，我们需要探讨美丽园社区的管理机构和社区治理结构。

二 美丽园的管理机构和社区治理结构

以上对美丽园事件的发生发展过程进行了历史式的追述，以下将梳理和分析该事件所涉及的各方在其中所扮演的角色和发挥的作用，以求能透过现象，分析其间的利益关系及利益冲突，从而能够从更深层次把握我国物业社区的治理结构。具体来讲本部分涉及三个层面的分析：一是分析美丽园事件中涉及的利益相关方及其在纠纷中的立场、态度；二是分析美丽园社区治理中的管理机构和治理结构；三是分析美丽园社区治理的相关制度规则。

(一) 美丽园事件中的利益相关方

美丽园社区纠纷事件虽然只是一个在基层社区治理过程中发生的纠纷和冲突，但这一事件牵涉的利益关系比较复杂。美丽园社区物业服务收费事件中涉及的利益相关方主要有：1. 物业公司——物业服务的生产工作。在该案例中，物业服务公司是鸿铭物业公司，这一公司承担着美丽园社区的物业服务。2. 物业管理协会——由物业公司联合加入组成的行业协会。在该案例中，物业管理协会就是北京市物业管理协会。3. 业主委员会——业主的集体意志执行机构，维护业主利益。该案例中的业主委员会就是美丽园社区业主委员会。4. 业主——分散的利益个体，房屋的所有权人为业主。案例中的业主就是美丽园社区的权力业主。5. 法院——外在于自主治理社区的裁判方。6. 政府——形式上外在于自主治理社区的行政主管方。具体参看表8-4。

表8-4 美丽园小区纠纷事件涉及的利益相关方

利益相关方	追求目标	产生方式
物业公司	利润	注册组建
物业管理协会	行业管理	注册登记
业主委员会	业主利益	选举备案
业主	业主利益	购房取得资格
法院	公平正义	选举产生
政府	公共利益	选举产生

(二) 美丽园社区的管理机构和治理结构

美丽园物业服务和收费纠纷事件围绕着物业收费标准，以业主委员会为代表的业主一方和以物业服务公司为代表的服务生产方以及以政府、法院为代表的外在力量是本案例中重要的治理组织，这些组织之间相互的权利义务关系构成了美丽园社区的治理结构。

本案例中的物业纠纷事件不仅局限于美丽园社区内部，而且还涉外在的政府和法院以及行业协会。总体上，本案例涉及的管理组织和治理结构可以用图8-1来表示：

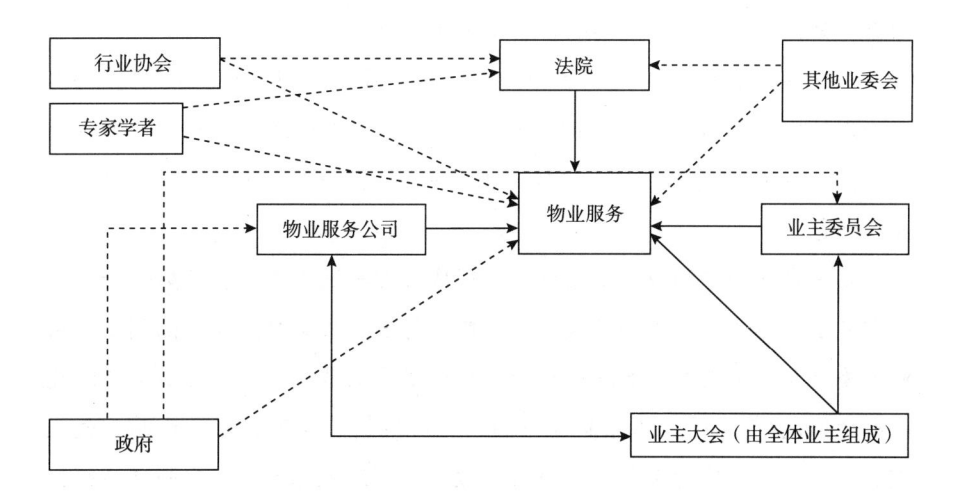

图 8-1 美丽园社区物业服务及收费标准纠纷事件的治理结构

从专栏1可以看出来，美丽园社区物业服务及收费标准纠纷事件涉及以下三种类型的组织：(1)社区内部自发性组织；(2)以物业管理公司为代表的市场经营性组织；(3)社区外部的社会固有组织。社区内部的自发性组织主要包括业主大会和业主委员会，他们是美丽园社区的治理主体，他们也是社区内部的物业服务的购买者。美丽园社区的物业服务的提供①也主要由他们负责，他们负责物业服务的决策和费用的筹集等，负责对美丽园社区内部规则的制定及执行。第二类是物业服务公司，在本案例中即鸿铭物业公司，该公司属于私营性质的企业，以谋取利益为导向。鸿铭物业公司负责美丽园社区内部的物业服务的生产，其中包括保洁、保安以及水电气的管理。这两类组织形成了社区内部的治理结构，围绕美丽园社区物业服务的提供、生产内容及相关制度规范，业主大会、业主委员会

---

① 提供对生产的区分，公共服务的供给并非是一个连续不断的过程，这个过程大体可以划分为两个阶段——提供和生产。所谓的提供是指一系列的集体选择行为的总称，主要对下列事项做出决定：需要提供什么样的产品和服务、产品和服务的数量和质量标准、需要筹措的收入数量和如何筹措、如何约束和规范公共产品和服务消费中的个人行为、如何安排产品或服务的生产。公共服务的生产则是指如何将一系列的输入资源转化为产品和服务的技术过程。公共服务的供给是提供和生产两个阶段的总称。公共服务的提供和生产的区分，开辟了重新界定公共服务经济中经济职能的最大可能性，公众保持着对与服务供应绩效标准相关的方面的控制，而服务的生产方面，则允许在生产那些服务的结构之间开展最大限度的竞争。

和物业公司之间形成了复杂的权利义务关系。

根据《物业管理条例》及相关的法规，我们可以发现当前物业社区的治理结构：在物业社区内部形成了"业主大会—业主委员会—物业公司"这样的委托代理关系。具体来看，社区内部的治理结构包括两个层面的问题。

其一是在业主和业主委员会之间形成委托—代理关系。从另一个方面来讲就是要将业主分散的利益通过集体选择的过程聚合为集中的利益，由业主委员会集中表达和实施；这个过程要求广大业主和业主委员会之间建立需求信息/信号的表达和捕捉机制，并形成信息反馈和监督机制。就人类的自主治理的能力来看，决策者的数量与深思熟虑的质量之间并不存在确定的正比例关系。在《联邦党人文集》中对于人类自治能力的根本局限有着充分的论述，"把一定的权力委托给六七十人，可能比委托给六七人更为适当"[①]，"但是，不能因此就说，六七百人就相应地成为更好的委托"[②]，"如果我们继续假定六七千人，整个理论就应该颠倒过来"[③]。事实上，在一切情况下，为了保障自由协商，以及防止人们为不适当目的而轻而易举地联合起来，看来至少需要一定的数目；另一方面，为了避免人数众多造成的混乱，人数应当有个最大的限度[④]。这就是所谓的"规模原则"，因为任何的协商集团（deliberative group）中都存在着基本限制条件，它起源于这一事实，一次只能有一位演说者能够被倾听到并得以理解[⑤]。因而，业主与业主委员会之间的委托代理关系的建立既是社区的客观情势的必然要求，也是无奈的制度设计选择。

其二是业主、业主委员会与物业服务公司之间围绕着物业服务形成需求与供给关系。物业服务包括的范围比较广泛，例如有关保安、保洁、绿化、供暖、生活热水的供应，日常公共物业和业主自用部分的小修理等。无论是怎样的物业服务，都会存在生产者和消费者，二者对物业服务进行

---

① 〔美〕文森特·奥斯特罗姆《复合共和制的政治理论》，上海三联书店，1999，第88页。
② 〔美〕文森特·奥斯特罗姆《复合共和制的政治理论》，上海三联书店，1999，第88页。
③ 〔美〕文森特·奥斯特罗姆《复合共和制的政治理论》，上海三联书店，1999，第88页。
④ 〔美〕文森特·奥斯特罗姆《复合共和制的政治理论》，上海三联书店，1999，第88页。
⑤ 〔美〕文森特·奥斯特罗姆：《复合共和制的政治理论》，上海三联书店，1999，第90页。

买卖。以社区的保安服务为例,我们可以看到在目前的社区治理中存在着"保安服务流"和"薪资报酬流"两个不同方向上的流动机制,伴随着这种"保安服务流"和"薪资报酬流"流动环节的是一种供给和需求的关系。保安人员向社区提供治安服务,以满足社区的业主对安全的需求;在获得了保安人员提供服务之后,业主需要向保安人员支付报酬。但是,从目前的社区服务的制度安排来看,存在着两种供给需求机制,一种是长线的责任机制,另一种则是短线的责任机制,所谓的长线责任机制就是说供给者和需求者之间的责任关系比较远,两者之间很难产生有效的交流、沟通以及协调机制,他们被物业公司和保安服务公司隔离开来,这样供给者和需求者之间就形成了长线责任机制,供给者的供给很难反映需求者的偏好需求;与此相反,另外一种机制被称为短线责任机制,所谓的短线责任机制则是形成供给者和需求者之间直接面对面的交流和沟通,供给者需要反映需求者的偏好,需求者往往会对供给者有一定的影响力和控制力。而图 8-2 中的模式 1 和模式 2 均是现在社区治理中的保安服务供给模式,他们都属于长线责任机制,在这两种模式中,"保安服务流"和"薪资报酬流"的流动环节是不同的,模式 1 中的服务供给者和需求者之间的距离更远。具体来讲,就是物业公司向保安服务公司聘请保安人员然后再向社区供给治安服务;模式 2 则是物业公司直接从社会上招聘保安人员,然后向社区供给治安服务。具体如图 8-2 所示:

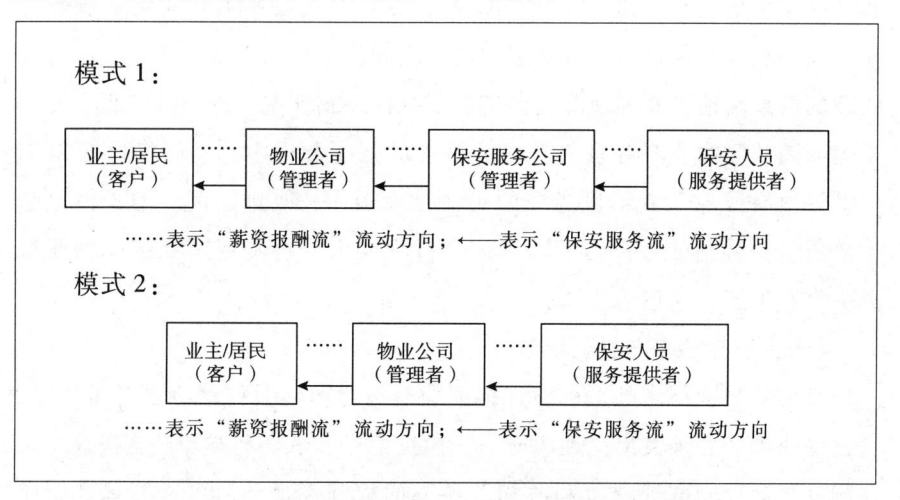

模式 1:

业主/居民(客户) ←······ 物业公司(管理者) ←······ 保安服务公司(管理者) ←······ 保安人员(服务提供者)

······表示"薪资报酬流"流动方向;⬅——表示"保安服务流"流动方向

模式 2:

业主/居民(客户) ←······ 物业公司(管理者) ←······ 保安人员(服务提供者)

······表示"薪资报酬流"流动方向;⬅——表示"保安服务流"流动方向

图 8-2 城市小区业主与物业服务公司间的责任关系

从目前的情况来看，无论是模式1还是模式2，二者都没有形成供给者和需求者间直接的责任关系，这样在实践中，服务的供给者往往不会反映最终的需求者的偏好和意志，相反他们会受到直接聘用他们的组织的指挥和控制，因为他们面临的激励者是其直接的聘用者。

社区是社会的一部分，存在于社会既有的制度安排之中。除了上面描述的社区内部的治理结构之外，社会中其他的组织作为一种外在的制度设置也会对社区治理发生影响。具体到该案例中，这些外在的组织主要包括法院、政府、行业协会和专家学者。在美丽园社区的物业服务和收费标准的纠纷案例中，这些外在的制度设置包括作为社区治理的制度供给者的政府；包括对社区治理中的纠纷及合约争议进行裁判和处理的司法机构；也包括作为对社区治理中的利益格局发生影响的行业协会及专家学者。在该案例中，北京市物业管理协会和相关的专家学者在物业公司向一中院提交再审申请时，试图通过一定的途径对法院施加影响，从而间接地影响美丽园社区的治理实践。

三 美丽园社区物业收费纠纷事件的问题及分析

在前面第二部分关于美丽园社区物业服务及收费纠纷事件过程的介绍中，我们可以看到整个事件都是由业主委员会和物业公司之间的纠纷引发和进一步激化的。在这一案例中业主委员会（代表业主）与物业服务公司之间的利益平衡机制、两者之间的谈判和沟通机制以及关于物业服务和收费的信息反馈机制等情况关涉美丽园社区中物业服务的持续与否。在关于美丽园社区物业服务及收费纠纷事件的问题分析中，我们将根据2003年世界发展报告《变革世界中的可持续发展——改进制度、增长模式与生活质量》提出的可持续发展制度分析框架来分析美丽园社区中物业服务提供和生产中存在的问题。

（一）物业服务与社区治理

良好的制度环境必须承担许多职能。但是要使对行动协调既可信赖，又目的明确，必须突出三种职能——捕捉信号、平衡利益和实施决议。美丽园社区治理制度规定了利益相关各方的权利和义务，可以简单地归结为，"业主及业主大会委托物业公司进行管理和提供服务，业主委员会代表业主和物业公司进行谈判，所有业主进行监督"。从捕捉信号，平衡利益和实施决议三个方面，在美丽园社区物业服务和收费纠纷事件中又能反映一些什么问题呢？

1. 信号捕捉与社区治理

在社区的治理中，物业公司与业主和业主委员会相比具有信息的优势。物业公司作为一个盈利性的企业，它掌握物业服务的生产成本，这些信息是业主和业主委员会难以了解和掌握的。所以，在确定物业服务的价格上，业主和业主委员会与物业公司相比较就处于劣势地位。

除此之外，由于很多前期物业公司大多数都是由社区开发商留下的子公司，所以他们对于社区的地理和设施的信息掌握得要比业主和业主委员会更多。按照《物业管理条例》的有关规定，开发商要向前期物业公司交出一份完整的物业社区档案（包括业主名单清册），在办理物业承接验收手续时，建设单位应当向物业管理企业移交下列资料：①竣工总平面图，单体建筑、结构、设备竣工图，配套设施、地下管网工程竣工图等竣工验收资料；②设施设备的安装、使用和维护保养等技术资料；③物业质量保修文件和物业使用说明文件；④物业管理所必需的其他资料。《物业管理条例》虽然也规定物业管理企业应当在前期物业服务合同终止时将上述资料移交给业主委员会，前期物业公司也有责任向业主和业主委员会介绍公摊房屋的使用情况，比如：楼宇大堂、地下室、电梯、高压水泵、水箱、消防设施、应急照明设施、自行车库、地上停车场、公共的墙面、屋顶的管理等[①]。但是，由于业主和物业公司之间在信号捕捉方面能力的不同，这些设施分散难以亲自丈量，业主很难掌握充分的信息，最终形成了这样的局面：业主和业主委员会是社区的主人，物业公司是社区的"保姆"，"保姆"比"主人"掌握更多的信息，也比"主人"更了解这个家。

在美丽园社区的纠纷事件中，最值得关注的是业委会诉称鸿铭物业公司在多方面存在严重不合理收费：其一，原规划社区设置30组高压水泵，实际用的是1组水泵，但物业公司却一直按照30组收取维修和管理费；其二，社区电梯作为业主共有财产被物业公司租赁给广告公司，并收取不属于物业公

---

① 王嘉吾：《发挥业委会作用，使"美丽园事件"不再发生》，《现代物业》2006年第11期。

司的租赁费用；其三，总共 111 部电梯却按照 118 部电梯收费，严重损害业主权益；其四，未获得业主书面特别委托而收取室内小修费和中修费等。鸿铭物业公司之所以敢于在电梯数量和水泵的水量上欺瞒业主和业主委员会，关键的问题就在于它比业主和业主委员会掌握了更为详细的信息。而信息的获取又是有代价的，所以业主在获取关于电梯的数量和水泵数量的信息中是缺位的，或者作为自利人，有些业主甚至就没有想要去检查电梯和水泵的真实数量。正是因为物业公司与业主之间关于社区物业信息的不对称，从而导致了在物业服务的提供和物业服务的收费中双方处于不对等的博弈地位。信号捕捉机制的不完善和信息披露机制缺失影响了社区治理的持续发展。

那么在该案例中，美丽园的业主之所以能够发现物业公司弄虚作假的行为，是由于他们及时成立管理委员会，而管理委员会又及时地对社区的物业设施情况进行了调查。无论业主组织的成立，还是对物业设施的调查都属于集体行动，而要在众多的业主之间形成这样的集体行动往往是有成本的，也正因为如此，很多社区由于至今尚未成立业主委员会，更没有对社区的物业设施进行可靠的测量和调查，就使得诸如鸿铭物业公司等类似的欺诈行为得以盛行。

2. 利益平衡与社区治理

一般而言，要达成利益的均衡必须具备如下几个方面的条件：其一，要有良好的捕捉信号的机制或者信息披露机制，因为信息的拥有量会影响谈判能力；其二，要有谈判和沟通的机制，因为只有通过谈判和沟通，利益相关方才能充分表达观点，充分进行博弈，从而达成平衡；其三，要有包容性和民主机制，也就是说发言权和参与权非常重要。集中的利益总是比分散的利益易于表达和维护，正因为如此，缺少代言人的分散的利益相关者往往会被社会所忽略。"一个绝大多数人不能表达意愿的社会在两种情况下会耽误大事。第一，它之所以误事，是因为蕴藏在绝大多数人中间的潜在创造力和生产率受到了忽视，或者仅仅一部分得到重视。第二，因为没有人能听到社区和自然资产受益人的呼声，这些资产的潜在力量也就可能被浪费掉"[①]。

---

① 世界银行：2003 年世界银行报告《变革世界中的可持续发展——改进制度、增长模式与生活质量》，中国财政经济出版社，2003。

社区治理中利益平衡涉及诸多层面,既包括社区内部业主之间的利益平衡,业主和开发商、物业公司之间的利益平衡,还包括业主与政府、行业协会等之间的利益平衡。但是在该案例中物业公司和业主委员会之间既缺乏良好的利益平衡机制,又缺乏可靠的冲突纠纷解决机制,具体原因有下面两条。

首先,美丽园社区物业服务和收费纠纷事件中首要的一个问题就在物业服务公司和业主之间缺乏一个平等的谈判和协商平台。由于"业主公约"在社区治理中处于很高的地位,被看作是社区治理的宪法。然而,由于制度设计的缺陷,导致作为社区治理参与人的业主和开发商,在制定社区治理的最基本的游戏规则——"业主公约"过程中地位不平等[1]。业主在初始公约制定中的缺位显示了重要决策的狭隘性和缺乏包容性,这也就注定了分散的业主利益必然要在物业公司进行物业服务供给的过程中遭到忽视。绝大多数社区的前期物业公司是由开发商组建的子公司,其在后期的物业服务中会尽量利用"业主公约"中的规定来谋取利益。这样就会不可避免地造成后期社区治理中博弈双方之间的地位不平等,一方当事人利益的扩张是建立在另一方当事人利益受损的基础之上。正因为这一制度设计的缺陷造成了社区治理中初始的利益博弈就具有不公正性。

其次,由于美丽园社区中物业公司和业主之间存在着严重的信息不对称状况,业主很难获取美丽园社区最基本的物业属性信息,这就严重地削弱了业主与物业公司进行利益博弈的能力。导致业主在与物业公司的谈判和沟通中处于弱势地位,而不得不求助于社区之外的司法力量来维护自身的利益。

总之,当我们看到物业公司和业主委员会两者在面对面地争执以及诉诸司法时,并无其他可供选择的冲突解决机制,这也就反映出目前社区治

---

[1] 《物业管理条例》中规定,建设单位应当在销售物业之前,制定业主临时公约,对有关物业的使用、维护、管理,业主的共同利益,业主应当履行的义务,违反公约应当承担的责任等事项依法做出约定。建设单位制定的业主临时公约,不得侵害物业买受人的合法权益。第二十三条规定建设单位应当在物业销售前将业主临时公约向物业买受人明示,并予以说明。物业买受人在与建设单位签订物业买卖合同时,应当对遵守业主临时公约予以书面承诺。

理中，用于协调物业公司和业主之间利益纠纷的机制和制度基本处于缺失状态。

3. 合约实施与社区治理

在社区治理中，合约的订立和实施也十分关键。因为，合约的实施是利益平衡的延续①。在美丽园案例中，从纠纷起始到结束，我们可以看到法院作为第三方力量在合约的实施中发挥了十分重要的作用。当作为合约双方的业主和物业公司之间关于合约条款的谈判和沟通基本上以失败告终，导致合同无法实施时，在业主对物业公司收费存在质疑时，一些业主以不缴纳物业费的方式试图抗衡物业公司的不合理收费行为，但是最终却被物业公司送上法庭并获致败诉。后来，分散的业主通过集体选择机制投票选举出业主委员会为其代言并与物业公司抗衡，试图增强业主对物业公司的影响力，从而促使其按照真实情况收取物业费用。当业主委员会与鸿铭物业公司商谈物业费时，由于未能达成一致意见，因此没有产生任何有约束力而且可以实施的合约。后来双方都希望通过司法的力量强制实施对己有利的合约条款。当然，借助于国家权力的强制性能够对合约双方产生影响，但是这种强制性的影响所带来的结果并不理想。鸿铭物业公司逃离美丽园社区，造成美丽园社区在几天内服务缺失、生活秩序混乱，并带来了社区自主治理的危机。

在物业公司和业主之间，从理论上来讲是能够形成一种平等的市场关系，前提条件是市场充分竞争而且双方不存在信息不对称。然而，现实的情况并非如此。目前我国的物业市场基本上是"以开发商为中心，以该开发商建立的物业公司为半径，以住宅社区为边界"的封闭市场。在这样的情况下，依附于开发商的前期物业公司垄断了该开发商开发的社区的物业市场。因为开发商在房产开发中的初始性权力，物业公司往往垄断了社区的基本信息，业主要想获取这些信息是相当困难的；除此之外，因为开发商的缘故，"业主公约"的制定是在业主缺位的情况下出台的，就造成了双方之间利益的不平衡，并在合约实施中处于不平等的地位，使合约

---

① 世界银行：2003年世界银行报告《变革世界中的可持续发展——改进制度、增长模式与生活质量》，中国财政经济出版社，2003。

的自我实施机制失灵。双方之间一旦出现争议就不得不求助于具有强制性的外部力量，而外部强制性力量又往往不能促成合约的顺利实施，这时就会出现合约的破裂。

（二）法院裁判与社区治理

司法作为一个外在于社区的仲裁力量，往往会成为社区治理纠纷和冲突的解决机制。根据有关报道，我们可以看到，当业主不缴纳物业费时，法院会采取强制措施使其缴纳；当已经被解除合约的物业公司试图赖在社区内不走时，法院可以对其进行强制驱逐。自2003年《物业管理条例》颁布以来，物业管理纠纷的案件数量直线上升。仅北京市朝阳区法院受理的物业管理纠纷就从2002年的194件剧增到2004年的1898件，增长率达878%。据悉，2007年第一季度北京昌平法院受理的物业费纠纷案件772件，比2006年同期上升149.8%。而司法系统自始至终都没有离开对纠纷和冲突的处理。往往从一开始物业公司将不缴纳物业费用的业主告上法庭，到后来业主委员会一再将物业公司送上被告席，法院在社区纠纷处理中始终具有不可替代的作用。

根据中国人民大学制度分析与公共政策研究中心"社区治理"课题组2003关于社区治理纠纷与冲突的调查，我们可以看到社区治理中的纠纷和冲突内容比较复杂，详细如表8-5所示[①]。

在美丽园物业服务和收费纠纷事件中，在物业公司强势而业主委员会谈判能力相对较弱的情况下，业主诉诸法律手段，与物业公司对簿公堂。法院支持业主的诉讼请求，判定下调物业收费标准。对此，北京市物业管理协会邀请众多物业管理和法律方面的专家组成专家组，对美丽园案件进行讨论，形成的《行业专家对北京市海淀区美丽园物业管理纠纷案给物业管理行业造成严重影响的意见及情况反映》（以下简称《意见及情况反映》），对法院直接决定物业服务收费价格的做法也提出了质疑。认为终审判决"违反了物业管理行业的市场价值规律"，"不仅北京鸿铭物业管理有限公司将可能面临破产倒闭，也会导致大部分经营管理同类物业的物业管理企业无法继续经营而面临倒闭的可能"。《意见及情况反映》指出，

---

① 陈幽泓：《制度转轨中的社区治理难题——冲突解决》（未发表稿）。

表 8-5 社区物业纠纷与冲突汇总

纠纷与冲突类型	建筑与装修质量	物业管理服务	共有财产侵权	规划变更与商业欺诈	合同纠纷	肢体冲突与暴力	业主内部	其他
在全部个案中的数量（件）	15	39	34	17	7	15	7	12
在全部个案中的比例（%）	19	68	60	30	12	26	12	21
冲突程度分类（在全部个案中的比例）								
激　　烈（%）	6.7	38.5	88.2	64.7	42.9	20	—	—
比较严重（%）	26.7	38.5	11.8	11.8	25.6	26.7	—	—
一　　般（%）	66.7	23.1	—	23.5	25.6	53.3	—	—

审判专业性强的复杂价格争议应该由价格主管部门会同行业主管部门进行价格认证鉴定，供法官审判时参考，而不便由法官直接决定价格。专家组认为，物业管理费定价是一个专业性极强的问题，在当前物业法律尚不健全的情况下，依据政府行政规定进行判决，其司法解释理应征求政府主管部门意见，但法院的判决中多有与政府的规定不一致之处。

那么，在该案例中的核心问题是，法院究竟是应该致力于裁判物业收费标准确定过程的公正性，还是对物业管理费的征收标准进行裁决？如果法院应该涉足确定物业管理费的水平，其究竟有无能力完成该任务？

从理论上来讲，法院可以根据"业主公约"对物业公司的收费进行审查，可以根据社区的实际情况判断收费项目的合理与否，也可以根据社区的电梯、水泵等基本设施和基本设备的情况，判定物业公司的收费是否符合实际情况，是否有虚报欺瞒的现象。然而，在美丽园纠纷案中，当法院判决下调物业费之后，鸿铭物业公司却以价格过低，声称没有利润可以赚取，继而在未告知业主和业主委员会的情况下突然逃离美丽园社区，造成了美丽园社区的物业服务空缺，秩序混乱。

由此可见，社区治理中有关冲突、纠纷的诉讼机制并非完美无缺。因为，作为一种外在的力量，法院在处理社区的纠纷和冲突时，并不能完全掌握各方的利益状况，难以准确地预见相关各方可能产生的反应，也不能在调整和确立合约时制定相应条款有针对性地加以避免。这一点在该案例中得到了很好的验证。同时，通过第三方的强制性力量对合约进行强制性变更，往往会加深合约双方之间的矛盾和冲突，导致矛盾的进一步激化。

（三）政府行政与社区治理

由于不满法院做出的降低物业收费标准的判决，当时负责美丽园物业服务的鸿铭物业公司突然撤离，给业主生活造成极大不便，政府随即介入，北京市建设委员会、海淀区政府办公室等部门在美丽园召开协调会，并指定新的物业公司代管社区。

我们知道作为基层的社区是自治的，而政府行政的一大特征就是强制性。这种强制性往往会对社区的自治形成束缚。这一点在深圳景洲大厦事件中得到了充分的验证[1]。然而，在美丽园案例中，我们看到的不是政府的过度介入，而是在对违约的防范不周、对擅自违约的责任和罚则不明确的情况下，政府行政力量不进行干预，结果因内部的纠纷和冲突导致了社区治理危机。面对这一危机事件，政府后又应业主委员会的请求及时介入，并指令原物业公司回到美丽园社区继续服务，并责令业委会45天之内召开业主大会临时会议。

可见，社区治理中政府的行政干预究竟应当如何作为，既关系社区自主治理能力的健全，又关系社区治理局面的稳定和社区居民的基本生活。那么，在社区治理中，政府究竟应当如何作为？行政权力和自主治理两者之间的边界究竟在哪里？

针对社区治理这一自治领域，行政权力的干预应当具体分析，不能因

---

[1] 1998年入住的深圳景洲大厦业主在社区生活中与开发商和物业公司发生多起纠纷，数次对簿公堂，后来因物业公司的解聘与招聘问题使得地方政府也卷入其中。在解决纠纷的过程中，业主要求自主行权，地方政府要求由政府来主导。景洲大厦业主委员会和深圳市、区住宅局成为这起纠纷中意见和立场截然对立的两方。2003年景洲大厦更换新物业公司时适逢国家行政法规《物业管理条例》出台实施，景洲大厦业主委员会便摒弃地方法规而依照国家行政法规自主招聘物业公司。此事引起轩然大波，深圳住宅局要求业主委员会限期整改，按照旧的深圳地方法规重新招标，业主委员会坚持自己的选择。深圳市福田区住宅局便发布文件将业委会主任邹家健解职，但是业主经过重新选举又将其复职。详细情况参见陈幽泓编写的公共政策和公共管理案例标准：《家规还是国法——深圳景洲大厦案引出的法律冲突和公民社会组织与政府间关系的思考》。

为行政权力具有威胁自主治理的可能，就一概地反对行政权力对社区治理的干预；同样，也不能因为在社区治理中需要政府权力的干预，而失去社区治理的基本领域。

因为政府的行政权力在提取信号、平衡利益、执行决策、反馈和学习四个方面具有不同的适用性，因此会起到不同的作用。在提取信号、平衡利益、反馈和学习方面，政府行政权力不具有优势。政府作为外在于社区的行政力量，它对社区内部的本地信息很难详细了解和掌握，这一点在前面已有详细分析，不再赘述。同样，政府作为外在于社区的行政力量，它不应参与到社区治理的利益博弈之中去。社区治理的过程就其实质而言是各方力量就其利益进行博弈并达至利益平衡的过程，政府作为理性的处理人，它具有自身的考虑，如果让其介入社区治理的利益博弈过程，它往往会被某些利益集团所制约，反而使社区治理无法持续发展。

政府作为具有强制性力量的一方，我们认为它应当在合约实施方面发挥更为重要的作用。当合约的自我实施机制失灵，造成合作局面破裂，尤其是当缔约方违反了合约的相关规定或者法规时，政府就应当加大对违法方的监管和制裁。因为没有监督和制裁，合约只能等于一张空纸。合约除了自我实施之外，还有第三方实施的方式，政府行政权力的干预相对其他第三方实施方式而言，其显著的优势就是强制性。作为道德、伦理等第三方实施的方式往往不具备如此的特征。当然政府的监督和强制应当保持中立的立场，不应偏袒业主或物业公司中的任何一方。一方面，政府应当对物业公司的资质、信誉等进行监督，以便促成物业公司能够按照物业服务合同中的关于服务的标准和费用要求履行其物业服务行为；另一方面，政府也应当对业主的行为进行关注，使物业服务公司能够得到应得的物业服务收费。

（四）社区民主与社区治理

集中的利益往往得到过多的关注，分散的利益往往会被忽视。尤其是当制度不具有包容性的时候，当社会和程序不公正、不民主，则做出可以信赖的承诺就会变得更加困难。这不仅适用于社会治理，而且在社区治理中也具有普遍意义。

在社区治理中，社区民主究其实质，就是广大业主的参与和业主委员会的执行力之间的关系。这个问题包括了业主大会和业主委员会分别在提取信号、平衡利益、执行决策、反馈和学习这四个方面的优势和劣势。因为业主大会和业主委员会的规模大小、组织机制的不同,二者在提取信号、平衡利益、执行决策、反馈和学习这四个方面具有不同的能力,从而使二者在社区治理的实践中扮演着不同的角色,发挥着不同的作用。

业主大会在信号捕捉和信息表达方面具有优势,因为业主大会是由全体业主组成,他们的偏好及利益会在投票表决中得到充分的表达。而业主大会在利益平衡、执行决策方面则不具有优势,因为业主大会规模大、人数多,由于"规模原则"的缘故,业主大会只适宜于进行表决和投票,不宜于进行谈判和执行。在美丽园案例中,从一开始我们就可以看到分散的业主通过拒交物业费的方式表达和维护自己的利益,但是这种方式却遭到失败。与此同时,法院的判决书还指明了解决途径:"社区公共事务应由业主委员会起诉。"

与业主大会相反,业主委员会作为业主大会的执行机构,其在平衡利益和执行决策中具有优势。根据《物业管理条例》的规定,业主委员会是业主大会的执行机构,履行下列职责:(一)召集业主大会会议,报告物业管理的实施情况;(二)代表业主与业主大会选聘的物业管理企业签定物业服务合同;(三)及时了解业主、物业使用人的意见和建议,监督和协助物业管理企业履行物业服务合同;(四)监督业主公约的实施;(五)业主大会赋予的其他职责。在该案例中,我们可以看到业主委员会经过业主大会的投票授权形成决议,数度将物业公司告上法庭,维护业主的利益并最终达成降低物业收费标准的目的。但是业主委员会在信号的捕捉和利益表达方面不具有代表性,因此,在美丽园社区面临"物业服务的危机"时,业主委员会出现了合法性危机。一些业主将危机的出现归结为业主委员会,要求召开临时业主大会罢免业主委员会。因此,应当促成社区民主机制的包容性,社区民主并不完全等于社区投票选举,投票选举是业主表达需求的一种形式,应当扩大业主与业主委员会之间的多种交流。

所以,通过该案例,我们可以看到业主委员会和业主大会在信号捕捉、利益平衡等方面具有不同的优势和劣势。但是,为了促进社区治理的持续发展,必须要求二者发挥各自的优势,要求业主委员会必须要扩大自己的代表性，扩大决策的包容性，能够尽可能广泛地代表广大业主的利益。要通过自己的工作，将社区中的分散利益聚合起来，形成集体选择机制。只有如此，才能促成业主之间、业主组织之间以及业主与业主组织间的信任，才能促成社区内部社会资本的积淀和增长，才能增强社区治理制度的有效性。

美丽园事件在社区治理的实践领域中引起了极大的反响，既向行政、司法等部门提出了挑战，也对业主自治的能力提出了挑战。这一事件也给我们提出了一个新的课题——如何促成社区治理的可持续发展。

上述的分析表明，在促成社区自主治理的持续发展中，在信号捕捉、利益平衡、合约实施等重要的治理环节中，政府的行政力量、社区的自治力量及法院的裁判力量都有各自的局限性。所以社区的自主治理不能仅仅依赖其中的一方，而是要着眼于社区自治的制度基础，通过适当的制度设计使得各方能在治理实践的各环节中发挥优势、避免劣势，从而形成适当的治理结构和制度基础。为了避免类似美丽园事件的再次发生，促成社区自主治理的可持续发展，我们认为应当完善如下几个方面的制度建设，以形成社区内部的自主治理制度基础和外部的制度保障基础。

美丽园事件是一个标志性的事件，它不仅对社区自主治理的能力提出了挑战，而且考验了政府行政和法院等司法系统。这一事件将一系列的问题提到了我们的面前，诸如物业服务和社区治理、法院裁判和社区治理、政府行政和社区治理、社区民主和社区治理，等等。

通过本节的研究，我们认识到制度在社区治理中的重要作用。制度既包括用以协调人们行为的法规和组织，也包括非正式的规范。他们对于社区建设可持续又公平的发展是不可或缺的。如果制度运行良好，他们就能使人们相互合作，为他们自己、为他们的家庭以及他们更大的社区规划一个未来。然而，如果制度建设软弱无力或者不合理，结果就会影响社区建设。社区治理的可持续发展，需要我们从提取信号、平衡利益、执行决策、反馈和学习四个方面探讨社区组织、物业公司、政府、法院实行各种制度的能力，并设计出一套使得各方发挥优势、避免劣势，形成互补的制度基础。然而，无论什么样的制度都是人们选择的结果，小区中的制度同样是业主选择的结果。因此，城市小区的治理不仅是对物业公司的选择，对业主组织的选择,更为重要的是对治理结构和治理规则的选择。在某种意义上,这是对社区治理立宪意义上的选择。

美丽园事件为我们探讨物业服务供给提供了一个难得案例。但是,物业服务只是社区服务的一个领域,通过对美丽园事件的分析和探讨还能够为社区服务其他领域的治理提供借鉴。该案例发生在北京,但是通过对其中问题的分析,毫无疑问的是依据其中渗透的普遍价值和基本逻辑,对探讨中国其他地方社区物业的治理不无启迪意义,案例中提出的制度建设思路对中国其他地方社区物业治理的持续发展和制度构建不无参考和借鉴意义。

第二节 北京上地西里社区的业主选择和社区治理结构的转换

随着物业小区自主治理的推进,业主组织作为自主治理的主体和载体,进入了快速发展的阶段。《物业管理条例》从法规的角度对业主、业主大会和业主委员会做出了比较详尽的规范,初步从法规的角度奠定了物业小区自主治理的基本框架。法规具有规范性和稳定性,同时,稳定在某种意义上意味着滞后,在物业小区的自主治理中也是如此,《物业管理条例》对业主组织做出了一定的规范,然而在物业小区自主治理的实践中却涌现出了"业主代表大会""监事会"和"业主小组"等众多的业主组织,这些都是在实践中业主自发组织成立的。这些新生的业主组织的诞生不仅意味着业主组织种类的增多,更为重要的是它们带来了物业小区治理结构的转变,即物业小区的治理结构由原来的"线性"的授权监督关系转向一种"复合式"的监督授权关系。这一转变不仅在理论上,而且在实践中对小区物业的自主治理都有重大意义,对此进行探讨正是本节的旨趣所在。

一 法定的物业小区组织结构:"线性"治理结构

根据搜集,发现关于小区组织的最早的法规是1994年建设部颁布的《城市新建住宅小区管理办法》,其中对业主组织的规定是针对"住宅小区管理委员会"（简称管委会），就是业主委员会的前身。管委会是在房地产行政主管部门指导下，由住宅小区内房地产产权人和使用人选举的代表组成，代表和维护住宅小区内房地产产权人和使用人的合法权益。该办法中对管委会的权利和义务进行了规范。到1995年北京市颁布了《北京市居住小区物业管理办法》，其中规定：居住小区已交付使用并且入住率达到50%以上时，应当在该居住小区开发建设单位，居住小区所在地的区、县房屋土地管理机关指导下建立物业管理委员会。物业管理委员会由居住小区内房地产产权人和使用人的代表及居民委员会的代表组成。物业管理委员会代表和维护房地产产权人、使用人的合法权益。物业管理委员会在房屋土地管理机关及有关行政管理机关、当地街道办事处的指导监督下，负责制定物业管理委员会章程，选择物业管理企业，监督居住小区物业管理工作的实施，对物业管理企业进行检查和监督，协助物业管理企业进行管理工作。1997年北京市颁布了《关于开展组建居民小区物业管理委员会试点工作的通知》，继而在1998年颁发《关于全面开展组建物业管理委员会工作的通知》，此后又先后颁布了《关于加强物业管理委员会印章使用、管理的通知》《转发建设部业主大会规程及有关问题的通知》等。直到2003年实行《物业管理条例》，以业主大会和业主委员会为主体、当前比较普遍的物业小区治理结构最终形成。通过对近10年的相关法规实施过程的回顾和梳理，我们看到了由产权人和使用人到业主，由管委会到业主委员会的转变。根据《物业管理条例》及相关的法规，我们发现当前物业小区的治理结构如图8-3所示：

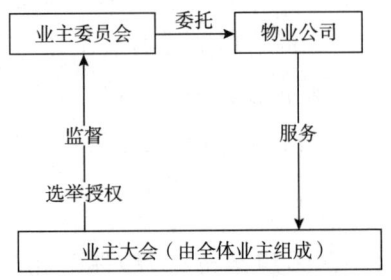

图8-3 当前物业小区的治理结构

资料来源：笔者根据《物业管理条例》整理。

由图 8-3，我们可以看到根据《物业管理条例》，在物业小区内部形成了"业主大会—业主委员会—物业公司"这样的委托授权关系。这一治理结构的权利义务关系比较单一明晰，我们将其称作为"线性"的治理结构。

二 实践中物业小区组织结构："复合式"治理结构

实践往往会走在理论之前，也往往走在法律规范之前。在别的领域如此，在物业小区自主治理的领域同样如此。物业小区自主治理实践是一个鲜活的实践领域，处处充满了令人惊喜之处。从业主组织方面来讲，实践早已超出了法律规范的框架，涌现出了"业主代表大会""监事会"及"业主小组"等众多的新兴业主组织。

经过半年的筹备，位于北京市海淀区上地的上地西里首届业主大会成功召开。业主大会通过了《上地西里业主公约》《上地西里业主大会议事规则》《上地西里业主大会投票和机构选举办法》《上地西里业主委员会工作规则》《上地西里业主监事会工作规则》，同时选举产生了业主代表、业主委员会委员和业主监事会监事，上地西里业主代表大会、业主委员会及业主监事会宣告成立。其中的业主代表大会是业主大会的常设机构，在业主大会闭会期间代行业主大会的职权，业主代表大会在业主大会授权范围内做出的决议、决定对业主委员会、业主监事会及其委员、监事和业主具有约束力；业主委员会是业主大会下设的执行机构，履行业主大会和业主代表大会赋予的职责。业主委员会在业主大会和业主代表大会授权范围内做出的决议、决定对全体业主具有约束力。业主委员会对本物业区域物业管理实施工作中的具体计划、方案、步骤、方法、措施等有决策和实施权，对本物业区域物业管理中有关业主权利义务的产生、主张、放弃、承担、分配等无决策权；业主监事会是业主大会下设的监督机构，监督业主大会和业主代表大会决议、决定的执行情况，监督业主代表、业主委员会委员的工作情况。业主监事会对本物业区域物业管理的监督工作的具体计划、方案、步骤、方法、措施等有决策权和实施权；对本物业区域物业管理的其他工作无决策和实施权[1]。《上地西里业主大会投票和机构选举办法》规

---

[1] 上地西里率先成立"业主代表大会"和"业主监事会"，http://house focus cn/msgview/703/24049738.html，见资料"中国物业精英论坛"。

定：业主大会选举 27 名业主代表，组成业主代表大会；选举 9 名业主委员会委员，组成业主委员会；选举 3 名业主监事会监事，组成业主监事会。

这标志着一个不同于以往的物业小区治理结构的诞生，它突破了原来的组织之间的直线关系，引入了代议机构和监督机构，被一些业内人士称为业主治理中的"三权分立"。

根据《上地西里业主公约》《上地西里业主大会议事规则》《上地西里业主大会投票和机构选举办法》《上地西里业主委员会工作规则》《上地西里业主监事会工作规则》和笔者的调查，认为一种不同于以往的"复合式"的小区治理结构已经开始形成。其间的组织关系如图 8－4 所示：

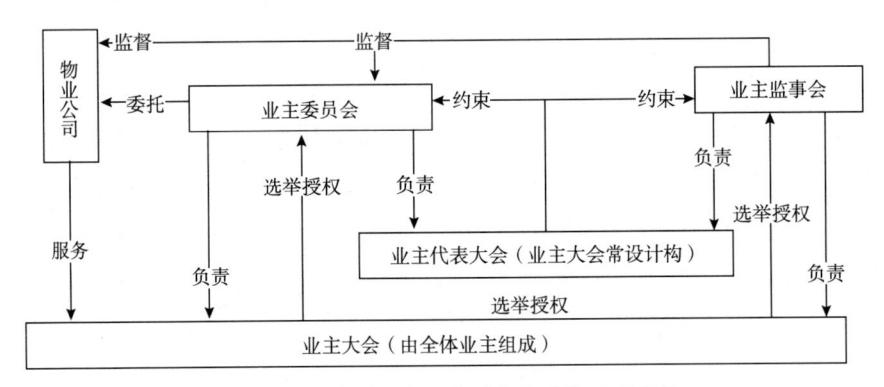

图 8－4 上地西里小区的"复合式"治理结构

资料来源：笔者根据《物业管理条例》《上地西里业主公约》《上地西里业主大会议事规则》《上地西里业主大会投票和机构选举办法》《上地西里业主委员会工作规则》《上地西里业主监事会工作规则》整理。

由图 8－4 可以看出，不同以往的是，业主大会选举出了业主代表大会和业主监事会，这两个组织与业主委员会同时作为业主大会的次级组织。业主代表大会作为业主大会的常设机构，在业主大会闭会期间负责由业主大会授权的事物。

这样，从纵向的角度看就有了三项委托—代理关系，即业主大会——业主委员会——物业公司，业主大会——业主代表大会，业主大会——业主监事会。比起线性治理结构下的唯一的委托代理关系（业主大会——业主委员会——物业公司）显然复杂得多。这种多角度的委托—代理关系从横向的角度来看，在业主代表大会、业主委员会、业主监事会及物业公司之间形成了比较复杂的监督、约束和责任关系。具体来讲，在业主大会闭会期间，业主代表大会作为业主大会的常设机构，业主大会授权范围内做出的决议、决定对业主委员会、业主监事会及其委员、监事和业主具有约束力；而业主监事会是业主大会下设的监督机构，监督业主大会和业主代表大会的决议、决定的执行情况，监督业主代表、业主委员会委员的工作情况。业主监事会对本物业区域物业管理的监督工作的具体计划、方案、步骤、方法、措施等有决策权和实施权；业主委员会则对物业公司负有监督和约束的职责。同时，作为次级组织，业主委员会和业主监事会也要向业主代表大会负责。

这样的治理结构比起"线性"结构不仅在委托—代理关系方面要复杂得多，而且横向组织相互之间的监督、约束也要复杂得多，相对原来单一的"线性"结构，我们将这种复杂的治理结构称之为"复合式"治理结构。

三 "复合式"治理结构的必要性

"复合式"的治理结构与法定的社区治理模式最大的不同是增加了业主代表大会和业主监事会，从而将原来的组织之间的直线性授权监督关系转变成一种"复合式"的授权监督关系。这一转变体现了代议制思想，表明了业主在自主治理过程中对民主参与的广泛性和民主决策的高效性之间的平衡的追求，也是民主的理想与现实的时空条件之间的平衡；同时体现了组织之间的权力分立与制衡的思想，表明了业主对委托授权和监督控制之间平衡的追求。

（一）成立业主代表大会之必要性

业主大会不就是业主的议事机构吗？二者的作用是相似的，均为议事决策，不同的只是两者的规模。这就涉及业主自治的规模限制。最为理想的模式是任何事情都由全体业主自主讨论决定，但这种理想一方面受到了现实的约束，另一方面则受到了人们自主治理能力的限制。

就现实情况来看，小区的规模往往比较大，一些小区动辄两三千人，在这种情况下，业主大会的召开在时间和空间上都很难实现。很难将如此之多的业主在一定的时间集中到一定的空间来召开会议，这样的组织成本是极其昂贵的。据业主们介绍，望京西园四区是望京新城规划中的居住区之一，是望京新城开发区的起步小区。小区内高楼达 19 幢之多，估计有四五千户人家，其中有 1400 多户租给了韩国人。按最新颁布的物业管理条例，业主大会必须有 1/2 以上业主参加。也就是说，参会人数至少也要 2500 人。也正因为如此，许多小区采用了书面的形式进行选举，但是书面形式限制了讨论的深入，在某种程度上限制了业主自治和社区民主的发展。

就人们的自主治理能力来看，决策者的数量与深思熟虑的质量之间，如果是正比例关系，则参与决策的业主越多决策的质量越高；如果不是正比例的关系，则参与决策的业主数量过多就未必是好事。业主大会也受规模原则的限制，即使现实条件具备，将全体业主集中在一起，但决策的质量未必能与参与人数成正比。具体如图 8-5 所示。

Q=深思熟虑的质量　　N=决策者的数量

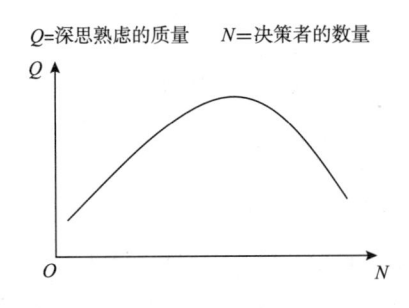

图 8-5　确定决策集团规模

正是基于现实条件的限制和规模原则的限制及召开业主大会的成本与效率，成立业主代表大会无疑是提高业主自主治理能力的现实选择。成立业主代表大会可以避免召开业主大会的时空条件限制，可以节约召开人数众多的业主大会的成本，可以提高决策机构的决策效率。业主代表大会制度以其独有的功能和作用，成为社区各项制度的纽带，为社区事务的公开、透明以及各种矛盾、纠纷的解决提供了制度保障，是社区自治建设不可或缺的关键制度[1]。

---

[1] 赵恒：《"业主代表大会"制度是社区自治建设的关键》，《现代物业》2005 年第 8 期。

(二) 成立业主监事会的必要性

1. 委托—代理问题使得监督成为必要

在线性的治理结构中,业主大会——业主委员会——物业公司之间形成了两级委托—代理关系。而在复合式的治理结构中,业主代表大会在业主大会与业主委员会之间又形成了一层委托—代理关系,而伴随这一关系的是又一层的"委托—代理"问题。原来是只存在"业主大会——业主委员会——物业公司"这一重委托—代理关系。而在成立了业主代表大会之后,就成了"业主大会——业主代表大会——业主委员会—(物业公司)",这里成了三重的委托—代理关系。而我们知道,凡是有委托—代理关系的地方,就有可能存在委托—代理的问题。所谓的委托—代理问题是指"在这些场合,如果代理人得知,委托人对代理人的行为细节不很了解或保持着'理性的无知',因而自己能采取机会主义行为而不受惩罚,那么代理人就会受诱惑而机会主义地行事。如果委托人要想发现代理人实际上在干什么,就需耗费很高的监督成本(信息不对称)"[①]。当然,我们不能将业主代表大会的成员理所当然地认定为自私自利的人,但毫无疑问的是人有自利的冲动,这样我们在进行制度设计的过程中,就必须对人性的欠缺进行考虑,用制度的作用来弥补人性的欠缺,因为人性是最不可靠的东西。这也是我们要推行法治,替代人治的根由所在。

面对"业主大会——业主代表大会——业主委员会—(物业公司)"这三重委托—代理关系,我们就必须要考虑如何确保业主代表大会忠实于业主大会(业主)的意愿,业主委员会忠实于业主代表大会的意愿,物业公司忠实于业主委员会和业主的意愿,这就需要进一步的制度设计,或者是进行激励性的制度设计,或者是采用直接监管和强制命令的办法来控制代理人等。正是因为"委托—代理"的问题,所以在《物业管理条例》中规定:业主可以监督业主委员会的工作;业主大会负有选举、更换业主委员会委员,监督业主委员会工作的职责。这是对业主委员会进行监督的法规依据。

---

① 〔德〕柯武刚、史漫飞:《制度经济学:社会秩序与公共政策》,商务印书馆,2000。

从理论上讲，业主和业主大会可以对业主委员会进行监督。但是就实际情况来看，无论是业主还是业主大会对业主委员会的监督都会面临集体行动的困境，而最终导致监督的乏力乃至无效。

2. 集体行动的困境使得业主监事会成为理想选择

阿克顿勋爵有句名言，"权力导致腐败，绝对的权力导致绝对的腐败"。在国家的治理中如此，在小区物业的管理中同样如此，这样监督就成为制度设计的一个必然选择。根据《物业管理条例》，我们知道业主、业主大会负有监督业主委员会和物业公司的职责，然而业主大会就是由全体业主组成的一个松散的议事机构，只有当面临重大问题需要讨论时才召开，而在实践中有些小区一年甚至两年都不召开一次业主大会，这样业主大会的监督职能就流于形式。

业主也负有监督的职责，然而作为一个理性的而有着自我利益的人，用什么作动力去实现监督呢？因为监督其实是一种"公共物品"，监督惩罚对于监督者、惩罚者几乎都是成本很高的事，而监督和惩罚带来的利益则为物业小区业主广泛占有，这就使得个别业主为小区的集体利益付出时间、精力等成本进行监督和实施惩罚，作为一个有理性的人往往不会如此行动。

如何协调个体的行为，使得集体行动得以发生，公共物品得以自主供给，这既是一个实际问题，也是一个理论难题。曼瑟尔·奥尔森在《集体的行动逻辑》一书中提出："实际上，除非一个集团中人数很少，或者除非存在强制或其他某些特殊手段使个人按照他们的共同利益行事，有理性的、寻求自我利益的个人不会采取行动以实现他们共同的或集团的利益。"[1]

奥尔森用简单的语言道出了集体行动的困境。其实人们比较熟悉的哈丁提出的"公地悲剧"[2]也是集体行动困境的一个典型例子。集体行动的困境是一个普遍存在的问题，物业小区其实就是一个社群，这个社群少则近千人，多则四五千人。在如此人数众多的物业小区内部，要想达成集体

---

[1] 〔美〕曼瑟尔·奥尔森：《集体行动的逻辑》，陈郁、郭宇峰、李崇新译，上海三联书店、上海人民出版社，2004，第2页。

[2] 哈丁于1968年在《科学》杂志上发表富有挑战性的文章，提出了"公地悲剧"的理论。

的行动,也是相当困难的,这也正是物业小区自主治理的瓶颈所在。据统计10年的时间过去了,业主组织的发展举步维艰,截至2002年,在北京市3000多个住宅小区中业主委员会只有496个,不到两成的小区组建了业主委员会[①]。广州的情况类似,据广州市国土房管局物业处的统计,广州1200个小区,只有大约170个小区成立了业主委员会,85%的小区没有成立业主委员会[②]。

面对"委托—代理"问题,我们引入了监督和惩罚机制,而监督和惩罚机制又面临着"集体行动困境"的困扰,最终导致了业主监督的缺位。然而,如果没有监督,就不可能有可信承诺;没有可信承诺,就没有提出新规则的理由[③]。有些时候实践往往会走在理论的前头,随着物业小区治理实践的发展,业主监事会应运而生。这样一个专门负责监督的专业性组织由少数人员构成,避免了业主大会的松散和低效率;而其明确的职责和任务又避免了业主个人监督积极性的缺失,最终成为处理"委托—代理问题"和实施监督惩罚机制的一个理想选择。

结 语

整合"业主代表大会""业主委员会"和"业主监事会"等组织,形成分权与制衡的治理结构,不仅意味着上地西里社区在自主治理的实践中的有益探索,而且它更标志着物业小区治理结构的转换,即从单一的"线性"治理结构转向"复合式"的治理结构。这种自发的组织、制度设计是业主自主治理能力的体现,渗透着分工、分权与制衡的思想,体现着"代议制"的智慧,是物业小区治理活动对政治制度的借鉴并在此基础上的创造。这种有益的实践探索的意义已经超出了行为自身,它更体现着人们在原始的自主治理实践中对解决"集体行动困境"问题的有益探索和尝试。当然,"复合式"的治理结构是上地西里等社区在自主治理的实践中进行的有益探索,这种结构是一个新生的事物,它的适应性及绩效还需要时间和实践的检验。

---

① 参见《北京现有小区业主委员会不到两成》,《京华时报》2003年7月11日。
② 参见《广州小区未成立业主委员会众多》,《广州日报》2003年8月1日。
③ 〔美〕埃莉诺·奥斯特罗姆:《公共事物治理之道》,余逊达、陈旭译,上海三联书店,2000,第74页。

本章小结

在这一章，我们分别对北京市的美丽园小区和上地西里社区这两个典型的新建商品房小区中的业主选择和小区治理的情况进行了案例分析。

从本章的分析中，我们可以看到，小区的治理不仅是物业管理的过程，而且在关键时刻，还需要借助于广大的社区业主，需要依靠社区民主来进行选择。同时，业主的选择不仅局限于操作层次，而且还包括治理层次和规则层次的选择。美丽园小区是这样，上地西里社区同样如此，业主们不仅关注关于物业如何管理层面上的问题，而且还通过更成功的集体行动改变了社区的治理结构和治理规则，这是更具实质性的自主治理的内容。

第九章　城市社区自主治理的永续发展之道

社区自主治理是集体行动达成的过程，也是治理责任履行的过程。根据理性选择理论的预测，社区自主治理的过程必然是一个艰难的过程，因为作为具有理性判断能力的个体往往会因为谋求个体利益而导致"公地悲剧"。那么，社区公共事物作为一种局部共同事物，其自主治理是否能够达成，其治理是否能够持续？本书前述内容已经证明可持续的社区自主治理是可求的，只是需要建立在一定的前提条件之上。事实上也有很多学者，如埃莉诺·奥斯特罗姆等通过大量的实证研究发现只要有适当的制度基础，小规模的公共池塘资源的自主治理是可能的。探讨城市社区自主治理的永续发展之道，从政策意义上提出谋求城市社区自主治理永续发展的努力方向正是本章的主旨。在接下来的内容中，笔者将分别从社区社会资本、社区业主选择行动以及社区外部网络三个角度探寻城市社区自主治理的永续发展之道。

第一节　投资社区社会资本以促成业主集体行动

资本是做事的本钱，这既是市场运作的道理，也是社区自主治理的逻辑。在市场中，没有资本难以赚取利润；在社区中，缺乏社会资本则难以形成有效的业主集体行动，更难以实现社区自主治理的永续发展。因此，笔者认为谋求社区自主治理及其持续发展的首要条件是投资社区社会资本。

社会资本是一个流行而有用的概念，也是一个复杂且富有争议的名词。在这里笔者不打算陷入关于社会资本的争论之中，而是采用一种宽泛且为研究者认同的关于社会资本的界定。著名经济学家、诺贝尔经济学奖获得者约瑟夫·斯蒂格利茨在1999年世界银行出版的《社会资本》一书中撰文指出，"社会资本包括隐性的知识、网络的集合、声誉的累积以及组织资本，在组织理论语境下，它可以被看作是处理道德陷阱和动机问题的方法"[1]。由此看来，社会资本基本上是由网络关系、人际信任以及集体认同感构成。从邻里或者社群的角度来看，社会资本的构成元素如表9-1所示。

表9-1 邻里或者社区层面社会资本结构分析

社会资本定义	结论	含义
人们组成社区或者社团的网络联系	与其他组织形式相比，人们对邻里团体的参与，更大地受到社区观念的影响	并非所有的网络形式都支持社区观念，同类的网络结构比不同类型网络结构有更大的支持性
集体效应（collective efficacy）：介入公共利益的相互信任与愿望	暴力与集体效应成反比例关系	较高程度的不同类型的邻里关系产生较高的集体效应
对使个人行为向着互利的集体行动方向发展的社会关系的认知，以及促进如此行动的结构	社会资本与发展绩效成正比	非正式团体比正式团体更加显著地有利于提高社会资本

资料来源：转引自燕继荣《投资社会资本——政治发展的一种新维度》，北京大学出版社，2006。Anirudh Krishna（Duke University），*Active Social Capital*: *Tracing the Roots of Development and Democracy*, New York: Columbia University Press, 2002, pp. 57-62。

基于社区社会资本的构成元素以及本书前面的实证分析，我们知道社区业主对社区共同利益的体认与社区中的集体认同感、社区业主之间的网络关系等都是影响社区业主集体行动效果的重要方面，从而，也是我们投资社区的社会资本的努力方向。

---

[1] 〔美〕约瑟夫·斯蒂格利茨：《正式和非正式制度》，载曹荣湘《走出囚徒困境：社会资本与制度分析》，上海三联书店，2003，第115页。

一 增强社区集体认同感

社区是城市人的居住区,也是城市人的生活家园。然而,由于当前的城市居住形态及其物理结构造成城市社区基本上变成了一个陌生人的社会,社区中业主的集体认同感淡薄了。然而,社区是一个人们共同生活的领域,社区治理是个集体行动的过程。因此,如何增强社区集体认同感就成为促成社区治理中的重要问题。

增强社区集体认同感的过程是教导业主对社区共同利益的体认的过程。社区是一个共同生活的领域,正是由于城市社区的物理结构及其居住形态,形成了社区公共事物。然而由于大多数业主是逐步搬进新开发的社区,对社区中除了自己的房屋内部之外的东西没有什么认知。此时,他们只会关注房屋内部的美观与否。而对社区外部的道路、路灯、草坪、电梯等则熟视无睹。在我们的调查中,许多业主对他们房屋的公摊面积不甚了解,甚至都不知道自己的房子还有公摊的部分。他们对社区的共同利益部分缺乏认知,更没有对其进行治理的想法。这就会造成他们对社区共同利益关心不够。导致社区治理中集体行动难以达成。

要增强社区集体认同感,就必须要教导社区业主对社区共同利益的认知。因为人是一个理性的动物,当他们认识到一些事物与自身的利益密切相关时,他们就会去关心这些事物,甚至想要支配这些事物。此时,个体业主的私人利益和社区的公共利益就密切地联系在一起了。正如文森特·奥斯特罗姆所言,公共精神作为人类社会构造的思想基础,既来自利他主义的公益心,也来自利己的个人私利。当事人是自己利益的最好判断者,个人之间的互动关系得以使互惠成为制度设计的基本原则,这就是所谓的麦迪逊机制,在这样的制度中,个人私利的驱动力受到尊重但彼此牵制,并因互惠的激励而长期共存。最终,业主关注个人私利的驱动力就变为使业主成为社区共同利益的保护者的力量源泉。

如何促成社区业主对社区共同利益的认知?这就涉及社区治理实践中的一些策略性问题,笔者认为有如下几个策略可以促成社区业主对社区共同利益的认知。第一,从正面宣传引导业主对社区共同利益的认知。通过组织业主学习《物权法》《物业管理条例》等法规,使业主明白他们对建筑物等共有财产，如绿地、道路的共有权，同时还享有作为业主参与管理的权利。通过对法规的学习促成社区业主明白自己的个体利益与社区共同利益之间的关系。第二，迫使业主对社区共同利益的认知。"纸上得来终觉浅，要知此事须躬行。"在社区治理中同样如此，当人们向社区业主宣传他们对于共用部位的管理权限时，他们也许还不会有深刻的体会。但是当他们自身的利益受到了威胁，他们就会深刻地认识到社区共同利益与自身利益之间的密切程度。有些社区中的电梯难以运行、有些社区中的草坪干枯了、有些社区里垃圾无人清理，此时社区业主就会被逼着体认到社区共同利益和共同事物与自己的日常生活之间的密切关系。当然，我们这里说从反面的角度迫使社区业主对社区共同利益的体认不是要去破坏社区的共同事物，从而逼迫业主们去关心共同利益。

除了增强社区业主对社区共同利益的体认，使他们意识到自身的利益与社区的共同体利益交织在一起外，增强社区集体认同感的另外一个办法就是要培育社区精神。社区精神，换言之，也就是社区中的民情。民情是托克维尔在《论美国的民主》一书中提出来的，根据他的说法，所谓的民情不仅指通常所说的心理习惯方面的东西，而且包括人们拥有的各种见解和社会上流行的观点，以及人们的生活习惯所遵循的全部思想[1]。在托克维尔看来，民情是美国得以维护民主共和制度的重大原因之一。一个社区中形成的民情对于维护一个社区的民主和治理绩效同样具有重大意义。

如何促成社区业主对社区的共同精神的体认？笔者认为核心要素是要确立业主在社区中的主人地位，促成社区业主对社区公共事物的管理，使业主参与到社区公共事物治理的决策、执行和监督评价过程中。通过这种自身的治理实践，使得社区业主融入社区治理和社区公共生活之中，促成社区业主产生一种对共同生活的家园的眷恋之情。正如托克维尔对英格兰乡镇精神的论述那样，英格兰的居民依恋他们的乡镇，因为乡镇是强大的和独立的；他们关心自己的乡镇，因为他们参加乡镇的管理；他们热爱自己的乡镇，因为他们不能不珍惜自己的命运[2]。

---

[1] 〔法〕托克维尔：《论美国的民主》（上），商务印书馆，2002，第332页。
[2] 〔法〕托克维尔：《论美国的民主》（上），商务印书馆，2002，第72页。

当然，社区精神的形成除了要确立社区业主在社区治理和社区事物管理中的主人翁地位之外，还要求政府是一个开放的政府，外界的正式制度对社区治理而言是开放且富有支持性的。关于这一点，笔者在本章的第二节还会详细进行论述。

二 发展社区业主间网络

社区治理中的集体行动的形成，除了要增强社区集体认同感之外，还有一个努力的方向，就是构建社区业主间网络。根据社会资本理论的研究，我们知道人们组成社区或者社团的网络联系是社会资本的重要内容之一，而这种网络联系又是促成集体行动的重要资源。

社会网络实质上被认为是连接行动者（actor）的一系列社会联系（socialties）或者社会关系[①]。这种业主之间的人际网络构成了一个调动资源、凝聚共识、传递信息、促成集体行动的网络结构。因为，人际网络是资源动员的最基本的物质基础，行动首先是要通过原先存在的社会网络而组织起来，网络对资源具有强大的吸附能力。所以社会关系网络对社会运动的发展至关重要。[②] 实践也证明，在社区治理过程中，那些业主间结成的网络关系互动的频度和持续时间越久，业主之间的感情就越紧密，彼此之间也就越信任，彼此之间的互惠和信赖程度也就越高。因而，社区中业主之间的集体行动也就越容易形成。其实，罗伯特·普特南在《使民主运转起来》一书中就论证了社会网络在人们日常生活中的作用，根据普特南的研究，他认为邻里组织、合唱队、合作社、体育俱乐部、大众性政党等所提供的公民参与网络，都属于密切的横向互动，创造了社会资本的基本部分。在一个共同体中，此类网络越是密集，其公民就越可能实现为了共同利益的合作，因为这样的网络增加了博弈的重复性和各种博弈之间的联系性，从而增加了人们在任何单独交易中进行欺骗的潜在成本；强化了信守诺言、遵守行为规范的美德和声誉，从而培育了强大的互惠规范；

---

① Baker, Wayne E. 1986. "Three-dimensiona block model", *Journal of Mathematical Sociology*, 12: pp. 191–223.

② Tarrow, Sidney. 1994. *Power in Movement*. Nwy York: Cambridge University Press. 转引自曾鹏《社区网络与集体行动》，社会科学文献出版社，2008，第56页。

促进了交往，促进了有关个人品行的信息之流通，从而提高公民之间的互信程度，使得合作更加容易；推广了以往成功合作的模板，使得非正式约束成为社会长期变迁中的连续性之重要来源①。

要促成社区内部业主间网络的发展，必须重视社区业主彼此之间进行结社的权利，从制度上切实保障公民自由结社权利的落实。允许业主之间建立起各种各样的合法的组织和社团。因为社团把多数人的精神集结在一起，促使他们精神饱满地奔向由它指明的唯一目标②。这就要求政府能够为社区的自主治理提供宽松的外部环境。需要政府真正地把社区等基层社会作为一个自主自立的领域而不要随意地利用行政权力进行干预。这就要求合理地界定政府权力和社会自治的界限。要求政府能够依法保障社区业主的合法权益，将部分国家权能让渡给社区，并随着社区功能的发展和完善，自觉地收缩政府的"领地"，这是通过社区发展来积累社会资本的根本途径③。

社会资本是促成集体行动和社区自主治理的重要资源。而社会资本的投资离不开社区中业主对社区共同体的集体认同感，也离不开社区业主之间的各种网络关系的发展。当然，仅有社会资本这种资源，社区的自主治理还不会自然而然地进行，要保障社区治理的绩效，还需要业主的积极行动，具体来讲需要业主在生产选择、治理选择以及规则选择三个层面做出努力。如何培育业主选择能力，促成社区自主治理绩效的提升是下一小节讨论的内容。

第二节 保障业主选择权利以提升社区治理绩效

根据前面的研究，我们可以看到那些业主在生产选择、治理选择以及规则选择方面做出积极行动的社区，他们的治理绩效比较高；而某些业主

---

① 〔美〕罗伯特·普特南：《使民主运转起来：现代意大利的公民传统》，王列、赖海榕译，江西人民出版社，2001，第 203~204 页。
② 〔法〕托克维尔：《论美国的民主》（上），董果良译，商务印书馆，2002，第 214 页。
③ 燕继荣：《投资社会资本——政治发展的一种新维度》，北京大学出版社，2006，第 167~168 页。

在这三个方面做得不好的社区，他们的治理绩效则比较差。如何促成社区业主在生产选择、治理选择和规则选择三个层面进行积极行动，笔者认为从法规制度上确保业主在社区公共产品或者服务的生产方面的选择权利，在社区治理结构和组织方面的选择权利，以及社区业主在规范社区治理的决策、执行以及监督评价等规则方面的选择权利是最重要的。

一 保障业主在生产选择中的权利

社区治理中与业主的生活之间最直接相关的就是社区中诸如保安、保洁、电梯以及路灯等公共产品和公共服务的生产。而这些公共产品和服务能否令业主满意，笔者认为与业主是否在社区公共产品和服务的生产安排有选择权密切相关。因为，正如个人是否在购买物品的过程中有发言权会影响到物品最终是否合他们的意一样，社区业主是否在社区公共产品和服务的生产安排中有选择权也会直接影响到这些产品和服务能否合业主的意。因此，必须要确保业主对于社区公共产品和服务的生产安排过程的选择权和发言权。

从社区治理的实际情况来看，根据笔者的调查我们看到多数社区中的业主对社区公共产品和服务的生产安排没有实质性的选择权利。这主要是由于在社区的开发过程中以及开发之后需要维护和管理，而此时业主作为分批的房屋购买者尚没有力量和能力形成集体行动进行选择。此时的做法是由房地产开发商雇用前期物业进驻社区进行维护和管理。而前期物业多数是开发商直接组建的子公司。借助于开发商掌握的资料等优势，前期物业公司基本上垄断了对社区的共用部位及设施的相关信息。业主却因为缺乏专业知识而在信息方面处于劣势地位。前期物业公司往往凭借信息优势而垄断了对社区的管理。从某种程度而言，信息就意味着权力，这样的社区业主对于社区中的公共产品和服务的生产安排基本上没有任何实质性的发言权[①]。

[①] 笔者在调查中发现多数社区中的业主恰恰是因为没有选择权利，而导致对社区业主的不满甚至生活质量的下降。例如北京市的某社区 PLGY，社区业主对前期物业公司的服务质量不满意，在经过了11年的斗争之后终于成立了业主委员会决定通过拒交物业费的方式逼走前期物业公司，但是前期物业公司却要挟要带走所有的档案资料而迟迟不离开。社区业主也苦于没有档案资料而不能聘用新的物业公司。

保障社区业主在社区公共产品和服务生产安排中的选择权是促成社区治理绩效提高的重要保障。具体来看，笔者认为必须要保障社区业主在如下几个方面的选择权利。(1) 社区公共产品与服务的生产安排方面的权利。当前流行的是由物业服务公司为社区业主生产社区公共产品和服务，但是流行不代表绝对正确。其实，作为一种局部的公共产品和服务，其生产安排的逻辑和公共服务的生产安排的逻辑是一致的[①]。究竟应当选择哪种生产安排的形式，笔者认为应当由社区业主集体决定。(2) 社区公共产品与服务的内容、数量及质量方面的选择权利。业主究竟需要什么样的生活环境，这是他们的主观要求，相应的，他们完全有权利对社区公共产品及服务的内容、数量和质量等做出选择。(3) 社区公共产品与服务的费用及其支付方式的选择权利。业主消费社区的公共产品及服务需要付出成本及费用。支付多少费用和成本以及采用什么样的方式和标准承担社区公共产品和服务的费用应当由社区业主进行选择。

信息可以增强人们的力量，因为它可以帮助人们对公共服务发表更多的意见，使政府和公司的活动具有更大的透明度和更强的责任感。在社区治理的实践中，信息机制同样重要，我们要完善信号捕捉机制，加强各利益相关方之间的信息沟通。具体来看，要确保业主在两个方面的知情权，以增强他们在生产选择方面的能力。(1) 业主对社区的物质环境及设施设备等拥有知情权。社区的物质环境及共用的设施设备是社区的重要组成部分，也是社区产权的必然组成部分。作为产权人，业主应对这些共用部位和共用设施拥有知情权。同时，作为这些共用部位和共用设施的使用者，业主也应对这些部分拥有知情权，这是业主恰当使用这些设施设备的前提条件。(2) 业主对社区中的物业服务单位生产的产品和服务具有知情权。物业服务单位作为物业服务的生产者，它负有向社区业主提供合格的物业服务的义务。物业服务单位要向业主公开物业服务的生产状况及收费状况。因为，作为消费者，业主对这些服务享有知情权。

保障社区业主在生产选择中的权利很重要，但是生产选择不是独立

[①] 一个社区作为集体消费单位可以通过多种途径得到应得的公共产品和服务。他们可以经营自己的生产单位；可以与私人公司签约；可以与政府单位签约；可以实施某些由自己进行生产，而后从其他管辖单位或者私人企业那里购买公共产品和服务的措施。

的，而往往是和集体行动以及社区的治理选择联系在一起。生产选择的权利往往根源于或者说派生于治理选择。因此，保障业主在治理选择中的权利也就更为重要了。

二 保障业主在治理选择中的权利

生产选择是对社区公共产品及服务的生产安排过程及内容等方面的选择。谁在这些方面具有什么样的选择权利往往是通过集体层面做出安排。那么，业主在集体层面或者说治理层面的选择权利又是怎样保障的呢？

治理选择的过程是对社区组建业主组织、确定业主与业主组织以及业主组织之间的权利义务关系、安排社区治理结构等环节做出选择的过程。治理选择的过程既是凝聚分散的业主，形成集体行动的过程；也是吸纳分散多样的业主偏好，形成社区集体偏好的过程；同时，治理选择的过程也是促成业主代理组织和社区公共产品和服务生产单位的责任履行的过程。如何保障业主在治理选择中的权利，笔者认为主要可以从三个方面努力。

1. 保障社区业主民主权利，协调分散利益，形成有效的集体选择机制

社区的治理不能够由每一个业主亲自来进行，所以，通过一定的机制形成集体选择，形成集中但又照顾个体的偏好表达，是社区自主治理的关键。(1) 发展社区民主，形成正式的投票表达机制。形成集体选择机制是社区自主治理的制度基础的核心组成部分。因为集中的利益往往会受到过多的关注，而分散的利益往往被忽视。所以，通过一定的投票表达机制聚合分散的利益，形成集体偏好表达是社区民主的核心所在。然而，在社区治理中必须要对分散的个体业主的利益进行足够的关怀，不能采用简单的多数主义的做法，不能因为多数而忽视少数的利益或者将多数的利益建立在牺牲少数的利益的基础上。(2) 促进包容性，形成多样的利益表达机制。正式的民主投票机制，在形成社区集体行动中具有不可替代的作用。但是，投票表达机制不是万应灵药。所以，我们要促成更具包容性的制度安排，这种具有包容性的制度安排的灵魂就是发言权和参与权。在社区治理的实践中，要形成多种形式的业主表达机制，确保他们对社区事务的发言权。"社区公共空间是具有地域意义和富有实际社会功能的公共领域类型。它是以国家——社会相对分离为生存基础，以自主参与为核心，以权利互为平衡为原则，以居民事务为内容，以信息网络为手段，以舆论监督为常态的这样一个具有社区场域的公共领域。"① "现在社区公共空间是实在社区公共空间与网络社区公共空间两部分的整合，而后者则处于更主要的地位。因为，实在社区公共空间是一个有限的量，运作太传统，而网络社区公共空间则是在一个无限的空间量上手段先进的运作方式，有利于居民的广泛参与和深入讨论。"② 这一点在社区的治理中表现得更为突出，许多社区在没有成立业主组织之前，乃至在入住之前就有了各种各样的业主论坛、业主社区、社区 BBS 以及 QQ 群等网络交流空间和媒介，这些空间是业主参与社区讨论的非常重要的场所，该社区的公共舆论往往会在这些场所形成，而这种虚拟空间中的社区公共舆论又是影响社区治理实践非常重要的力量。同时，要给社区业主进行结社的自由，这些社团往往会自发地针对社区内部一定的公共事务进行处理，例如社区内部成立的养犬协会会对社区内部的养犬行为及其纠纷形成制约和治理。

2. 尊重业主自主创新权利，形成复合多样的社区治理结构

社区治理要有法律依据，但是社区治理又不能囿于法规。随着社区自主治理运动的推进，业主组织作为自主治理的主体和载体，进入了快速发展的阶段。《物业管理条例》从法规的角度对业主、业主大会和业主委员会做出了比较详尽的规范，初步从法规的角度奠定了物业社区自主治理的基本框架。

法规具有规范性和稳定性，另一方面，稳定就在某种程度上意味着滞后，在社区的自主治理中也是如此。《物业管理条例》对业主组织做出了一定的规范，然而在物业社区自主治理的实践中却涌现出了"楼栋代表会""业主代表大会""监事会"以及"业主小组"等众多的业主组织，这些都是在实践中由业主自发组织成立的。这些新生的业主组织的诞生不仅意味着业主组织种类的增多，而且更为重要的是他们带来了物业社区治理结构的转变，即物业社区的治理结构由原来的"线性"的授权监督关系转向一种"复合式"的监督授权关系。

---

① 王翀：《当前我国城市社区公共空间构成与管理研究》，浙江大学博士学位论文，2005。
② 王翀：《当前我国城市社区公共空间构成与管理研究》，浙江大学博士学位论文，2005。

当然，社区中究竟应当成立怎样的业主组织，如何确立这些业主组织之间以及他们和社区业主之间的权利义务关系，这些都是法律法规所不能穷尽的。因为，每一个社区都有每一个社区的物理环境和民情，每一个社区中的业主都拥有不可替代的地方性知识。这些都是处于外部的政府所不可比拟的。因此，应当尊重社区业主的创新权利。社区是自主治理的地方，保障社区这种秩序的参与者能够有大量的机会在多个不同的共同体之间建立或者消解联系是社区自主治理的应有之义，也是多中心秩序产生和维持的核心条件。只有保障社区业主的自主创新权利，才能够使他们选择最适合于自己所专注事项的合适的治理者和生产者。

3. 保障业主监督权利，加强监督和制裁机制，促成治理责任的实现

在社区的治理中，存在着多种委托—代理关系，也存在着多方之间的合约或者说是协议。那么，如何在治理避免"委托—代理"问题，促成合约的有效实施，促成可信赖的承诺机制是社区治理实践中不得不面对的一个重要问题。笔者认为应当加强监督、制裁机制，促成可信赖的承诺。"在解释一组委托人如何才能组织起来取得长期集体利益时，需要解决的第二个难题是承诺问题。"[1]

外部强制往往可以用来解决可信承诺问题。在社区治理实践中，我们认为应当形成如下几个方面的监督、制裁机制。（1）加强业主对业主委员会的监督。业主委员会作为一个代理机构，其在实际的社区治理实践中能否忠实于委托人—业主的利益，这个问题的答案多数是否定的。因为，作为理性的自利人，业主委员会往往也有自身利益的考量。更何况在社区治理的实践中，业主委员会往往要与物业公司打交道，如同政府会被企业俘获一样，我们很难保证业主委员会不会被物业公司俘获，所以很有必要加强对业主委员会的监督。（2）加强业主对物业公司的监督。物业公司作为一个盈利性的组织，其根本目的就是要谋求利润，从理论上看物业公司在不受监督、不受制裁的情况下，往往会在实践中追求自身的利益，甚至损害业主的利益以自肥。从实践来看，物业公司通过损害业主利益而谋求利润的做法也是司空见惯的。所以，应当加强对物业公司的监督。（3）

---

[1] 〔美〕埃莉诺·奥斯特罗姆：《公共事物的治理之道》，上海三联书店，2000，第69页。

加强政府对物业公司的监管和制裁。此外，从当前的实际情况来看，物业公司往往会垄断某一个社区的物业服务，尤其是在其依附于开发商的情况下，他们还会占据信息等资源的优势。在这种情况下，业主在与物业公司的博弈中往往处于弱势地位。为了确保物业公司的资质和服务的质量，笔者认为政府应当加强对物业公司的监管和制裁，尤其是在物业公司的行为损害了业主的利益，出现违法行为时，政府应当严格执法，加大制裁力度。当出现了行业性或者全面性的问题时，尤其应当加强政府对物业管理行业的规制。

三 保障业主在规则选择中的权利

"治理既不是供应也不是生产。治理的前提条件是必须具备为组织地方公共经济而制定规则和实施规则（rules）的能力。治理的着眼点是建立一系列的制度框架，在这个框架内由地方居民和官员选择而产生提供（provision）和生产（production）的模式。"[①] 可见制定规则的能力和权利在治理的过程中处于核心地位。在社区治理的过程中，谁有资格制定社区宪法、谁有资格就社区中的公共事务进行决策、如何进行决策、由谁执行政策、如何执行政策以及怎样进行政策评估、如何进行监督以及社区治理中的成本收益如何进行分配？这些都应当是社区治理过程中规则选择的核心内容。

保障业主在规则选择中的权利是实现社区自主治理永续发展的基本条件，也是落实社区自主治理的根本所在。但是，根据笔者的调查发现，目前的社区业主却没有规则选择的权利。社区治理的制度规则基本上是由政府单方面提供的。例如，《业主公约》作为社区宪法，应当由社区业主进行制定。但现实的情况却是由政府提供范本，业主不能对其进行更改，否则社区业主组织难以通过社区办公室的备案，也就难以成为国家认可的合法的组织。这样毫无疑问是不利于社区自主治理的实现和发展。因为，"社区自治网络结构的架构需要具备相应的制度条件，既需要政府强制性

---

① Ronald J. Oakerson（1999）. *Governing Local Public Economies – Creating the Civic Metropolis*. Oakland, California, Institute for Contemporary Studies, ICS Press, p. 18.

的输入法律制度,又需要社区成员共同创建、认同和遵循集体选择规则和集体操作规则……社区成员之间共同构建、共同认同、共同遵循民主协商规则,是社区公共生活进入自组织状态所必需的制度条件"[1]。

必须要保障业主在如下几个方面的规则选择权利。(1)保障业主经过审慎选择制定社区业主公约的权利。"业主公约"在社区治理中处于崇高的地位,被看作是社区治理的宪法。然而,由于制度设计的缺陷导致作为社区治理参与人的业主和开发商在制定社区治理的最基本的游戏规则——"业主公约"过程中地位不平等[2]。业主在初始公约制定中的缺位显示了重要决策的狭隘性和缺乏包容性,这也就注定了分散的业主利益必然要在物业公司进行物业服务生产的过程中遭到忽视。绝大多数社区的前期物业公司是由开发商组建的子公司,其在后期的物业服务中会尽量利用"业主公约"中的规定来谋取利益。这样就会不可避免地造成后期社区治理中的博弈双方之间的地位不平等,一方当事人的利益增加是建立在另一方当事人利益受损的基础之上。这一点是具有普遍性的一个问题,正因为这一制度设计的缺陷造成了社区治理中初始的利益博弈就具有不公正性。(2)保障业主在制定相关决策规则过程中的选择权利。业主对社区的治理是建立在物权的基础上,物权是一种不可剥夺的对世权,根源于物权的决策权也是不容剥夺的。但是从笔者调查的实际情况来看,不少的社区没有决策的规则,或者说这些决策规则的制定没有通过业主的选择。无论是什么样的业主组织做出的决策都是处理社区的公共事物的,而对这些公共事物业主自身就享有参与管理的权利。所以,必须要保障业主在制定决策规则的过程中进行选择的权利。(3)保障业主在制定相关成本收益分配规则中的选择权利。在实证调查的过程中,我们发现在受访的社区中有超

---

[1] 陈伟东:《社区自治——自组织网络与制度设置》,中国社会科学出版社,2004,第182页。

[2] 《物业管理条例》中规定,建设单位应当在销售物业之前,制定业主临时公约,对有关物业的使用、维护、管理,业主的共同利益,业主应当履行的义务,违反公约应当承担的责任等事项依法做出约定。建设单位制定的业主临时公约,不得侵害物业买受人的合法权益。第二十三条建设单位应当在物业销售前将业主临时公约向物业买受人明示,并予以说明。物业买受人在与建设单位签订物业买卖合同时,应当对遵守业主临时公约予以书面承诺。

过 60% 的社区都对社区的电梯、大堂等共用部位和设施进行了开发利用，例如租给广告公司做广告或者租给商贩做铺位。然而，我们却发现在这 200 余个开发利用了共用部位和设施的社区中，大部分业主却不知道这些部位的收益归谁所有，最终是如何进行分配使用的。无论是作为盈利性的物业服务公司，还是作为业主代理机构的业主组织都有其自身的利益考量，如果业主在对社区治理中成本收益规则的制定没有选择权利，没有发言权，最终会导致社区业主集体利益的受到损害。

当然，我们上面提到的三个规则只是社区治理中比较重要的几个具有代表性的规则。社区业主是社区的主人，他们有权利制定任何他们认为适当的规则。这是当事人"意思自治"原则的基本体现，这是业主行使创制权的基本要求。"美国一半以上的州，将制宪权扩展到了地方社区，允许他们制定自己的地方自治宪章。在这些地方自治宪章下，公民能够规定他们自己的宪法条款和治理条件，这些宪章也可以被当地人民通过创制和复决程序加以修订和修正。"[①] 尊重业主在自主治理过程的规则选择权利、创制权和意思自治原则，是解决社区自主治理的制度规则供给不足的根本出路，也是解决政府"一放就乱，一收就死"困境的首选策略。

第三节　建构外部互动网络以形成支持性环境

社区是一个自主治理的领域，但是社区绝不是一个孤立的世外桃源。社区治理的永续发展离不开与外部各个部分之间的互动合作。建构社区与外部各个部分之间的互动关系网络，形成支持性的外部制度环境对于促成社区自主治理的永续发展是不可或缺的。具体来看，笔者认为应当减少行政权力对社区治理的不适当干预，加强行政权力对社区治理过程中的契约监管能力，加强行政权力对物业服务市场的规制和监管力度；应当减少司法裁判对社区治理过程的合约实施的不适当干预，形成多层次的纠纷冲突解决机制；应当为社区之间和社区与学者之间的交流互动提供宽松的环

[①] 〔美〕文森特·奥斯特罗姆、罗伯特·比什和埃莉诺·奥斯特罗姆：《美国地方政府》，井敏、陈幽泓译，北京大学出版社，2004，第 35 页。

境，因为他们之间有效的交流沟通能够促成自主治理的制度传播和经验模仿。

一 社区治理与行政权力范围调整

我们知道作为基层的社区是实行自治的，而政府行政的一大特征就是强制性。这种强制性往往会对社区的自治形成束缚。这一点在深圳景洲大厦事件中就得到了充分的验证。然而，在笔者调查北京社区美丽园事件中，我们看到的不是政府的过度介入，而是对物业公司违约的防范不周到，在物业公司擅自违约的情况下，政府行政力量不进行干预，结果社区的治理因内部的纠纷和冲突导致了社区治理的危机。

可见，社区治理中政府的行政干预究竟应当如何作为，既关系到社区自主治理能力的发展，又关系到社区治理局面的稳定和社区居民的基本生活。那么，在社区治理中，政府究竟应当如何作为？行政权力和自主治理的边界究竟在哪里？

针对社区治理这一自治领域，行政权力的干预应当具体分析。不能因为行政权力具有威胁自主治理的可能性，就一概地反对行政权力对社区治理的干预；同样，也不能因为社区治理会产生危机，需要政府权力的相助，就失去了社区自主治理的基本领域。

因为政府的行政权力在提取信号、平衡利益、执行决策、反馈和学习四个方面具有不同的适用性，因此会起到不同的作用。在提取信号、平衡利益、反馈和学习方面，政府行政权力不具有优势。政府作为外在于社区的行政力量，它对社区内部的本地信息很难了解和掌握。同样，政府作为外在于社区的行政力量，它不应当参与到社区治理的利益博弈之中去。

政府作为具有强制性力量的一方，我们认为它应当在合约实施或者政策执行方面发挥更为重要的作用。当合约的自我实施机制失效，造成合作局面破裂，尤其是当缔约方违反了合约的相关规定或者法规时，政府就应当加大对违法方的监管和制裁。因为没有监督和制裁，合约只等于一张废纸。合约除了自我实施之外，还有第三方实施的方式，政府行政权力的干预相对其他的第三方实施方式而言，其显著的优势就是强制性。作为道德、伦理等第三方实施的方式往往不具备如此的特征。当然政府的监督和强制应当保持中立立场，不应偏袒业主或物业公司中的任何一方。具体而言，一方面，政府应当对物业公司的资质、信誉等进行监督，以便促成物业公司能够按照物业服务合同中的关于服务的标准和费用要求履行其物业服务行为；另一方面，政府也应当对业主的行为进行关注，使得物业服务公司能够得到其应得的物业服务收费。

二 社区治理与纠纷处理机制拓展

司法作为一个外在于社区的仲裁力量，往往会成为社区治理中纠纷和冲突的解决机制。根据有关的报道，我们可以看到，当业主不缴纳物业费的时候，法院会采取强制措施令其缴纳；当已经被解聘的物业公司试图赖在社区内不走时，法院可以对其进行强制驱逐。

在笔者调查的美丽园事件中，司法系统自始至终都没有离开对纠纷和冲突的处理。从一开始，物业公司将不缴纳物业费用的业主告上法庭，到后来业主委员会一再将物业公司送上被告席。可以看出，法院在社区纠纷处理中始终具有不可替代的作用。在美丽园物业服务和收费纠纷事件中，在物业公司强势而业主委员会谈判能力相对较弱的情况下，业主诉诸法律手段，与物业公司对簿公堂。法院支持业主的诉讼请求，判定下调物业收费标准。

我们需要探讨的核心问题是，司法裁判在社区纠纷处理中究竟应当处于一个什么样的地位，应当发挥什么样的作用。法院究竟是应该致力于裁判物业收费标准的公正性还是对物业管理费的征收标准进行裁决？其实，社区治理冲突、纠纷的诉讼处理机制并非完美无缺。因为，作为一种外在的力量，法院在处理社区纠纷和冲突的时候，并不能完全、彻底地掌握各方的利益状况，也难以准确地预见相关各方可能产生的反应，也不能在调整和确立合约时制定相应条款有针对性地加以调控。同时，通过第三方的强制性力量对合约进行强制性的变更，往往会加深合约双方之间的矛盾和冲突，导致矛盾的进一步激化。

合约的实施具有自我实施和第三方实施两种实施机制。社区中的合约实施应当采用多种机制，当社区中产生了纠纷和冲突时，也应当诉诸多种解决机制，而不能只依靠司法途径。因为社区冲突从根本上说是非对抗性的，社区各主体之间有着共同的利益合作关系，因此大部分冲突是可以通过协调的方式在社区内部自行解决的。但是，当冲突陷入僵局时就需要依靠冲突各方以外的中立的第三方和法律途径解决（第三方调解、仲裁、诉讼、行政申诉)[①]。具体来看，我们认为应当在社区的治理实践中形成如下几方面的纠纷和冲突解决机制。(1) 沟通协调机制。沟通是人与人之间观念、意见、态度、情感、知识等信息的传递和交流过程，沟通是人类理解的桥梁，也是解决社区冲突简便易行、成本最低又最有效的方法。在社区的治理实践中，涉及各方面的利益，各方面之间产生纠纷和冲突也应当是社区治理实践中的常态。在社区的治理实践中，业主与开发商之间、业主与物业公司之间、业主与政府部门之间、业主与业主之间、业主与业主委员会之间等都可能发生纠纷和冲突。在纠纷和冲突产生时，必须要有一定的沟通和协调机制，促成纠纷双方之间正面的信息交流和沟通，以免形成误解。(2) 调解机制。当人们之间产生了纠纷或者是冲突，作为独立的第三方也会介入进行调解。根据宪法第一百一十一条"城市和农村按居民居住地区设立的居民委员会或者村民委员会是基层群众性自治组织"。并且"居民委员会、村民委员会设人民调解、治安保卫、公共卫生等委员会，办理本居住地区的公共事务和公益事业，调解民间纠纷，协助维护社会治安，并且向人民政府反映群众的意见、要求和提出建议"。北京市司法局和建设委员会2007年5月底出台了《关于加强人民调解化解物业纠纷的指导意见》，在市、区县、街乡、社区四级建立物业管理纠纷指导和调解组织体系，社区调解简单纠纷，街乡调解复杂纠纷，区县调解重大疑难纠纷。社区物业管理纠纷人民调解委员会将定期组织业主委员会或业主代表、物业管理企业参加的联席会议，了解社区物业管理情况及矛盾动态，有针对性地组织开展纠纷预防和调解工作。(3) 仲裁机制。在物业纠纷产生后，从目前的情况来看，人们往往习惯于提起诉讼，而忽视了仲裁的作用。就其实际情况来看，根据我国现行法律规定，仲裁也是解决此类纠纷的法定方式。与诉讼相比，仲裁具有自愿性、专业性、国际性、灵活性、保密性、快捷性、经济性、独立性等优势。仲裁的这些特

---

① 陈幽泓：《物业社区自主治理的困境：纠纷和冲突解决》（未发表稿）。

点，为物业管理纠纷的公正、及时、有效地解决提供了保障。事实上，许多当事人已经开始通过仲裁来解决物业管理纠纷，这也是物业管理逐步走向社会化、专业化和市场化的必然趋势。（4）诉讼。向法院提起诉讼，这是冲突解决的最后途径，这一纠纷解决机制往往是在其他机制失效的情况下才诉诸的解决途径。因为法院的裁判具有权威性，而且这种裁判往往判定诉讼的双方中一方赢，一方输，当然也可以调解。也就是说通过诉讼解决冲突和纠纷常常是一种零和博弈。这样的处理不利于利益双方之间的妥协让步，合作局面也就难以实现。

三 社区治理与自治知识经验传播

社区自主治理的过程必然是业主经过深思熟虑和自由选择来建立良好的治理秩序的过程。社区治理过程是社区业主达成集体行动的过程，也是制定规则、进行治理的制度安排促成治理责任履行的过程。社区自主治理的过程发生在社会的最基本单位——社区之中，但是这种自主治理实践却是很复杂且对人类的自主治理能力构成挑战的过程。尤其是在物权意识相对匮乏的现在，要促成业主们通过深思熟虑和自由选择来建立良好的治理秩序，的确是对人们自主治理能力的一大挑战。

好在业主自主治理的过程不是由个体在真空中进行，他们不但能够在社区内部求得业主之间的合作，而且还能够在社区外部得到专家学者等具有专业知识群体的帮助，还能够与其他成功地进行了自主治理的社区进行交流互动。为了更好地促成业主们通过深思熟虑和自由选择来建立良好的社区治理秩序，必须要加强社区业主对专业知识的吸纳，加强不同社区业主之间的信息共享和经验交流，以促成业主物权意识的觉醒，促成社区之间自主治理的经验交流和制度移植，促成业主自主治理能力的提升。

促进自主治理知识经验的传播，可以从两个方面进行努力。一方面，应当发挥专家学者在专业知识方面的优势，尤其是鼓励一些以研究公民社会和基层自治的组织开展相关的研究和调查以及培训。我们知道调查研究的过程同时也是进行知识传播和宣传教育的过程。通过专家学者的宣传，能够促成社区业主对维护自身的物权和治理权的觉醒。同时，我们看到相关的研究机构不仅局限于进行理论的探究,而且在他们深入社区治理的实践中,开展专门针对社区治理的业主培训①。这些努力毫无疑问将会大大为社区业主提供知识和智力支撑,有助于社区业主自主治理能力的精进。另一方面,应当允许社区之间成立任何他们认为可行的联合组织。社区之间成立联合组织是业主结社权的重要体现,托克维尔认为"结社权在性质上几乎与个人自由一样是不能转让的"②。通过社区之间的联合组织,社区业主之间可以实现信息的共享、经验的互鉴,从而使良好的自主治理制度和政策在不同社区之间进行传播,并创造出比投入成本更大的治理效果。因为,"人只有在相互作用下,才能使自己的情感和思想焕然一新,才能开阔自己的胸怀,才能发挥自己的才智"③。

自主治理的知识经验的传播毫无疑问会培育社区业主的自主治理的精神,提高业主自主治理的技艺。但这一切都要依赖于中国公民社会的进步,公民社会的进步意味着人与人之间可以自由地形成联合体,社区与社区之间也可以自由地形成联合体。这是真正的结社的体现,也是促进城镇基层社区自主治理和中国民主政治进步的基础。因为,"在民主国家,结社的学问是一门主要学问。其余一切学问的进展都取决于这门学问的进展"④。同时,允许自主治理知识经验的传播也是降低自主治理成本,提高自主治理效率的关键所在,因为,"一个绝大多数人不能表达意愿的社会在两种情况下会耽误大事。第一,它之所以误事,是因为蕴藏在绝大多数人中间的潜在创造力和生产率受到了忽视,或者只有一部分得到重视。第二,因为没有人能听到社区和自然资产受益人的呼声,这些资产的潜在力量也就可能被浪费掉"⑤。

---

① 例如,GOCO(Governance & Community)作为一个民间的专门研究社区治理的民办非企业单位,不仅在城市社区治理方面做了大量的研究工作,而且还推出了专门针对业主的培训项目。这毫无疑问有助于推动社区自主治理,有助于中国公民社会的成长。
② 〔法〕托克维尔:《论美国的民主》上卷,董果良译,商务印书馆,2002,第218页。
③ 〔法〕托克维尔:《论美国的民主》下卷,董果良译,商务印书馆,2002,第638页。
④ 〔法〕托克维尔:《论美国的民主》下卷,董果良译,商务印书馆,2002,第640页。
⑤ 世界银行:2003年世界银行报告《变革世界中的可持续发展——改进制度、增长模式与生活质量》,中国财政经济出版社,2003。

本章小结

　　基于前面案例分析的发现和结论，本章着重从规范分析的角度探讨促成社区自主治理永续发展的规律。力求能够为解决社区治理实践中的集体行动难题和委托—代理难题，促成治理责任的履行，指出努力的方向。具体来看，本章的内容集中从三个方面指出了保障城市社区自主治理永续发展的努力方向。第一，从社区内部社会资本的角度提出投资社区内部社会资本的努力方向，着重于增强社区业主对社区的集体认同感和发展社区内部业主之间的人际网络；第二，从社区业主选择的视角提出保障社区业主选择权利的努力方向，着重于保障社区业主在生产选择中的权利、治理选择中的权利以及规则选择中的权利；第三，从社区外部网络关系角度出发指出构建外部支持性环境的努力方向，着重探讨政府行政权力范围的调整与社区自主治理、纠纷处理机制拓展之间的关系，为社区自主治理知识经验的传播提出具体的办法。

结束语

城市社区是城市人群的主要居住地，是城市社会的基本构成单元。城市社会和谐与否的关键在于城市的基本单位——社区的和谐与否，而社区的和谐与否的关键在于城市社区中各方主体之间能否实现利益平衡。实现城市社区内部利益平衡的关键在于各方利益主体能否具有自由选择的权利，能否自主地参与公平的利益博弈。因此，选择权就是一个关键词。为此，本书开发了业主选择与城市社区治理分析框架，探讨业主在生产选择、治理选择以及规则选择三个层面的选择权利、能力和行为与城市社区治理绩效之间的关系。

城市社区中利益平衡的出现是建立在一定条件之上的。从本书的结论来看，城市社区自主治理的过程应当是一个由社区的产权人——业主进行自主选择的过程。这一过程基本上可以分为生产选择、治理选择和规则选择三个层面。只有保障业主在这三个层面的自主选择权利，才能促成业主集体行动的达成，才能促成生产组织和治理组织的生产责任和治理责任的实现。当然，城市社区的自主治理不是在真空中发生的。因此，相应的外部环境也是影响城市社区自主治理绩效的重要因素。根据研究的结论来看，政府行政权力的范围和角色的调整，政府行政权力对物业管理市场的监管，司法力量以及多元的纠纷冲突处理机制，比较成熟的公民社会以及宽松的支持自主治理知识经验传播的环境都是城市社区自主治理得以实现和永续发展不可或缺的条件。

城市社区是训练业主自主治理能力的训练场，是培育公民精神的花园，也是孕育民主精神、提高民主技能的学校。因为城市社区的共同利益和居住在其中的每个人的日常生活利益密切相关。尽管在当前中国的城市社区中，不少的业主们仍处于一盘散沙的状态，不少的社区仍频遭物业危机。但是值得欣慰的是，2003年以来我们看到了业主群体作为"独立候选人"和"自荐人"参选地方人大代表的现象不断出现，这充分说明城市社区能够促使草根精英的经济利益诉求正在逐步向政治领域延展，也说明城市社区的自主治理实践有助于个人向公民的转化和升华。随着更多的具有真正公民精神的公民的出现，定会促进我国公民社会的长足发展。

业主选择与城市社区治理分析框架是专门针对城市社区治理实践开发的分析框架，而这一分析框架背后的逻辑却与制度分析、与发展分析框架（IAD）一致，其使用范围不应当只局限于城市社区。从横向的角度来看，这一分析框架不仅适用于城市社区，而且也适用于农村社区。从实践和我国的宪法来看，城市社区和农村社区都是自主治理的领域。城市社区和农村社区虽说差异众多，但是二者治理的道理和逻辑却是一致的。无论是在城市社区还是在农村社区，集体行动和治理责任是两大普遍存在的问题，治理绩效和行动者的行动权利、能力和行为成比例关系。行动者的行为均可从生产安排层面、治理层面以及规则层面进行分析。当然，城市社区和农村社区在外生变量方面可能会有所不同。但大体上又都可以归为生物物理属性、社群属性以及外部网络等三个方面。

从纵向的角度来看，这一分析框架不仅适用于城市基层社区，而且也适用于城市治理的分析。城市治理过程的核心任务就是向市民提供优质高效的公共服务，在这一过程中市民对公共服务生产安排过程的发言权和选择权，公众对城市公共服务组织部门的发言权和选择权，以及市民通过城市政府制定相应制度规则的权利和行为等都会影响到城市公共服务的供给绩效。当然，这一分析框架在农村社区研究和城市治理研究中的具体适用状况如何，还有待研究实践进行检验。

城市社区自主治理的发展有着坚实的经济基础，那就是物权；城市社区自主治理的发展有着强劲的动力，那就是业主利益；城市社区自主治理的发展有着深远的影响，那就是中国公民社会的进步。这正在被实践证明着，也必将被未来的实践所证明。

参考文献

一 著作类

〔澳〕布伦南、〔美〕布坎南：《宪政经济学》，冯克利、秋风、王代等译，中国社会科学出版社，2004。

〔德〕迪特尔·梅迪库斯：《德国民法总论》，邵建东译，法律出版社，2001。

〔德〕费迪南·滕尼斯：《共同体与社会》，林荣远译，商务印书馆，1999。

〔德〕柯武刚、史漫飞：《制度经济学：社会秩序与公共政策》，韩朝华译，商务印书馆，2000。

〔法〕邦雅曼·贡斯当：《古代人的自由与现代人的自由》，阎克文、刘满贵译，商务印书馆，1999。

〔法〕卢梭：《社会契约论》，何兆武译，商务印书馆，1996。

〔法〕托克维尔：《论美国的民主》，董果良译，商务印书馆，2002。

〔古希腊〕亚里士多德：《政治学》，吴寿彭译，商务印书馆，1965。

〔美〕B. 盖伊·彼得斯：《政府未来的治理模式》，吴爱明译，中国人民大学出版社，2001。

〔美〕E. S. 萨瓦斯：《民营化与公私部门的伙伴关系》，周志忍等译，中国人民大学出版社，2002。

〔美〕阿马蒂亚·森：《以自由看待发展》，任赜、于真译，中国人民大学出版社，2002。

〔美〕埃尔斯特、〔挪〕斯莱格斯塔德：《宪政与民主——理性与社会变迁研究》，潘勤、谢鹏程译，生活·读书·新知三联书店，1997。

〔美〕埃莉诺·奥斯特罗姆：《公共事物的治理之道》，生活·读书·新知三联书店，2000。

〔美〕埃莉诺·奥斯特罗姆、拉里·施罗德、苏珊·温：《制度激励与可持续发展》，毛寿龙译，上海三联书店，2000。

〔美〕埃莉诺·奥斯特罗姆、帕克斯、惠特克：《公共服务的制度建构》，宋全喜、任睿译，上海三联书店，2000。

〔美〕艾尔东·莫里斯、卡洛尔·麦克拉吉·穆勒：《社会运动理论的前沿领域》，刘能译，北京大学出版社，2002。

〔美〕安德鲁·肖特：《社会制度的经济分析》，陆铭、陈钊译，上海财经大学出版社，2003。

〔美〕安东尼·唐斯：《官僚制内幕》，郭小聪等译，中国人民大学出版社，2006。

〔美〕安东尼·唐斯：《民主的经济理论》，姚洋等译，世纪出版集团·上海人民出版社，2005。

〔美〕奥尔森：《集体行动的逻辑》，陈郁、郭宇峰译，上海三联书店、上海人民出版社，1995。

〔美〕查尔斯·沃尔夫：《市场或政府》，谢旭译，中国发展出版社，1994。

〔美〕戴维·奥斯本、特德·盖布勒：《改革政府：企业精神如何改革着公共部门》，上海译文出版社，1996。

〔美〕丹尼尔·J.伊拉扎：《联邦主义探索》，彭利平译，上海三联书店，2004。

〔美〕丹尼斯·C.穆勒：《公共选择理论》，杨春学译，中国社会科学出版社，1999。

〔美〕弗朗西斯·福山：《信任：社会美德与创造经济繁荣》，彭志华译，海南出版社，2001。

〔美〕肯·宾默尔：《博弈论与社会契约》，上海财经大学出版社，2006。

〔美〕理查德·马斯格雷夫：《比较财政分析》，上海三联书店，1996。

〔美〕林南：《社会资本：关于社会结构与行动的理论》，张磊译，世纪出版集团·上海人民出版社，2005。

〔美〕罗伯特·达尔：《论民主》，李柏光等译，商务印书馆，1999。

〔美〕罗伯特·考特、托马斯·尤伦：《法和经济学》，张军等译，上海三联书店、上海人民出版社，1994。

〔美〕罗伯特·普特南：《使民主运转起来：现代意大利的公民传统》，王列、赖海榕译，江西人民出版社，2001。

〔美〕罗纳德·J. 奥克森：《治理地方公共经济》，万鹏飞译，北京大学出版社，2005。

〔美〕迈克尔·J. 桑德尔：《自由主义与正义的局限》，万俊人等译，译林出版社，2001。

〔美〕迈克尔·麦金尼斯：《多中心体制与地方公共经济》，毛寿龙、李梅译，上海三联书店，2000。

〔美〕迈克尔·麦金尼斯：《多中心治道与发展》，王文章、毛寿龙译，上海三联书店，2000。

〔美〕麦克尼尔：《新社会契约论》，雷喜宁等译，中国政法大学出版社，1994。

〔美〕曼瑟尔·奥尔森：《国家兴衰探源》，吕应中译，商务印书馆，1999。

〔美〕乔·B. 史蒂文斯：《集体选择经济学》，杨晓维等译，上海三联书店，1999。

〔美〕斯蒂芬·范埃弗拉：《政治学研究方法指南》，陈琪译，北京大学出版社，2006。

〔美〕文森特·奥斯特罗姆、菲尼·皮希特：《制度分析与发展的反思》，王诚等译，商务印书馆，1992。

〔美〕文森特·奥斯特罗姆、罗伯特·比什、埃莉诺·奥斯特罗姆：《美国地方政府》，井敏、陈幽泓译，北京大学出版社，2004。

〔美〕文森特·奥斯特罗姆：《复合共和制的政治理论》，毛寿龙译，上海三联书店，1999。

〔美〕文森特·奥斯特罗姆：《美国公共行政的思想危机》，毛寿龙译，上海三联书店，1999。

〔美〕文森特·奥斯特罗姆：《美国联邦主义》，王建勋译，上海三联书店，2003。

〔美〕约翰·弗瑞斯特：《面对权力的规划》，刘梅君、江明修译，台湾五南图书出版有限公司，2006。

〔美〕约翰·罗尔斯：《正义论》，何怀宏、何包钢等译，中国社会科学出版社，2003。

〔美〕约拉姆·巴泽尔：《国家理论——经济权利、法律权利与国家范围》，钱勇、曾咏梅译，上海财经大学出版社，2006。

〔美〕詹姆斯·M. 布坎南、戈登·塔洛克：《同意的结算——立宪民主的逻辑基础》，陈光金译，中国社会科学出版社，2000。

〔日〕青木昌彦：《比较制度分析》，周黎安译，上海远东出版社，2001。

〔英〕F. A. 冯·哈耶克：《法律、立法与自由》，邓正来译，中国大百科全书出版社，2000。

〔英〕F. A. 冯·哈耶克：《个人主义与经济秩序》，邓正来译，生活·读书·新知三联书店，2003。

〔英〕安东尼·吉登斯：《第三条道路：社会民主主义的复兴》，郑戈译，北京大学出版社，2003。

〔英〕菲利普·鲍尔：《预知社会——群体行为的内在法则》，暴永宁译，当代中国出版社，2007。

〔英〕斯蒂芬·贝利：《地方政府经济学：理论与实践》，左昌盛、周雪莲、常志霄译，北京大学出版社，2006。

〔英〕休谟：《人性论》，关文运译，商务印书馆，1980。

毕监武：《社团革命——中国社团发展的经济学分析》，山东人民出版社，2003。

边燕杰：《市场转型与社会分层——美国社会学者分析中国》，上海三联书店，2002。

曹霈霖：《政府与市场》，浙江人民出版社，1998。

曹荣湘、吴欣望：《蒂布特模型》，社会科学文献出版社，2004。

曹荣湘：《走出囚徒困境：社会资本与制度分析》，上海三联书店，2003。

陈华彬：《现代建筑物区分所有权制度研究》，法律出版社，1995。

陈伟东：《社区治理——自组织网络与制度设置》，中国社会科学出版社，2004。

邓正来：《国家与市民社会》，中央编译出版社，2001。

范柏乃、蓝志勇：《公共管理研究与定量分析方法》，科学出版社，2008。

费孝通：《乡土中国生育制度》，北京大学出版社，1998。

风笑天：《社会学研究方法》第2版，中国人民大学出版社，2007。

高宇：《理念·功能·技术：意思自治原则的伸展与评鉴》，吉林大学博士学位论文，2007。

江宜桦：《自由民主的理路》，新星出版社，2006。

康晓光：《权力的转移——转型时期中国权力格局的变迁》，浙江人民出版社，1999。

李惠斌、杨雪冬：《社会资本与社会发展》，社会科学文献出版社，2000。

李路路、李汉林：《中国的单位组织——资源、权力与交换》，浙江人民出版社，2000。

李强：《自由主义》，吉林出版集团有限责任公司，2007。

李友梅：《组织社会学》，上海大学出版社，2001。

林尚立：《社区民主与治理：案例研究》，社会科学文献出版社，2003。

刘建军：《单位中国》，天津人民出版社，2000。

刘军宁：《市场逻辑与国家观念》，上海三联书店，1995。

刘军宁：《保守主义》，天津人民出版社，2007。

毛寿龙、李梅、陈幽泓：《西方政府的治道变革》，中国人民大学出版社，1998。

毛寿龙、李梅：《有限政府的经济分析》，上海三联书店，2000。

毛寿龙：《政治社会学》，中国社会科学出版社，2001。

孟伟：《日常生活的政治逻辑》，华中师范大学博士学位论文，2006。

世界银行：《变革世界中的可持续发展——改进制度、增长模式与生活质量》，中国财政经济出版社，2003。

孙柏瑛：《当代地方治理——面向二十一世纪的挑战》，中国人民大学出版社，2004。

唐忠新：《社区服务思路与方法》，机械工业出版社，2003。

王邦佐：《居委会与社区治理》，上海人民出版社，2003。

王翀：《当前我国城市社区公共空间构成与管理研究》，浙江大学博士学位论文。

王名、刘国翰：《中国社团改革》，社会科学文献出版社，2001。

魏娜：《社区组织与社区发展》，红旗出版社，2003。

吴建南：《公共管理研究方法导论》，科学出版社，2006。

吴彤：《自组织方法论研究》，清华大学出版社，2001。

项继权：《集体经济背景下的乡村治理》，华中师范大学出版社，2002。

徐永祥：《社区发展论》，华东理工大学出版社，2000。

徐勇：《中国城市社区自治》，武汉出版社，2002。

燕继荣：《投资社会资本——政治发展的一种新维度》，北京大学出版社，2006。

杨波：《从冲突到秩序：和谐社区建设中的业主委员会》，中国社会出版社，2006。

杨晓民、周翼虎：《中国单位制度》，中国经济出版社，1999。

叶裕民：《中国城市化之路》，商务印书馆，2001。

于军：《英国地方行政改革》，国家行政学院出版社，1999。

俞可平：《权利政治与公益政治——当代西方政治哲学评析》，社会科学文献出版社，2000。

俞可平：《治理与善治》，社会科学文献出版社，2000。

曾鹏：《社区网络与集体行动》，社会科学文献出版社，2008。

张成福：《大变革：中国行政改革大目标与行为选择》，改革出版社，

1993。

张康之：《寻找公共行政的伦理视角》，中国人民大学出版社，2002。

张丽曼：《从全能政府到有效政府》，吉林人民出版社，2000。

张千帆：《自由的魂魄所在——美国宪法与政府体制》，中国社会科学出版社，2000。

郑也夫：《城市社会学》，中国城市出版社，2002。

郑也夫：《信任论》，中国广播电视出版社，2001。

周雪光：《社会学十讲》，社会科学文献出版社，2003。

朱宪辰：《共享资源制度安排——中国城镇住宅社区自发治理案例分析》，经济科学出版社，2005。

二 期刊论文

〔美〕迈克尔·麦金尼斯、文森特·奥斯特罗姆：《民主变革：从为民主而奋斗走向自主治理》，李梅译，《北京行政学院学报》2001年第4期。

〔美〕约瑟夫·斯蒂格利茨：《正式和非正式制度》，载曹荣湘《走出囚徒困境：社会资本与制度分析》，上海三联书店，2003。

白杨：《选举仪式化功能——从业委会选举来看城市基层民主实践中的博弈》，《社会科学》2003年第5期。

边燕杰、李煜：《中国城市家庭的社会网络资本》，《清华社会学评论》，2000。

边燕杰：《城市居民社会资本的来源及作用：网络观点与调查发现》，《中国社会科学》2004年第3期。

晁流：《社区自治中的利益博弈——以南京"中青园"为例》，《社会》2004年第4期。

陈伟东、李雪萍：《自治共同体的权利认同——对一个拾荒者社区的考察》，《当代世界社会主义问题》2002年第3期。

陈伟东：《"社区治理"概念的缺陷与修正》，《广东社会科学》2004年第2期。

陈伟东：《论城市社区民主的制度结构》，《社会主义研究》2001年第 3 期。

陈伟东：《武汉市汉江区社区建设目标模式、特点及可行性》，《城市发展研究》2001 年第 3 期。

陈亚平：《建筑物区分所有权制度中若干基本问题之研究》，《华侨大学学报》（哲学社会科学版）1998 年第 1 期。

陈映芳：《行动与制度限制：都市运动中的中产阶级》，《社会学研究》2006 年第 4 期。

陈幽泓、刘洪霞：《社区治理过程中的冲突分析》，《现代物业》2003 年第 6 期。

陈幽泓：《国际社区发展协会 2003 年会综述》，《现代物业》2003 年第 10 期。

费梅萍：《业主委员会与中国的市民社会》，《华东理工大学学报》（社会科学版）2001 年第 2 期。

费孝通：《当前城市社区建设一些思考》，《社区》2005 年 7 月上半期。

费孝通：《历史·现实·理论——对上海社区建设的一点思考》，《组织与体制：上海社区发展理论研讨会会议资料汇编》，2002 年 4 月 12～13 日。

甘满堂：《城市社区物业自治的发展前景与实践困境》，《集美大学学报》2004 年第 3 期。

高宏德：《契约制度的功能》，《经济研究参考》2005 年第 95 期。

桂勇：《略论基层民主发展的可能及其实现途径——以上海市为例》，《华中科技大学学报》2001 年第 1 期。

韩增辉、周珂：《物业管理中的自治机构法律性质浅析》，《法学杂志》2005 年第 3 期。

黄昌保、涂建军：《试论物业管理与传统房地产管理的区别》，《地方政府管理》1998 年增刊。

黎秀蓉：《个体理性与集体理性的冲突——以西安市唐园社区为例》，《制度经济学研究》2006 年第 1 期。

李汉林、李路路：《资源与交换——中国单位组织中的依赖性结构》，

《社会学研究》1999年第4期。

李景鹏：《中国现阶段社会团体状况分析》，《唯实》1999年第8期。

李霞：《社区自组织与社区治理成本》，《理论与改革》2006年第6期。

李雪萍、陈伟东：《近年来中国城市社区民主发展报告》，《中国基层民主发展报告（2000~2001）》，东方出版社，2002。

李玉连、朱宪辰：《群体规范与业主自治制度》，《城市问题》2007年第3期。

李玉连、朱宪辰：《业主自治的本质与实现的制度经济学分析》，《华东经济管理》2006年第6期。

李玉连：《社区群合作与共享资源的自发治理》，《当代财经》2006年第1期。

梁勇、高翔：《从城市居住空间分异到业主自治管理的思考》，《广东经济管理学院学报》2004年第1期。

林尚立：《基层群众自治：中国民主政权建设的实践》，《政治学研究》1999年第4期。

刘安：《论业主委员会的发展与城市社区自治》，《南京社会科学》2006年第1期。

刘军宁：《经济自由：自由之母，宪政之路》，《中国经济时报》1998年1月16日。

刘兴桂、刘文清：《物业服务合同主体研究》，《法商研究》2004年第3期。

刘兴桂：《论业主团体的法律人格》，《学术研究》2005年第4期。

卢汉龙：《单位与社区——中国城市社会生活的组织重建》，《社会科学》1992年第2期。

毛寿龙、陈建国：《社区治理与可持续发展——由"美丽园事件"探讨自主治理的可持续之道》，《中国行政管理》2008年第3期。

孟伟：《公民政治：从利益到权力的演化——深圳市宝安区滢水山庄业主自主行动的实证分析》，《马克思主义与现实》2004年第1期。

秋风：《社区可以自定宪法》，《南方周末》2007年8月10日。

桑玉成：《从五里桥街道看城市社区管理的体制建设》，《政治学研究》1992年第2期。

宋文煜：《我国物业管理形成的背景分析》，《南京理工大学学报》（社会科学版）1999年第3期。

孙立平、王汉生、王思斌、林彬、杨善华：《改革以来中国社会结构的变迁》，《中国社会科学》1994年第2期。

唐娟：《城市社区结构变迁中的冲突与治理——深圳市业主维权行动及业主委员会生长轨迹研究报告》，城市社会业主委员会发展学术研讨会论文，2004。

王刚：《社区参与：社会进步与政治发展的新驱动力和生长点》，《浙江学刊》1999年第3期。

王利明：《论业主的建筑物区分所有权的概念》，《当代法学》2006年第5期。

王颖：《论社区自治建设》，《北京社会科学》2003年第2期。

韦朝烈、唐湖湘：《业主委员会：城市社区民主发展的可能载体》，《广东行政学院学报》2007年第2期。

韦克难：《论社区自治》，《四川大学学报》2003年第5期。

魏娜：《城市社区建设与社区自治组织的发展》，《北京行政学院学报》2003年第1期。

魏娜：《官僚制的精神与转型时期我国组织模式的塑造》，《中国人民大学学报》2002年第1期。

夏建中：《城市新型社区居民自治组织的实证研究》，《学海》2005年第3期。

夏建中：《中国公民社会的先声——以业主委员会为例》，《文史哲》2003年第3期。

杨光斌：《奥尔森集体行动理论的贡献与误区——一种新制度主义的解读》，《教学与研究》2006年第1期。

杨立华：《构建多元协作性社区治理机制解决集体行动困境——一个"产品—制度"分析（PIA）框架》，《公共管理学报》2007年第4期。

杨团：《推进社区公共服务的经验研究》，《管理世界》2001年第

4 期。

袁婷:《北京品阁社区尝试"公司制"自治》,《民主与法制时报》2007 年 7 月 29 日。

曾望军:《论社区自组织在社区管理中的角色归类及自治功能》,《理论与改革》2006 年第 1 期。

曾文慧:《社区自治:冲突与回应——一个业主委员会的成长历程》,《城市问题》2002 年第 4 期。

张宝锋:《城市社区治理研究综述》,《晋阳学刊》2005 年第 1 期。

张静:《制度背景下的监督效用》,《战略与管理》1996 年第 6 期。

张静:《公共空间的社会基础——一个社区纠纷案例的分析》,《法制论丛》2006 年第 2 期。

张静:《制度背景下的监督效用》,《战略与管理》1996 年第 6 期。

张康之:《公共行政中的责任与信念》,《中国人民大学学报》2001 年第 3 期。

张康之:《论官僚制的实践困境》,《云南行政学院学报》2001 年第 6 期。

张康之:《论人的良心及其功用》,《成人高教学刊》2003 年第 6 期。

张康之:《韦伯官僚制合理性设计的悖论》,《江苏社会科学》2001 年第 1 期。

张康之:《在领域分离与融合中看制度》,《探索》2006 年第 1 期。

张磊、刘丽敏:《物业运作:从国家分离出来的新公共空间——国家权力过度化与社会权力不足之间的张力》,《社会》2005 年第 1 期。

张磊:《业主维权运动:产生原因及动员机制——对北京市几个社区个案的考查》,《社会学研究》2005 年第 6 期。

赵恒:《北京社区物业管理的现状及实现和谐社区的途径》,载《2007:中国首都经济发展报告》,社会科学文献出版社,2007。

朱宪辰、陈龙、周彩霞:《南京住宅共有产权制度的截面状态研究》,中国经济学 2003 年年会论文。

朱宪辰、章平、黄凯南:《资源支配权预期、学习经历与制度发生》,中国制度经济学 2006 年会论文。

诸春燕:《业主委员会法律地位初探》,《天津市政法管理干部学院学报》2006年第2期。

邹树彬:《住宅社区中的民主——城市业主委员运动的兴起及其影响》,城市社会业主委员会发展学术研讨会论文,2004。

三 英文文献

ACIR; Dowden, C. James. (1980). Community Associations: A Guide for Public Officials. Wahshington, DC: The Urban Land Institute.

Ackerman, John. (2003). Empowered Autonomy: The Politics of Delegation and Accountability in Latin America. Working Paper, FLACSO - Mexico.

Adger, W. (2003). Social Capital, Collective Action and Adaptation to Climate Change. *Economic Geography*. 79 (4): 387 - 404.

Adger, W. Neil, Brown, Katrina, and Emma L Tompkins. (2005). The Political Economy of Cross - Scale Networks in Resource Co - Management. *Ecology and Society* 10 (2).

Adhikari, Bhim. (2005). "Poverty, Property Rights and Collective Action: Understanding the Distributive Aspects of Common Property Resource Management." *Environment and Development Economics*. 10 (1): 7 - 31

Agrawal, Arun. (1995). "Group Size and Successful Collective Action: A Case Study of Forest Management Institutions in the IndianHimalayas." Presented at Reinventing the Commons, the fifth annual conference of the International Association for the Study of Common Property, Bodoe, Norway, and May 24 - 28, 1995.

Ahn, T. K., Elinor Ostrom. (2003), and James Walker. "Heterogeneous preferences and collective action", *Public Choice*, 117 (3 - 4), 295 - 314.

Andersson, Erik. (2006). "Urban Landscapes and Sustainable Cities." *Ecology and Society* 11 (1).

Anthony Downs. Inside Bureaucracy. Waveland Press, 1992.

Armitage, Derek. (2008). "Governance and the Commons in a Multi-Level World." *International Journal of the Commons* 2 (1).

Arun Agrawal (1995). Group Size and Successful Collective Action: A Case Study of Forest Management Institutions in the Indian Himalayas, Paper prepared for presentation at the 4th Annual Meeting of the International Association for the Study of Common Property.

ARUN AGRAWAL and SANJEEV GOYAL. (2001) "Group Size and Collective Action: Third-party Monitoring in Common-pool Resources", *Comparative Political Studies* 34; 63.

Azous, Amanda. (1998). "Beyond Politics: Strategies to Achieve Community Goals." Presented at "Crossing Boundaries", the seventh annual conference of the International Association for the Study of Common Property, Vancouver, British Columbia, Canada, June 10-14.

Baker, WayneE. (1986). "Three-dimension block model", *Journal of Mathematical Sociology*, 12: 191-223.

Basurto, Xavier. (2005). "How Locally Designed Access and Use Controls Can Prevent the Tragedy of the Commons in a Mexican Small-Scale Fishing Community." *Society and Natural Resources* 18 (7).

Benjiamin L. Read. (2003) Democratizing the Neighborhood? New Pivate Housing and Home-owner Self-Organization in Urban China. *The China Journal*, No. 49.

Benjiamin L. Read (2007). Inadvertent Political Reform via Private Associations: Assessing Homeowners' Groups in New Neighborhoods. in Elizabeth J. Perry ed. Grassroots Political Reform in Contemporary China, Harvard University Press Cambridge, MassachusettsLondon, England.

Carlsson, Lars, and Annica Charlotte Sandstrom. (2008). "Network Governance of the Commons." *International Journal of the Commons* 2 (1).

Christiaan Grootaert and Thierry van Bastelaer. (2002). Understanding and Measuring Social Capital: A Multidisciplinary Tool for Practioners. Washington DC: The World Bank.

Commonwealth Secretariat. (1996), Current Good Practices and New Developments in Public Service Management: The Commonwealth Portfolion [R]. London.

Cox, Susan Jane Buck. (1985). "No Tragedy on the Commons." *Environmental Ethics* 7.

Crawford, Sue E. S. and Elinor Ostrom. (1995). "A grammar of institutions". *American Political Science Review*, 89 (3), 582 – 600.

Curran, Sara. (2004). "What Types of Social Capital are We Talking About?" *The Common Property Resource Digest* 69.

Currie – Alder, Bruce. (2007). "Common Challenges: Policy, Theory and Voice." *The Commons Digest* 3.

De Cremer, David, and Mark van Vugt. (1998). "Collective Identity and Cooperation in a Public Goods Dilemma: A Matter of Trust or Self – Efficacy?" *Current Research in Social Psychology* 3 (1).

Diamond, Martin. (1974). The Ends of Federalism. In The Federal Polity. ed. Daniel J. Elazar. pp. 129 – 152, New Brunswick, NJ: Transaction Books.

Dilger, Robert. (1990). Nationwide survey of CAI – member RCAS, Results available from the author. Morgantown, WV: Institute for Public Affairs, West Virginia University.

Dilger, Robert. (1991). Residential Community Associations: Issues, Impacts, and Relevance for Local Government. State and Local Government Review (Winter): pp. 17 – 23.

Donal J. Boudreaux and Randall G. Holcombe. (2002). Contractual Governments in Theory and Practice. in The Voluntary City – Choice, Community, and Civil Society, edited by David T. Beito, Peter Gordon, and Alexander Tabarrok, The University of Michigan Press.

Dowden, C. James. (1989). Community Associations and Local Governments: The Need for Recognition and Reassessment. In Residential Community Associations: Private Governments in the Intergovernmental System?, pp. 27 – 30. See ACIR.

E. S. Savas. (2000), Privatization and Public Partnerships. Chatham House Publishers.

Elinor Ostrom and T. K. Ahn. (2008). The Meaning of Social Capital and Its Link to Collective Action. in Handbook on Social Capital, ed. Gert T. Svendsen and Gunnar L. Svendsen. Northampton, MA: Edward Elgar.

Elinor Ostrom (1990), Governing the Commons: The Evolution of Institutions for Collective Action, Cambridge University Press, pp.

Elinor Ostrom (2005). Understanding Institutional Diversity. Princeton University Press, pp. 4.

Elinor Ostrom. (1998). "The Comparative Study of Public Economies." *The American Economist* 42 (Spring 1998): 3 – 17.

Elinor Ostrom. (1997). A Behavioral Approach to the Rational Choice Theory of Collective Action Presidential Address, American Political Science Association. *American Political Science Review*, Vol. 92, No. 1.

Elinor Ostrom. (1990). Governing the Commons: The Evolution of Institutions forCollective Action. Cambridge University Press.

Elinor Ostrom. (2005). Understanding Institutional Diversity. Princeton: Princeton University Press.

Elinor. Ostrom andT. K. Ahn (2003), "Introduction to 'Foundations of Social Capital'", Edward Elgar Publishing Limited, Ppxv.

Elinor. Ostrom (1998), "A Behavior Approach to the Rational Choice Theory of Collective Action", *American Political Science Review*, 92 (1) (March): 1 – 22。

Ellickson, Robert C. (1998). "New Institutions for Old Neighborhoods." *Duke Law Journal* 48 (1).

Evan McKenzie. (2003). Common – Interest Housing in the Communities of Tommorrow. *Housing Policy Debate*. Volume14, Isues1 and 2.

Evan McKenzie. (1998). "Homeowner Associations andCalifornia Politics: An Exploratory Analysis". *Urban Affairs Review*, Vol. 34, No. 1, September 52 – 75.

Evan McKenzie. (1994). Privatopia: Homeowners Associations and the Rise of ResidentialPrivate Government. Yale University Press.

Fehr, Ernst and Klaus Schmidt. (1999). "A theory of fairness, competition, and cooperation", *Quaterly Journal of Economics*, 114, 817 – 868.

Foldvary, Fred E. (1994). Public Goods and Private Communities: The Market Provision of Social Services. Northhampton, VA: Elgar.

Fukuyama, Francis. (1995). Trust: The Social Virtues and the Creation of Prosperity. New York: The Free Press.

Garrett Hardin. (1968). The Tragedy of the Commons, *Science*, 162: 1243 – 1248.

Georg Glasze, Mainz. (2003). Private neighborhoods as club economies and shareholder democracies. Draft Version of paper to be published in BelGeo (Bruxelles) – Theme issue.

Guillermo O'Donnell. (1998), "Horizontal Accountability in New Democracies". *Journal of Democracy* 9.3 112 – 126.

Held, David. (1996). Models of Democracy, Stanford: Stanford University Press.

Jaesong Choe. (1992). The Organization of Urban Common – Property Institutions: The Case of Apartment Communities inSeoul. Dissertation Submitted to Indiana University.

John Ackerman. (2004), "Co – Governance for Accountability: Beyond 'Exit' and 'Voic'". *World Development* Vol. 32, No. 3, pp. 447 – 463.

John Chamberlin. (1974). "Provision of Collective Goods As a Function of Group Size", *The American Political Science Review*, Vol. 68, No. 2, pp. 707 – 716.

John Esteban and Debraj Ray. (2001). "Collective Action and the Group Size Paradox", *American Political Science Review*, Vol. 95, No. 3.

Kenneth Arrow. (1972). "Gifts and exchanges". *Philosophy and Public Affairs*, 1, 343 – 362.

Larry L. Kiser and Elinor Ostrom. (2000). The Three Worlds of Action: A Metatheoretical Synthesis of Institutional Approaches, in Michael D. McGinnis ed. Polycentric Games and Institutions – Reading from the Workshop in Political Theory and Policy Analysis. Ann Arbor: The University of Michigan Press.

Milbraith, L. And Goel, M. (1977). Political participation: How and why do people get involved in politics? Chicago: Rand McNally College Publishing Company.

MOSHE MAOR. (2004). "Feeling the Heat? Anticorruption Mechanisms in Comparative Perspective". Governance: *An International Journal of Policy, Administration, and Institutions*, Vol. 17, No. 1, pp. 1 – 28.

Norine Verber. (2000). "Homeownership and Politics: Testing the Political Incorporation Thesis". *Canadian Journal of Sociology/Cahiers canadiens de sociologie*, Vol. 25, No. 2, pp. 169 – 195.

North, Douglass C. (1990). Institutions, Institutional Change, and Economic Performance. New York: Cambridge University Press.

Oakerson, Ronald J. (1989). Residential Community Associations: Further Differentiating the Organization of Local Public Economies. In Residential Community Associations: Private Governments in the Intergovernmental System?, pp. 105 – 110.

OECD. (1991). Public Management Developments [M]. Paris: OECD.

Olson, Mancur. (1965). The Logic of Collective Action. Cambridge MA: Harvard University Press.

R. Mark Isaac and James M. Walker. (1988). "Group Size Effects in Public Goods Provision: The Voluntary Contributions Mechanism". *The Quarterly Journal of Economics*, Vol. 103, No. 1, pp. 179 – 199.

Richmond Campbell and Lanning Sowden. (1985). ed. Paradoxes of Rationality and Cooperation: Prisoner's Dilemma and Newcomb's Problem. University of British Columbia Press.

Robert Axelrod. (1984). The Evolution of Cooperation. New York,

Basic Books, Inc., Publishers.

Robert D. Putnam. (1999). Bowling Alone: the Collapse and Revival of American Community. The Brookings Institution Press.

Robert H. Nelson. (2002), Privatizing the Neighborhood: A proposal to Replace Zoning with Private Collective Property Rights to Existing Neighborhoods. In The Voluntary City – Choice, Community, and Civil Society, edited by David T. Beito, Peter Gordon, and Alexander Tabarrok, The University of Michigan Press.

Robert L. Bish; Vincent Ostrom. (1973). Understanding Urban Government: Metropolitan Reform Reconsidered. American Enterprise Institute for Public Policy Research, Washington, D. C.

Robert. Jay. (1992). Dilger Neighborhood Politics: Residential Community Associations inAmerican Governance. New York University Press.

Ronald J. Oakerson. (1999). Governing Local Public Economies – Creating the Civic Metropolis. Oakland, California, Institute for Contemporary Studies, ICS Press, p. 18.

Salamon, Lester M. (2002). The tools of government: a guide to the new governance. NewYork: Oxford University Press.

Sampson. R andGroves. (1994). "Community structure and crime: Testing social – disorganization theory". *American Journal of Sociology*, (4), 774 – 802.

Sean Kershaw. (2006). "The fundamental purpose of education is democracy: Revisiting education's mission serves Minnesota's interest". *Minnesota Journal*, December.

Simon, C. Y, Chen. (2005). "Homeowners Associations, Collective Action and the Costs of Private Governance". *Housing Studies*, Vol. 20, No. 2, 205 – 220.

T. K. Ahn and Elinor Ostrom. (2002). Social Capital and the Second – Generation Theories of Collective Action: An Analytical Approach to the Forms of Social Capital, Presented at the 2002 Annual Meeting of the American

Political Science Association, Boston, Massachusetts, August 29 – Setember1.

Thomas S. Axworthy. (2005). The Accountability Ladder: Five Steps toward Democracy. Paper presented on the First Biennial Conference, 15 – 17 September, Taipei, China.

Tiebout, Charles. (1956). "A Pure Theory of Local Expenditure". *Journal of Political Economy* 64: 416 – 24.

Tullock, Gordon. (1965). The Politics of Bureaucracy. Public Affairs Press.

Vincent Ostrom. (1989). The Intellectual Crisis in American Public Administration. 2d ed. Tuscaloosa: University of Alabama Press.

Wallis, J., & Dollery, B. (2001). "Government failure, social capital and the appropriateness of theNew Zealand model for public sector reform in developing Countries". *World Development*, 29 (2), 245 – 263.

World Bank. (2006), Social Accountability: What Does it Mean for the World Bank? Social Accountability Sourcebook, World Bank.

World Bank. (2003). Sustainable Development in a Dynamic World: Transforming Institutions, Growth, and Quality of Life. World Development Report.

附录　相关法规文件

1. 《关于印发〈北京市高级人民法院关于审理物业管理纠纷案件的意见（试行）〉的通知》，京高法发〔2003〕389号。
2. 《住宅社区物业管理公共服务等级指导标准（征求意见稿）》。
3. 《商品房屋使用、管理、维修公约（示范文本）》，京房地物字〔1998〕第34号。
4. 《北京市居住社区物业管理办法》，市政府令1995年第21号。
5. 《物业管理委托合同（示范文本）》，京房地物字〔1998〕17号。
6. 《前期物业管理服务协议（示范文本）》，建住房〔1999〕246号。
7. 《建设部〈住宅共用部位共用设施设备维修基金管理办法〉》，京房地物字〔1999〕第1088号。
8. 《关于加强新建商品住宅家庭居室装饰装修管理若干规定（试行）》，京建法〔2001〕616号。
9. 《关于代收新建商品住宅维修基金有关问题的通知》，京房地物字〔1999〕第1341号。
10. 《城市供用水合同》《城市供用气合同》《城市供用热力合同》（示范文本）。
11. 《北京市城镇住宅楼房大、中修定案标准》，京房地修字〔1999〕第930号。
12. 《物业管理企业资质管理办法（试行）》，建住房〔1999〕第261号。

13. 《建设部住宅与房地产业司关于物业管理企业资质等级评定有关问题的通知》，建住房〔2000〕第009号。
14. 《北京市城镇房屋修缮范围和标准》，京房修字〔1994〕第521号。
15. 《北京市城市建筑物外立面保持整洁管理规定》，北京市人民政府令〔2000〕第56号。
16. 《北京市物业管理招投标暂行办法》，京国土房管物字〔2001〕第258号。
17. 《关于对物业管理服务业务征收营业税问题的通知》，京地税营〔1997〕第386号。
18. 《关于禁止一次性收取多年物业管理费的通知》，京社区办〔1998〕第011号。
19. 《关于对机动车公共停车场经营企业进行资质审查和经营备案的通知》，京政管字〔2001〕第258号。
20. 《关于加强居住社区机动车停放收费管理的通知》，京价（收）字〔2002〕第088号。
21. 《北京市住宅锅炉供暖管理规定》，北京市人民政府令〔1994〕第15号。
22. 《关于印发居住社区绿化管理标准的通知》，园绿字〔1996〕第470号。
23. 《住宅室内装饰装修管理办法》（2002年3月5日），建设部令〔2002〕第110号。
24. 《关于加强电梯管理的暂行规定实施细则》，建计〔1995〕第167号。
25. 《关于加强电梯管理的暂行规定》，建计〔1994〕第667号。
26. 《关于建立公共维修基金后中修费收缴等有关问题的通知》，京国土房管物字〔2001〕第1330号。
27. 《转发国家税务总局关于物业管理企业的代收费用有关营业税问题的通知》，京地税营〔2000〕第59号。
28. 《北京市私有住宅楼房管理与维修办法》，京政发〔1992〕第35号。
29. 《业主大会规程》，建住房〔2003〕第131号。
30. 《关于首次业主大会会议筹备工作中有关问题的补充通知》，京建物

〔2004〕第345号。

31. 《北京市贯彻〈物业管理条例〉的若干意见》，京国土房管物〔2004〕第338号。

32. 《北京市国土资源和房屋管理局关于开展组建业主大会工作的若干意见》，京国土房管物〔2004〕第275号。

33. 《转发建设部业主大会规程及有关问题的通知》，京国土房管物〔2003〕第949号。

34. 《海淀区将居住区物业管理纳入社会建设的实施方案》，海国土房管字〔2002〕第87号。

35. 《上地西里房屋使用、管理、维修公约》（修改稿），已经全体产权人50%以上通过。

36. 《上地西里物业管理委员会章程》，已经全体产权人50%以上通过。

37. 《关于发布〈业主临时公约〉和〈前期物业服务合同〉示范文本的通知》，京国土房管物〔2003〕第1060号。

38. 《关于业主委员会资格认定问题请示的复函》，京国土房物管〔2003〕第1024号。

39. 《城市新建住宅社区管理办法》，建设部令〔1994〕第33号。

40. 《北京市居住社区物业管理办法》，北京市人民政府令〔1997〕第12号。

41. 《关于开展组建居民社区物业管理委员会试点工作的通知》，京房地物字〔1997〕第485号。

42. 《关于全面开展组建物业管理委员会工作的通知》，京房地物字〔1998〕第308号。

43. 《关于加快全市物业管理委员会组建工作的通知》，京国土房管物字〔2001〕第516号。

44. 《关于规范和加强本市居住区物业管理的若干意见》，京政办发〔2001〕第91号。

45. 《关于加强"商品房物业管理公约"核准和监督管理工作的通知》，京国土房管物〔2002〕第326号。

46. 《关于加强物业管理委员会印章使用、管理的通知》，京国土房管物字〔2001〕第 1081 号。

47. 《关于如何支付、解决业主委员会的办公用房及各项活动经费的请示的复函》，京国土房管物字〔2001〕第 1050 号。
48. 《北京市国土资源和房屋管理局关于公约修改备案的批复》，京国土房管物字〔2001〕第 248 号。
49. 《关于分区建设的住宅社区组建管理委员会及开发建设单位在产权人大会中投票权问题的意见的通知》，京国土房管物〔2002〕第 316 号。
50. 《海淀区成立变更物业管理委员会行审程序》，HDXS – GTBA – 003 – 2002。海淀行审土备案类〔2002〕第 003 号。
51. 《商品房屋使用、管理、维修公约（示范文本）》，京房地物字〔1998〕第 34 号。
52. 《前期物业管理服务协议（示范文本）》，建住房〔1999〕第 246 号。
53. 《物业管理委托合同（示范文本）》，京房地物字〔1998〕第 17 号。
54. 《关于代收新建商品住宅维修基金有关问题的通知》，京房地物字〔1999〕第 1341 号。
55. 《中办 国办关于转发〈民政部关于在全国推进城市社区建设的意见〉的通知》，中办发〔2000〕第 23 号。
56. 《关于认真做好将居住区物业管理纳入社区建设工作的通知》，京国土房管物〔2002〕第 965 号。
57. 《关于贯彻落实居住区物业管理纳入社区建设工作的通知》，京国土房管物〔2002〕第 940 号。
58. 《关于将居住区物业管理纳入社区建设的意见》，京国土房管物〔2002〕第 758 号。
59. 《城市街道办事处组织条例》，全国人大常委会 1954 年 12 月 31 日。
60. 《北京市社区服务设施管理若干规定》，北京市人民政府令〔1991〕第 10 号。
61. 《关于利用单位内部设施开展社区服务的若干规定》，北京市人民政府令〔2001〕第 77 号。
62. 《北京市社区居民委员会办公用房管理若干规定》，北京市人民政府令〔2001〕第 78 号。

63. 《北京市居民委员会选举办法》,北京市人民政府令〔2000〕第 54 号。
64. 《北京市人民政府关于印发本市新建改建居住区公共服务设施配套建设指标的通知》,京政发〔2002〕第 22 号。
65. 《北京市"门前三包"责任制管理办法》,北京市人民政府令〔1999〕第 24 号。
66. 《关于加强居住社区内人防工程使用管理的补充通知》,京房地物字〔1998〕第 550 号。
67. 《北京市居住社区物业管理服务标准》,京国土房管物〔2003〕第 127 号。
68. 《房屋及其设备小修服务标准(试行)》,京房地修字〔1998〕第 799 号。
69. 《保安服务操作规程》,DB11/T130 – 2001。
70. 《保安服务质量标准》,DB11/T131 – 2001。

后 记

本书是在我的博士学位论文的基础上修改而成。我对社区治理的研究兴趣最早可以追溯到 2003 年，当时的硕士生导师陈幽泓副教授是引领我进入城市社区自主治理研究领域的启蒙导师。自那时起，我便深深地被城市社会日常生活中鲜活的政治实践吸引着。正是基于这一原始的兴趣点，继硕士学位论文后我又一次将研究主题聚焦于城市基层自主治理领域。在经过了一年多的实证调查和理论探究，后又经过较大幅度的删改修订，才有这篇粗浅的书稿呈现在诸君面前，虽说也曾为此付出过无数的艰辛，但要拿出来接受检验，心中仍难免惶恐。

研究写作过程中的甘苦自知，然幸有众多师友倾力相助，才能让我化苦为甘，顺利完成这次思想探险。在众多的师友中，我的导师毛寿龙教授无疑是最应该感谢的人。四年的博士生涯，无论是读书生活，还是学问研究，毛教授都给予了极大的关爱和教诲。四年中，每周一次的读书会上留下了他悉心解惑的言语，每月一次的爬山旅途总能看到他与学生相伴的身影。即使在获他力荐赴美留学期间，邮箱中也总能看到他的邮件。导师学问高深，治学勤谨，他以实际行动为"读书、学习、思考、生活和人道、宽容、谦虚、幽默"的学问人生做了最好的注解。

在中国人民大学求学的六年间，行政管理学系的各位老师或开设课程，或答疑探讨，或组织各种会议，无不为我顺利完成学业提供了最大的便利。更值得一提的是由张成福教授、齐明山教授、刘熙瑞教授、孙柏瑛教授、张康之教授和魏娜教授组成的博士生导师组在论文开题和写作的过程中都给予了悉心指导，耐心地提出了论文修改的真知灼见。在此，一并表示感谢。

在一年的留美学习期间，美国印第安纳大学政治理论与政策分析研究所为我的深造提供了无比便利的条件。研究所严谨的运行机制和深厚的学术积淀给我留下了深刻的印象。研究所里的所有成员都是需要感谢的对象，尤其需要感谢的是我的导师奥斯特罗姆夫妇。他们思想深刻、胸怀博大、平易近人，在每周一次的课堂上总能听到他们的高论。当他们得知我的研究主题后，更是安排以"中国城市社区治理"为主题的谈话交流活动，与他们的每一次谈话无疑都是对我论文研究最直接的指导。本打算将本书作为礼物送给两位导师，不意他们竟于2012年先后去逝，而今只能遥寄思念。

在四年的学习生活期间，博士班的同学以及同门师友之间生活中的和睦相处和学习上的共同进步为我留下了美好的回忆。国家行政学院的张小明副教授、中国人民大学公共管理学院的李文钊副教授、景朝阳博士后以及博士生陈国营、李杏果等都是毛寿龙教授的弟子、读书会成员和我的书友，能与他们共同切磋、共同进步，是我的幸运。与同班同学兼室友陈虎以及中国政法大学的刘柏志博士在近三年的相处过程中，生活上相互帮助，学习中互勉共进，这一切都给我留下了愉快的回忆。

博士班学习毕业后，我进入华北电力大学人文与社会科学学院从事教学科研工作。人文学院宽松的学术环境为我进一步深化这一研究主题提供了良好的条件。感谢学院各位领导在工作和生活上的关怀。感谢公共管理教研室各位同事的指引和帮助，这一切都让我心存感激。

本书的出版离不开家人的关爱和支持。父母的爱是我努力学习的动力源泉。我的妻子赵静静美丽大方、纯朴善良，她任劳任怨地承担了家务劳动，使我能安心于研究。我的女儿陈百杉纯真可爱，她的到来给枯燥的学术生活注入了丝丝快乐。

感谢编辑的杰出工作，他们为本书的出版付出了巨大的努力！

陈建国
2013年3月15日于北京朱辛庄

图书在版编目(CIP)数据

业主选择与城市社区自主治理/陈建国著.—北京：社会科学文献出版社,2014.6
(政治学与公共行政学学术前沿)
ISBN 978-7-5097-5723-9

I.①业… II.①陈… III.①城市-社区管理-研究-中国 IV.①D669.3

中国版本图书馆 CIP 数据核字 (2014) 第 039962 号

·政治学与公共行政学学术前沿·
业主选择与城市社区自主治理

| 著　　者 / 陈建国 |

| 出 版 人 / 谢寿光 |
| 出 版 者 / 社会科学文献出版社 |
| 地　　址 / 北京市西城区北三环中路甲29号院3号楼华龙大厦 |
| 邮政编码 / 100029 |

| 责任部门 / 社会政法分社 (010) 59367156　　责任编辑 / 孙燕生　方绍忠 |
| 电子信箱 / shekebu@ssap.cn　　　　　　　　　责任校对 / 李高明 |
| 项目统筹 / 王绯　　　　　　　　　　　　　　责任印制 / 岳　阳 |
| 经　　销 / 社会科学文献出版社市场营销中心 (010) 59367081　59367089 |
| 读者服务 / 读者服务中心 (010) 59367028 |

| 印　　装 / 三河市尚艺印装有限公司 |
| 开　　本 / 787mm×1092mm 1/16　　　印　张 / 18 |
| 版　　次 / 2014年6月第1版　　　　　　字　数 / 281千字 |
| 印　　次 / 2014年6月第1次印刷 |
| 书　　号 / ISBN 978-7-5097-5723-9 |
| 定　　价 / 69.00元 |

本书如有破损、缺页、装订错误，请与本社读者服务中心联系更换

▲ 版权所有 翻印必究